『香濠观涛』时评丛书

香港实践"一国两制"中的政治与法治

张定淮◎著

深圳大学港澳基本法研究中心

时事出版社
北京

总　序

邹平学*

岁月不居，时光飞逝，香港回归已经跨入第21个年头，澳门回归也18年了。在时事出版社的大力支持下，深圳大学港澳基本法研究中心决定编选出版一套关于港澳问题的时评丛书。经反复斟酌，决定丛书定名《香濠观涛》。

望文生义，“香”即香江，指的是香港，“濠”即濠江，指的是澳门。香濠观涛，意指临“江”而立，观涛听风，实指港澳时评，也即港澳新近发生的重大事件、新闻热点的评论。这里时评的“时”，是“时事”的“时”，是“时代”的“时”。时评的“评”，是“新闻评论”的“评”。港澳时评，因时而发，有感而生，对事对人，快速反应。她虽形似“豆腐块”，短小精悍，但河海之沛源自滴水之力，时评其小无内，其大无外，力量不可小觑。

编选和出版《香濠观涛》时评丛书，基于四点考量：

一是适应港澳治理面临的崭新形势和重大任务的需要。众所周知，港澳回归，乃中华民族一洗百年耻辱的世纪盛事。“一国两制”，更是和平统一与大国治理前所未有的制度创新。港澳回归，使“一国两制”伟大构想从理论变为现实，从制度走向实践。回归以来，港澳走上了同祖国内地优势互补、共同发展的宽广道路，“一国两制”实践取得举世公认的成功。但随着实践的深入，港澳社会经济发展中的一些深层次矛盾逐

---

* 邹平学：深圳大学港澳基本法研究中心主任，法学院教授，博士生导师。

渐显现，港澳进入“经济发展的关键期、社会矛盾的突发期、政治发展的高危期”，例如香港陆续发生的一系列影响重大的事件即是明证，如金融风波和经济急剧滑坡、禽流感频发和非典爆发、居港权系列案件、公务员的减薪与反减薪、基本法第23条立法风波、2003年“七一”事态、领汇事件、特首补选争论、2007/2008年双普选论争、五区总辞与公投事件、国民教育风波、政制发展争拗、冲击解放军军营、“占领中环”、旺角暴乱、“港独”蔓延等。澳门近些年来，经济社会发展过程中也出现了不少问题，博彩业一业独大一直是其经济结构的隐患，经济适度多元尚未有根本改观。一些消解政府管治权威、威胁社会和谐稳定的社运事件不时发生，其中某些游行事件规模渐增，诉求日益复杂化、政治化，有从单纯的民生议题向提出政治性议题的取向，特别是2014年5月发生的反离补大游行，是澳门回归以来最多澳门人参与的反政府示威游行活动，引起了较大的政治震荡。港澳正面临国家认同、政制发展、经济转型、民生改善、外部势力干预等重大问题，港澳与内地的和谐关系面临严峻考验。港澳回归的实践表明，贯彻落实“一国两制”基本方针政策是一项前所未有的探索伟业，严格实施基本法也不断面临攻坚克难的重大挑战和任务，其中如何全力维护中央对港澳的全面管治权及促进人心回归是最为突出的两大任务。2015年年底，国家主席习近平会见来京述职的香港行政长官梁振英时强调，近年来，香港“一国两制”实践出现了一些新情况，中央贯彻“一国两制”方针坚持两点：一是坚定不移，不会变、不动摇；二是全面准确，确保“一国两制”在香港的实践不走样、不变形，始终沿着正确方向前进。要实现两大任务，保证“一国两制”实践不会变、不走样、不变形，都离不开话语权建设，离不开通过舆论引导和媒体发声所建构的舆论环境。因此，推出《香濠观涛》时评丛书，正是恰逢其时，恰应其需。

二是应对港澳治理面临的舆论环境的严峻挑战，发挥港澳时评在港澳治理话语权建构中的重要作用。众所周知，在港澳治理面临的各种挑战中，香港传媒的政治生态环境不理想，以苹果报系为代表的一些不良媒体滥用言论自由，罔顾传媒的社会责任，践踏客观、公正、平衡的新闻准则，以恶意攻击中央政府和特区政府为能事，以破坏“一国两制”

落实和基本法实施为目标，逢中必反，逢共必反，肆意歪曲特别行政区制度，误导社会民意，挑拨两地人民关系，激化内港矛盾，使得香港多数主流媒体成为攻击国家主体制度、攻击特区政府的宣传纸，造成整个香港媒体生态的恶化，媒体生态的恶化又导致整个香港政治生态和社会环境的恶化。在此严峻情况下，中央政府虽然明白抓住话语权的重要性，但有时基于减少政治争拗和策略上的考虑，较长时期以来话语权行使不够果断、不够理直气壮，行使权力时缺乏有力的舆论护航造势。在一些重大举措、重大原则问题上，比如普选原则问题、23 条立法、国民教育、立法会功能界别制度存废等问题上，主动发声、发力不够，理论宣传、法理阐释不足，有时甚至不表态，以至于在23 条立法、国民教育、功能界别等议题被特区反对派和不良媒体妖魔化时，不能及时拨乱反正。此外，在特区爱国爱港人士发表正确言论遭到反对派肆意攻击时，内地学者、媒体也很少出来声援撑腰。可以说，在港澳治理尤其是香港治理的舆论争夺战中，我们长期处于被动“挨骂”的不利境地，几近丧失话语权。2014 年《“一国两制”在香港特别行政区的实践》白皮书发表，话语权建构有了起色。今天，港澳治理进入深水区后，话语权建构已经刻不容缓，在涉及“一国两制”的大是大非原则问题、基本法实施的重大问题上，如果我们不敢于亮剑，媒体不积极迎战，学者不主动发声，基本法实施不可能有一个良好的舆论环境和社会基础，“一国两制”的前途与命运势必蒙上阴影。港澳时评在宣传全面正确的“一国两制”观念，解读基本法的准确内容和科学实质，营造良好的港澳治理舆论环境，为中央全面管治权和特区高度自治权保驾护航方面，有着独特的重要作用。她因其内容的思想性、理论的启迪性、观点的交锋性和鲜活的文风，业已成为主流媒体舆论引导的重要抓手。因此，推出《香濠观涛》时评丛书，对于国家港澳治理的话语权建构具有重要意义。

三是顺应港澳问题研究语态发展的新动向。过往较长时间的港澳研究，内地专家学者重视发表论著，且鸿篇大论居多，短平快见长的港澳时评却不多，甚至一些人认为这算不上港澳问题的学术研究而不屑为之。与此同时，人们发现，港澳地区特别是香港媒体发表的时评文论却很多，坊间也出版不少专栏作者的时评结集，风行书林。作者不乏学者教授、专栏作家、记者编辑、政商名流，这些集子风格各领风骚，立场分野鲜明，笔触旨意迥异，深度分析者有之，严肃冷静者有之，生动活泼、撒娇卖萌者亦有之，或冷峻尖刻，或言辞犀利，或肆意乖张，不时可窥平和的歧见、立场的迥异、激烈的争拗和意识形态的对立。这类集子似乎构成港澳“一国两制”实践和基本法实施舆论场域的突出特点之一。这些时评集因其快速反应和接地气的鲜活内容也引起内地港澳研究学者的高度关注，成为港澳研究必不可少的参考资讯。与此同时，在中央越来越重视对港澳舆论引导工作的大背景下，内地港澳智库及港澳研究专家也开始发现和注意到时评在构建舆论引导新格局中的独特功能，不少同志开始重视撰写时评，有的一发不可收，笔耕不辍，力作迭出。这些时评针对重大事件、重大问题，正面阐释“一国两制”和基本法的科学内涵，积极宣传中央政府治理港澳的基本立场和政策原则，坚定维护中央行使全面管治权，维护特区繁荣和稳定，发挥了积极作用，也丰富了港澳研究的理论成果。推出《香濠观涛》时评丛书，就是为了推动港澳问题研究语态新发展。

四是鼓励支持更多的港澳研究专家学者发表更多更好的时评。近些年，尽管不少专家学者重视撰写港澳时评文章，一定程度上改善了以往话语权掌握不够、行使不力、法理阐释不够的窘境。但毋庸讳言，现有作品在数量及社会显示度、影响力方面还远远不够，特别是一直存在即时性评论滞后、文风不够快准狠、议题设置能力弱、舆论大V不足、说理能力欠缺、对中间人士影响力小等不足，在港澳本地的舆论话语体系中缺乏主导力、核心竞争力。结集出版优秀的个人时评集，纳入《香濠观涛》时评丛书，就是为了向公众推介时评力作，培育造就更多优秀的舆论大V和时评家。

推出《香濠观涛》时评集，我们秉持的选稿辑书的理念是：指点江山，聚焦港澳热点；激扬文字，说好特区故事；权威解读，体现专业精神；敢于直言，不惧观点交锋；理性述评，表现敏锐视角；交流对话，引领塑造共识；激浊扬清，凸显理论高度；正本清源，展示思想深度。

港澳时评应聚焦基本法实施的法政焦点、民生热点和社会脉动。港澳时评虽聚焦港澳，视野则应高远，立足全国，放眼世界。港澳时评虽关注当下，旨意应着眼未来，做到如黄仁宇先生告诫我们的那样：“一国两制的精神需要彼此将眼光看远，在长久的历史中，找到合作的逻辑，而且今后也只有使两方更为接近，不致越来越远。”港澳时评应在众声喧哗中保持清醒，彰显学术和专业精神；在纷繁复杂中恪守格调，秉持大局观念；在眼花缭乱中坚守底线，坚持国家立场。港澳时评的文风，应言必有据，论从实出，客观公允，行文活泼不失平实，既接地气，又高屋建瓴。

本丛书作者既有享誉学界的老将，也有崭露头角的新兵；既有内地学者，也有港澳人士。他们的时评集，均是每个创作者精心辑录的他们对“一国两制”在港澳实践的所见所闻、所思所想、所议所论。

“百舸争流千帆竞，敢立潮头唱大风。”我们诚挚地期待有更多的港澳研究工作者对“一国两制”不忘初心、保持耐心、坚定信心，不负舆论引导的时评家使命，奉献更多更好的港澳时评，共襄构建“一国两制”话语权的伟业。

是为序。

序

张定淮

1993年8月底，笔者工作调动至深圳大学公共行政学系任教。此时《香港特别行政区基本法》已经颁布（1990年），而中国恢复对香港行使主权还剩下近4年的过渡期。中英之间自1989年后围绕香港问题出现的各种争拗引起我极大的兴趣和关注。从深圳的地缘优势和专业发展角度考虑，我选择了以西方新保守主义作为理论支撑的香港公营机构的改革作为到任新工作单位后的研究重点，并于2000年出版了一本关于这一问题的专著。

在本书完成的过程中，笔者阅读了大量关于香港政治、经济、历史和社会发展的书籍，对港英政府在香港的殖民统治历史、回归后的特区政府运作模式、香港社会发展历史及人文风尚有了一个基本了解，深深感到：香港问题的复杂性与中国近现代历史密切相关。

香港是一个移民社会，而这种持续性的移民动因与中国近现代的政治变幻相随相伴。香港经历过150多年的英国殖民统治，却在这种殖民统治的后期完成了城市现代化过程，成为世界上最具有自由特性的法治成熟的城市社会；香港的文化主流是中国文化，但其深受西方文化影响的烙印却表现得甚为明显，并体现在港人，尤其是港人精英的价值观念中；香港社会中的相当一部分人虽然基于历史原因而对中国的法定执政党具有成见，但他们对国家却抱有赞同统一的政治心理。正因如此，从国家统一和香港社会的现实考虑，中央决定在实现国家统一的前提下，以具有区别的方式实现对香港的特殊治理。即，香港回归后，继续保持资本主义的社会制度和生活方式，享有高度自治权，五十年不变。这就是我们熟称的“一国两制”政策。

中国是一个高度集中的单一制国家，地方与中央的关系，不论是在原则上还是实践中，都是服从与被服从的关系，但中央深刻意识到充分发挥中央和地方两个积极性的重要性，故自中华人民共和国成立以来，就一直强调要发挥“中央和地方两个积极性”。

“一国两制”在香港实施，使中国的单一制国家结构中又增添了一种新的中央与地方关系。笔者感到，虽然这层关系的调节主要依据《基本法》，但“一国两制”的实践仍然会遇到这样或那样的问题，这不仅仅因为“一国两制”无先例可援，更为重要的是在实践过程中两地因存在着重大的体制和意识形态差异而在理解基本法的问题上出现了龃龉。基于这种判断，笔者选择香港政治发展问题作为自己研究方向的重点，并持续性地对在香港实行“一国两制”的情况予以密切关注。

“九七”以后，笔者开始在香港的报纸发表政治时评，而当时大陆的媒体是很少允许发表关于香港政治问题的时评的。现在回想起来，无不感到中央这种做法的良苦用心：即，不希望大陆舆论干扰“一国两制”在香港的实施。2003年7月初，香港立法会就《基本法》第23条的自行立法受挫，董建华特首宣布延迟23条立法，笔者当时就此在重庆接受香港媒体采访时表示，“这可能只是暂时性延迟”。

笔者之所以做出这种判断，完全是从法治的角度看待这一立法进程问题，因为《基本法》第23条写得明明白白：“香港应自行立法禁止任何叛国、分裂国家、煽动叛乱、颠覆中央人民政府及窃取国家机密的行为，禁止外国的政治性组织或团体在香港特别行政区进行政制活动，禁止香港特别行政区的政治性组织或团体与外国政治性组织或团体建立联系。”但香港立法会至今仍未完成这一立法的事实表明，香港问题的复杂性显然超出了自己从法治思维所做出的判断。

23条立法的受挫使香港社会本已存在的一些隐性的政治问题以公开的形式表现出来，如港人的国家身份认同问题、学生的国民教育问题、香港政治体制的问题、“一国”与“两制”关系的问题、特首和立法会的普选问题等。如果这些问题不能很好地解决，“一国两制”在香港的实施会受到干扰。

香港是一个成熟的法治社会，而国家主体是一个崇尚法治价值并正在走向法治的社会。作为规范政治的法治在具有法治传统的社会是解决政治问题的最佳途径，但笔者认为，香港回归后出现的各种问题显然更多地是宽泛政治的问题，如果对这些问题仅用法治的眼光去打量，势必会影响我们对于问题本质的判断。

本文集是笔者自2013年起围绕上述问题密集在各种媒体上发表的近百篇时评的合集。鉴于集子中的内容都是围绕《基本法》及其内含的政治问题而展开的，故笔者将本时评集命名为《香港实践“一国两制”中的政治与法治》，希望能够帮助读者从这两个角度对过去20年香港出现的各种问题做出观察。

2016年10月22日于

畔山·翠谷居

目录

contents

- 香港国民教育问题的忧与思 -

时下，国民教育问题似乎困扰着这个社会。赞成者无不为之欢欣，声称此乃迟到的应有作为；反对者则对此大肆攻击，声称此乃对港人的“洗脑”之举，是中共同化港人意识形态观念的阴谋。在香港这样一个具有“自由”特征的社会出现不同的声音本来不足为怪，但这样一种争论背后所存在的问题却是值得人们深刻思考的。

香港回归祖国已经15年有余。作为中华人民共和国内享有高度自治权的一个特别行政区，其社会成员是否应该具有对国家最基本的了解和认同？这是香港回归后最值得思考的问题。众所周知，“一国两制”政策的确是强调在一个国家内两种不同制度的相互包容，但如果实行“两制”地区的人们连国家认同都存在问题，那么，“一个国家”的概念落实在何处？

作为国家不可分割的一部分，香港市民对国家的认知和认同是必须的，除非他们不愿成为这个国家的国民。然而，对国家的认知和认同是有差异的。所谓对国家的认知，指的是香港市民需要客观地了解国家历史和现状，这是一个渐进的过程，也是一个必须开始的进程；而所谓认同，则是香港市民认同国家和民族的一种境界。在这样一种基础上，使内地民众和香港市民彼此具有亲近感或归属的愿望。国民教育的功能就在于此。这在香港回归15年后的今天何错之有？

没理由拒绝“认知认同”

对笔者上述看法，可能会有人提出如下反驳：“一国两制”中的“两制”不就是要保持两地的差异的吗？中央甚至为此提出了要“求大同”，“存大异”。这种说法看似有理，实则无理。中央提出的保持差异是在“一国”的前提下以最大的诚意包容与自己的不同意识形态差异，生活方式差异和制度差异，而这些差异并不能被部分港人作为拒绝认知和认同国家和民族的理由。“洗脑”之说是在意识形态观念尖锐对立的冷战条件下所创造的一个极具蛊惑力的“词汇”。其之所以在香港社会具有蛊惑性，是因为它以内地在“极左”意识形态下的一些荒诞行为为背景，以部分港人，尤其是那些曾经体验过那种“极左”荒诞行为之苦的老者所具有的余悸为基础。须知，世易时移，现在的中国已经高度开放，传统的意识形态已经发生重大改变，正向着世界强国的方向迈进。因此，利用内地过去出现的意识形态的偏激来阻扰回归后的香港民众对国家民族的认知和认同，只能是一种冷战思维在新条件下的表现。

在香港社会对国民教育问题沸沸扬扬之际，笔者以好奇的心态阅读了《国情专题教育手册——中国模式》。阅毕，笔者不禁发出这样的感叹：“洗脑之说”太别有用心，港人确实需要国情教育！

首先，其中所讲的内容是客观实际，并没有任何价值判断的内容。如果是“洗脑”，其中一定是充满了毫无根据或不符事实的吹捧。书中所列的不论是体制架构、文化发展或是重大事件，无一不是客观描述，根本不存在“洗脑”之嫌。

其次，其所采用的话语系统与目前大陆使用的话语系统具有明显差异，而这种话语系统的差异是港人能够接受的，其遣词造句的恰当性体现了“两制”差异的特征。

再次，整个小册子在对国情做客观描述的基础上还以思考题的方式引导学生对这些客观内容做正反两个方面的思考，从而避免了有“灌输”之嫌。香港是一个公认具有自由特性的地区，而正是这种自由为香港的繁荣奠定了基础。

对于这样一本具有客观性，通俗性，遣词造句具有差异性的国情读本居然有人冠之以“洗脑”之物，这的确使笔者产生了一种忧虑，难道只有对国家具有攻击性的东西才能满足那些人的胃口？在一个国家已经是既成事实的情况下，这些人到底意欲何为？

“罢课抗议”是不负责任

香港出现的对国民教育的“洗脑”攻击，使笔者联想到香港回归后政治生态的变化，而这种变化又使笔者对有些政治团体在香港回归后的表现担忧。他们虽然不敢公然提出背离国家的主张，却在实际行动上总是以“两制”差异为由，以歪曲内地形象和搞乱香港为目标。你在为香港的长远发展谋划发展高铁，他要通过“法律程序”加以阻扰拖延；你要依据《基本法》来稳步发展香港民主政治，他要搞“公投”来加以干扰；你要搞基本的国情教育，他要搞“罢课”抗议。总之，是要做一个不负责任的反对派。

有一位美国学者说得好，“政治就是交易妥协”。从香港那些号称“民主”的极端政治团体的表现看，他们实际上是不懂民主政治的，只懂得走极端路线。长此以往，选民们终究会将其抛弃。

（本文原载于《大公报》2012 年 8 月 20 日）

"HK independence" an empty argument

Zhu Yucheng, former director of the Institute of Hong Kong and Macao Affairs under the Development Research Center of the State Council, pointed out in May 2004 that there were people seeking "independence" or "semi-independence" for Hong Kong. Right afterward, even those Hongkongers who held stereotypical views of the mainland were quick to clarify that no one in Hong Kong wanted to make the region independent. At that time, "Hong Kong independence" was a topic that the local people wanted to avoid.

However, only 12 years later, this topic is being publicly discussed, and some locals even shouted extreme slogans. "Hong Kong independence" is a very dangerous trend of thought, even though it is a false proposition. People who call for "Hong Kong independence" explain that they want the region to be administered by people in Hong Kong and for Hong Kong to have autonomy, rather than real "independence."

One interpretation of their argument is that they want Hong Kong's real autonomy within the "one-China" framework, which means it's actually a problem between the central government and the government of Hong Kong Special Administrative Region (SAR).

This problem cannot be solved by extreme slogans. Hong Kong is a society with rule of law, and problems within Hong Kong should be resolved according to the law. The slogan of "Hong Kong independence" has seriously violated the Basic Law of the Hong Kong SAR.

Even their argument about the central government's "intervention" is baseless. If we look back at the last 15 years since Hong Kong's return, we would find that the central government, under the principle of "Hong Kong people administering Hong Kong" and a high degree of autonomy, barely interferes in the SAR's affairs.

People who clamor for "Hong Kong independence" may also argue that the central government's judicial interpretations of the Basic Law are interventions of Hong Kong's judicial independence. This goes against common sense.

A high degree of autonomy is not equal to full autonomy. Hong Kong is a special administrative region, not an independent political entity. If these people want full autonomy, their appeal fundamentally conflicts with the logic of "one country, two systems."

After Hong Kong's return to China, it seems that some Hongkongers ignore the basic fact that as a part of China, Hong Kong should undertake basic political responsibility toward the country. The central government always tries its best to maintain Hong Kong's long-term prosperity and stability. It's a mistake to maliciously misinterpret this well-intentioned purpose and view it as intervention.

Some believe the argument for "Hong Kong independence" is caused by Hongkongers' nostalgic but delusional feelings. Some argue that it is a reflection of Hongkongers' weak sense of national identity. Others think that it shows Hongkongers' discontent with the SAR government.

If these analyses are the argument for "Hong Kong independence," they can all be resolved through joint efforts by the central government, the Hong Kong SAR government and the people of Hong Kong.

Hongkongers do have a local consciousness. But among the populace, those seeking "Hong Kong independence" are a minority, and this will never become mainstream thought in Hong Kong society. However, we should be cautious about this farce because external forces may become involved and make use of it.

Hong Kong is a society with a high degree of freedom. The policy of "one country, two systems" enables the continuity of this freedom. No Chinese people, including Hongkongers, will tolerate those making use of Hong Kong's free environment to split the country.

Actions of splitting sovereignty will never be forgiven, and the painful memory of national disintegration in history still lingers among Chinese today.

(This article was originally contained in *Global Times* 2012 - 11 - 06)

-准确定位中央与特区关系-

胡锦涛在中共十八大报告的“丰富‘一国两制’实践和推进祖国统一”部分提出：全面准确贯彻“一国两制”“港人治港”“澳人治澳”、高度自治的方针，必须把坚持一国原则和尊重两制差异、维护中央权力和保障特别行政区高度自治权、发挥祖国内地坚强后盾作用和提高港澳自身竞争力有机结合起来，任何时候都不能偏废。对于这段论述，笔者以为颇有新意，可以做如下解读：

第一，“一国两制”仍然是一项须长期坚持的方针。对于这项方针坚持的长期性在于，国家统一将是一个长期的过程，即使是香港、澳门这两个已经回归祖国的地区，其居民中的相当部分对内地实行的社会主义所存在的顾虑，在短时间内仍无法释怀，需要通过“一国两制”、“港人治港”、“澳人治澳”、高度自治来实行差异性治理。中央对于“一国两制”长期性所做出的反复重申，是要说明这一方针的既定性，不是权宜之计。

第二，在长期坚持“一国两制”的基础上，回答了如何全面准确贯彻“一国两制”、“港人治港”、“澳人治澳”、高度自治方针的问题。这就是：必须把坚持一国原则和尊重两制差异、维护中央权力和保障特别行政区高度自治权、发挥祖国内地坚强后盾作用和提高港澳自身竞争力有机结合起来，并特别强调“任何时候都不能偏废”。

报告论述切中核心问题

客观地讲，胡锦涛的上述论述切中了“一国两制”政策实施中的核心问题。自这一政策首先在香港实施以来，的确出现了许多涉及中央和特区之间关系的问题，这对于一项新的政策实施而言是再正常不过了。因此，提出解决这些问题的思路，并以适当方式妥善加以处理，对于这项政策本身保持活力是十分重要的。

从政治上看，胡锦涛对“一国两制”政策下中央和特区关系做了辩证的描述，既强调了“一国”原则的不可动摇性，也强调了对“两制”尊重的不可或缺性。因此，他强调在理解中央和特区关系问题上既要维护中央权力，也要保障特别行政区的高度自治权。而要做到使两者有机结合的最为具有规定性的方式，就是严格按照《基本法》办事，并不断完善与《基本法》实施相关的制度和机制。

香港回归已经15年有余，其间内地的飞速发展是世人所始料未及的。香港的有识之士以敏锐的眼光洞察大陆快速发展不可阻挡，对此有的发出了“香港行将被边缘化”的慨叹，有的对香港市民发出了所谓的“警告”，还有的提出了“要搭上内地快速发展这班车”。

中央政府谙熟香港的情况，不仅再次重申了祖国内地是港澳的坚强后盾作用，同时也强调要提高港澳自身竞争力，并将两者有机结合起来。对此，笔者做出的解读是：中国已经步入了发展的快车道，香港和澳门作为国家不可分割的一部分，也应当加入到这样一个发展过程中，如果两地出现困难，中央绝不会袖手旁观，而是会援手相助。

港对国家承担政治责任

这里需要指出的是，香港回归后，有些港人的确表现出对中央干预香港事务的过分担忧，而忽视了对这样一个基本问题的起码思考：即香港特别行政区作为中国的一个地方区域，到底应该如何承担起对于国家的起码政治责任。这是在正确理解“一国两制”情况下，中央与香港特区关系的关键。必须清晰地记住，中央政府的对港澳政策是以保持两地的长期繁荣稳定为依归的，只要能够实现这一目标，中央政府都会不遗余力。如果将中央的善意也理解为是中央对于港澳事务的干预，那就大错特错了。

从胡锦涛在十八大报告中对于港澳方针政策的论述看，中央对于港澳方针政策是一贯的。对于香港和澳门在落实“一国两制”政策过程中出现的问题，尤其是涉及中央和特区关系的问题，只要我们本着在一个国家内的差异治理理念，采取客观、理性，而不是激进态度对待这些问题，中央和特区关系都会在《基本法》的框架内得以理顺。

（本文原载于《大公报》2012 年 11 月 10 日）

- 香港肩负国家安全重任 -

香港是一个法治社会，其作为中国的一部分，对于国家的安全是负有不可推卸的责任的。港人应该思考的是，如何在保障市民自由权利的前提下，在实现“港人治港”、高度自治的范围内，尽快完成国家安全立法。

从中共十八大报告关于港澳政策的内容看，笔者认为它对于港澳治理问题提出或重申了以下三个原则，港人应当高度关注：

就中央与港澳两个特区的关系而论，它再次重申了“一国两制”、“港人治港”、高度自治的原则，并特别强调“任何时候都不能偏废”。

自“一国两制”政策实施以来，港人对于实施过程中的中央和特区关系予以了极大关注，因为中国作为一种高度集权的单一制国家结构，在过去的历史中有集权惯性的历史。他们担心中央会过度干预香港自治范围内的事务。出于消除港人担忧的考虑，在过去的 15 年中中央反复强调“一国两制”、“港人治港”、高度自治的原则，这充分反映出中央对于港人担忧的充分理解。

防范外部势力干预

然而，香港回归后，部分港人在享有高度自治的同时却忽视了对于国家基本政治责任的起码思考，对于中央政府出于保持香港长期繁荣稳定之根本目的的举措也视之为对香港高度自治的干预。甚至有人提出了较为极端的口号——“港人治港，真正自治”。为了消除人们对于“一国两制”条件下中央与特区关系的误解，十八大《报告》中特别强调了

“全面准确贯彻‘一国两制’、‘港人治港’、高度自治”。怎样才能做到“全面准确”？用《报告》中的话讲，就是要做到两个方面的有机结合。即，必须把坚持一国原则和尊重两制差异、维护中央权力和保障特别行政区高度自治权、发挥祖国内地坚强后盾作用和提高港澳自身竞争力有机结合起来。鉴于中央和地方，尤其是中央和特区关系的适度性较难把握，中央再次强调了严格按照《基本法》办事。因此，加大对《基本法》学习研究恐怕是港人的首要任务。

第二，要特别防范和遏制外部势力干预港澳事务。香港是一个国际大都市，其自由特征是有目共睹的，而这样一种社会特征极易为外部势力所利用。香港回归后，在“一国两制”的原则下，这种自由特征得以传承。对于这种情况，邓小平先生早就做出过生动的预测，他说，“1997之后，香港有人骂共产党，骂中国，我们还是允许他骂，但如果变成行动，要把香港变成一个反对大陆的基地，怎么办？那就非干预不行。”这段话说得很有针对性，在今天看来，依旧很有指导意义。从邓小平先生的这段预测性的谈话，我们是可以把握香港自由的限度的。这就是言论自由，但不能有实际行动来危害国家和香港的利益的实际行为。从价值层面看，中国正在走向法治国家。香港是一个法治社会，其作为中国的一部分，对于国家的安全是负有不可推卸的责任的。港人应该思考的是，如何在保障市民自由权利的前提下，在实现“港人治港”、高度自治的范围内，尽快完成国家安全立法。

第三，坚持大陆和香港共同发展的原则。“一国两制”提出时，大陆和香港的差异是全面性差异，所以港人担心大陆会同化香港。对于邓小平先生有深刻的洞察，提出“50 年不变”的方针。出于“忧虑”，有些港人仍不断追问“50 年后怎么办？”邓小平先生明确答复“50 年后不必要变”。显然，邓小平先生是以深邃的眼光预测到了中国未来的发展前景。

理性面对制度摩擦

应当指出的是，即使是在大陆还不够发达之时就曾反复承诺了其对香港的坚强后盾作用。这是因为，香港是中国不可分割的一部分。尽管内地和香港存在着治理上的差异，但保持香港的长期繁荣稳定是“一国两制”政策的既定内涵。在内地实现飞速发展的情况下，中央再次重申国家对香港的“坚强后盾作用”并要求将其与“提高港澳自身竞争力有机结合起来”。其目的在于实现国家不同地区的共同发展。港人曾经创造过香港的辉煌，未来完全可以实现更大的辉煌，这就是十八大报告中表达出来的中央的信心。

“一国两制”政策中的“一国”和“两制”是这样一种辩证关系：前者是基础，后者是灵魂。尽管内地和香港存在着治理上的重大差异，但毕竟是在一个国家内的差异。如果有人对于这种差异性治理中所存在或出现的问题有意见，是完全可以通过理性方式做出表达的，非理性的情绪化举动只会给香港的长远发展带来干扰。这是包括绝大多数港人在内的中国人都不愿看到的。

（本文原载于大公网，2012 年 11 月 28 日）

Hong Kong's uniqueness can be guaranteed by "one country, two systems"

Since the implementation of the "one country, two systems" policy, the Hong Kong people have paid special attention to the relationship between central government and the Hong Kong Special Administrative Region government. Some worry the central government will intervene too much in their affairs.

In order to allay the concerns of some Hongkongers, the central government has repeatedly emphasized the principles of "one country, two systems," "the people of Hong Kong govern Hong Kong," and "a high degree of autonomy" in the past 15 years, reflecting its understanding on Hongkongers' worries.

In the report to the 18th Party Congress, the three principles concerning relations between the central government and Hong Kong were reemphasized. The Hong Kong people should understand the central government's efforts and resolution.

However, after the return of Hong Kong, some Hongkongers neglect their basic political responsibilities to the country when enjoying the high degree of autonomy.

Certain measures adopted by the central government to maintain the long-term stability and prosperity of Hong Kong were viewed as intervention by a minority, and some people even put forward extreme slogans seeking a “real” autonomy.

These are based on misperceptions on the relations between mainland and Hong Kong under “one country, two systems.”

To clean up those misunderstandings, the report to the 18th Party Congress emphasized the importance of adhering to the one-China principle while respecting the differences in the two systems, upholding the power of the central government while ensuring a high degree of autonomy in special administrative regions, and ensuring the mainland can act as a staunch supporter of the special administrative regions while increasing their own competitiveness.

Hong Kong is an open and free metropolis, which can be used by external forces. This requires cautiously guarding against and forestalling external invention in Hong Kong affairs.

Chinese leader Deng Xiaoping once made a forecast. Deng said Hong Kong people could criticize the Party or the central government after 1997, but any intention to turn Hong Kong into an anti-mainland base must be stopped. Deng's words are still a directive today.

According to Deng, the central government respects the freedom of speech of Hongkongers, but will never allow any actions that damage Hong Kong's and the whole country's interests.

The whole of China is moving toward the rule of law. Hong Kong, which already has it, should bear an inescapable responsibility for national security. Hongkongers should reflect on how to promote the legislation of national security under the preconditions that their rights are protected and a high degree of autonomy of Hong Kong is maintained.

Developing relations between the mainland and Hong Kong should also stick to the principle of joint development. Given the differences between the mainland and Hong Kong, some Hongkongers worry that Hong Kong will be assimilated by the mainland.

When questioned whether the system of Hong Kong would change after 50 years, Deng wisely answered that it would be unnecessary for Hong Kong to change at that time. He had the foresight to predict the promising prospects of the mainland. As predicted by Deng, the mainland has achieved outstanding growth over the past three decades. This should also be good for Hong Kong, since the mainland's profound development will bring it more opportunities.

It's notable that even when the mainland was not as powerful as today, it has repeatedly made the commitment to be a staunch supporter of Hong Kong. Although there are big differences in governance between the mainland and Hong Kong, maintaining Hong Kong's long-term stability and prosperity is the goal of the "one country, two systems" policy.

At the backdrop of a rapid developing mainland, the central government emphasized its support of Hong Kong and that it would improve Hong Kong's competitiveness. Its purpose is to reach joint development of different regions of the country.

The governance differences between mainland and Hong Kong are domestic differences. People could express their opinions on the differences in a rational way. Irrational movements could only disturb Hong Kong's long-term development, which is the last thing most Hongkongers want to see.

(This article was originally contained in *Global Times* 2012 - 11 - 06)

- 行政长官应发挥权力倾斜优势 -

立法会可以在没有制度规定的情况下实现扩权，进而产生较大的社会影响，而受到制度规定如此权力倾斜的行政长官为什么就做不到？这些都是特首要实现顺利施政所必须做的。行政长官需要灵活运用制度层面所赋予的广泛政治权力并结合政治技巧，政治信念，政治谋略等因素来推动施政。

在行政、立法和司法三种公权力中，行政权是性质最为活跃的权力，其主动性特征决定了其相对于其他两种具有较为被动性质的权力一立法权和司法权而言，对社会事务应当做出更为积极回应。

香港回归后，其权力体制架构的运作在《基本法》所规定的框架内展开。由于《基本法》改变了港英时期的立法会功能，立法会从一个港督的立法咨询机构变为一个真正的立法机构，并明确规定了行政与立法的关系是“互相制衡，相互配合”，两者的关系呈现出某种程度的横向权力的特征，行政长官当然不可能像港英时期港督那样实现对行政、立法的垄断，行政权力的运作也不时受到立法机构干扰，两者关系进而形成了制衡有余，合作不足的局面。

中央在港推动民主政治

正是在这样的情况下，吴邦国委员长在纪念香港《基本法》实施十周年座谈会上讲话中明确指出，香港特别行政区政治体制的最大特点是行政主导，并在中央和香港之间的权力关系上，再次重申了是一种授权和被授权之间的关系。

对于吴邦国委员长关于上述两个问题的论述，香港社会的反应是强烈的。赞成者无不称快，反对者则对于香港政治体制体征的“行政主导”提出质疑。认为，中央强调特区政治体制特征的行政主导性，是中央不想在香港发展民主政治的借口。这种论调在香港社会似乎还有相当的市场。

笔者认为，这种论调是不尊重事实和缺乏逻辑的。首先，中央历任最高领导人中有哪一位没有强调要在香港发展民主政治？其次，如果中央政府不想在香港发展民主政治，那么她完全不必在香港的政治体制安排的问题上劳力费神构建这种行政和立法相互具有牵制作用的体制。再次，中国的法定执政党中国共产党对民主价值是高度认同的，其反复强调“没有民主就没有社会主义，就没有社会主义现代化”。显然，对中央在香港发展民主政治的“怀疑论”是站不住脚的。可能会有人提出这样的反驳，既然中共愿意在香港发展民主政治，为什么老是强调“香港是一个经济城市”？既然认同民主价值，为什么大陆民主政治发展出现滞后？

对于这两个问题，看来笔者是不得不略费笔墨做出解答，以消除人们对于在内地和香港发展民主政治问题的种种疑惑。

首先，我们应当清醒地看到，不论是内地民主政治发展，还是香港民主政治发展，其方向都具有既定性，即走向民主政治。然而在“一国两制”之下，其民主的内涵会有很大差异；其次，内地和香港发展民主政治的路径是迥然不同的。就中国大陆而言，其对于发展民主政治的道路充满探索性，这将是一个具有长期性的过程，只能以“摸着石头过河”的方式艰难探索。中共在民主政治道路上的探索上所持有的谨慎态度是由其所承担的历史责任所决定的。

“政治化”将导致民粹主义

对于香港发展民主政治问题而言，情况就完全不同了。由于香港是中国的一个特别行政区，其所存在的问题并不是道路探索问题，而是依据《基本法》的相关规定，如何平稳、有效、依步骤循序渐进推进的问题。中央对于香港“经济城市”性质定位，并非不愿看到香港民主政治的发展，而是希望看到回归后的香港长期保持繁荣稳定，如果说还有什么政治意图的话，那就是不愿看到民主政治的弊端，如高度政治化后可能出现的民粹主义，给香港长期繁荣稳定带来干扰。依据《基本法》所构建的香港政治权力架构是带有某种程度横向权力特征的权力架构，其本身就是民主政治构思下的产物。

既然如此，如何理解香港行政主导的政治体制特征呢？在行政长官要有实权的《基本法》关于香港政制的立法原意的指导下，《基本法》在对三种权力主体的权力配置上是做出了特别安排的。其中最为突出的一点，是在行政长官的权力配置上做了特别的倾斜。这种权力配置的倾斜使行政长官在整个权力结构运作过程中处于核心和领导的地位，而所谓的“行政主导”的提法实际上是人们习惯于用突出行政长官地位来描述整个政治权力运作的特点的一种称谓。

从制度层面分析，行政长官的权力有哪些相对于其他权力主体的优势呢？而这种权力优势又意味着哪些政治内涵呢？

行政长官具有超然地位

首先，是体现在行政长官的法律地位高于其他两个权力主体方面。香港特别行政区行政长官具有双重属性，他既是香港特别行政区的“地方首长”，也是香港特别行政区政府的“政府首长”，既对中央人民政府负责，也对香港特别行政区负责。行政长官两个“首长”的法律地位和其所必须承担的“双重责任”使之必须具有相对于其他两个权力主体更大的权力。根据《基本法》的相关规定，行政长官在香港通过选举或协商产生，由中央人民政府任命。显然，对特首所规定的两个“负责”的条款所要求的是特首既要在香港实现高度自治中发挥主导作用，也要成为中央在香港行使权力的执行者。

其次，是体现在针对对行政长官具有制衡作用的立法会权限的限制上，而对制衡者权力的限制实际上是对被制衡者权力的倾斜。《基本法》第七十四条明确规定：“香港特别行政区立法会议员根据本法规定并依照法定程序提出法律草案，凡不涉及公共开支或政治体制或政府运作者，可由立法会议员个别或联名提出。凡涉及政府政策者，在提出前必须得到行政长官的书面同意。”通过这种对立法会个别议员或议员联名提案权的限制，实际给予了行政长官在上述三个大的方面立法提案准入权。

再次，香港是一个法治社会，奉行司法独立，其司法机关行使审判权，终审法院还享有终审权，而行政长官却拥有依据法定程序任命各级法院法官的权力。

从上面尤其是前两点，我们不难看出，中央是决意要通过赋予行政长官实权（行政长官要有实权——姬鹏飞的原话）的立法原意来构建“行政主导”的政治体制的。

香港回归后，围绕香港政治体制特征的争论持续不断。表面上看，这似乎是一个学术争论问题，但就本质而言，却是一个具有深刻政治内涵的问题。中央强调香港特别行政区政治体制的最大特点是行政主导，以此来降低较具民意性的立法机构假所谓民意、与中央政府对抗或博弈的能力。中央的这种意图旨在消除港英当局的“民主抗共”“民主拒共”“还政于民”伎俩的所谓民意基础。我们不要忘记的是，港英政府当年玩的那一套几乎都是基于增强民意这一策略上。然而香港的反对派则提出香港特区政治体制“三权分立特征论”，以此来说明代表民意的机构——立法会并不受制于行政长官，并将“行政主导”视之为“否定与阻碍本港民主发展、压缩政党政治发展空间的借口”。由此看来，在行政、立法关系上的行政主导论和三权分立论之间发生争论的本质是香港是否应该接受中央政府对香港行使权力的问题。

观察香港回归后的15年的状况，我们不难发现，在行政、立法的关系上出现困难的时候，反对派议员往往借助社会力量对行政长官施压，且历任行政长官都成为反对派肆意攻击的靶子。醉翁之意不在酒，反对派明的目标是对准行政长官，实则是向中央发起挑战。因此，我们应该对此保持高度警惕。

今年元旦，香港的反对派议员精心筹划了“倒特首”的大游行，而香港的建制派议员也反其而动员，举行了“撑特首”的大游行。这种情况给人们的印象是香港社会似乎出现了政治分裂，其实不然。“倒特首”

游行的策划者以危言耸听的口夸大参与游行者的数字，这极容易模糊我们对香港是一个理性社会的客观判断。

善用手中权力有所作为

梁振英作为新任不久的特首，其执政之初为什么就遇到如此强烈的阻力，对其人身的攻击也似乎远远超出了人们的想象。这似乎不太符合民主政治中，行政立法具有短暂“蜜月期”的常规状态。有评论认为：“由于现任特首梁振英很久以前就被反对派成功地在舆论中塑造为‘左仔’，对一些敏感问题，如香港反对派最害怕的23条立法的态度曾有比较明确的表示，他此次以黑马姿态成为香港特区行政长官，令那些长期采取敌视态度的政客，产生了更多的担忧。或者，正是因为梁振英对香港反对派的威胁更大，反对派更加不愿他在特首的位置上有所作为。”

反对派做出攻击举动的本质固然要揭露，行政长官以理性的态度对自身存在的问题进行反思也是必要的。即使是在三权分立的政治架构的国度里也有强势领导人和弱势领导人之分，也有行政和立法机构的相互斗争。作为政治人物，特首必须做到不要给对手留下可以发起攻击的瑕疵。行政长官还需要灵活运用制度层面所赋予的广泛政治权力并结合政治技巧、政治信念、政治谋略等因素来推动施政。例如，立法会可以在没有制度规定的情况下实现扩权，进而产生较大的社会影响，而受到制度规定如此权力倾斜的行政长官为什么就做不到呢……这些都是特首要实现顺利施政所必需的。

（本文原载于《大公报》2013年1月8日）

- 警惕“民主缺陷”在港发酵 -

如果说民主政治存在某些缺陷的话，“拉布”的做法算得上是其中之一。如果我们在运用民主这样一个本身就充满缺陷的相对制度优势中的制度缺陷，来实现政治的运作，那恐怕就是民主政治的悲哀。因此，在香港逐步走向民主政治的过程中，是需要警惕民主缺陷的发酵或滥用民主行为的。

“拉布”是英文“filibuster”一词的香港译法，其意思是用冗长的发言拖延或妨碍立法会的立法进程。在上届特区政府即将卸任之前，希望立法会通过政府提出的包括几项有关香港民生问题在内的一系列立法。然而，由于立法会中的一些反对派议员要显示与政府对立的所谓意向和能力，他们以立法会议员的发言权为依据，无限延长发言时间，本可以在上届立法会完成的立法进程流产。

行政主导是立法原意

“拉布”并非什么新鲜做法，而是西方议会中曾惯用的手段。这种“拉布”方法实际上是基于议员对于问题充分讨论的发言权。如果说民主政治存在某些缺陷的话，那么“拉布”的做法算得上是其中之一。香港立法会主席曾钰成是熟悉民主政治中这一既令人反感又似乎无法阻拦的路数的，他从立法会在香港市民中的形象这一大局考虑，对上一次的反对派议员的“拉布”行为果断地采取了行动，终止了这些议员的“拉布”行为。曾钰成对滥用民主手段所做出的反应，应该说是深得民心的，在反对派人士对此举做出猛烈攻击下，他不仅再次当选为本届立法会议员，而且再次当选为立法会主席。这一事实表明，以理性的民主方法行事是能够得道多助的，如果他们善于总结的话，这对“拉布者”而言，也应该是一种警醒。

香港政治架构与西方民主政治架构是有重大差异的，虽然在香港特别行政区的政治实践中，形势的变化和反对派的存在使原本作为立法原意的行政主导无法得以充分彰显，但作为香港宪制性文件的《基本法》对于行政长官的权力配置相对于立法会而言是具有明显优势的。这一点，即使是反对派议员也无法否认。这对于行政长官施政无疑是一种宪制性保障。从香港政治现实中出现的问题看，当年《基本法》的立法者的确表现出某种先见之明。

特首梁振英提出首份《施政报告》后，香港社会有不同的反应，赞成者有之，反对者亦有之，前者的声音似乎更为强烈一些。客观地看，这种现象对于具有高度自由特征且呈现出多元化的香港社会而言，是一种再正常不过的事。接下来的事是政府会就落实《施政报告》提出财政议案。可以预料到的是，香港立法会中一定会有一场唇枪舌战，会否再次出现所谓的“拉布”，进而阻扰《施政报告》的落实？是人们从上次“拉布”表演所产生的后果中衍生出来的逻辑疑问。如果说上次的“拉布”动作是针对行将届满政府的一种阻遏，其影响力恐怕主要显现在使人们更多地期待新一届政府的作为上，那么行将对财政预算案进行审议的立法会会议上，如果反对派又搞“拉布”，这对香港社会发展会带来十分不利的影响。

议员须考虑市民感受

根据《基本法》相关规定，财政预算案是由特区政府提出的。鉴于香港社会反对派新近对特首梁振英的攻击姿态，其在立法会中的代表是肯定要对预算案吹毛求疵的。作为反对派，如果能够理性地提出意见，且这些意见对于落实《施政报告》有益而无害，对香港社会则为幸事，如果以反对派惯常的恶搞方式，甚至执意不批准财政预算案，则可能产生严重的后果。

在分析香港的重大政治事件时，是要依据解决问题的基本规则来判断事物的结果。虽然我们总是希望事情向好的方面发展，但也需要对可能出现的极端结果做出通盘的考虑。根据《基本法》关于财政预算案和其他重要法案在立法会通过的相关规定，立法会中的反对派议员需构成足够三分之一强，才能搁置政府预算案。如果出现这种情况，特首就需要做协调工作。这恐怕就是一项费力耗时的工作，但还不是最麻烦的一种情况。其中通过成功协调并使预算案获得通过的机会还是很大的。

在正常情况下，问题都不会走到这一步。因为预算案是否通过涉及香港社会的正常运作，搁置预算案就社会影响而言，没有十分充足的正当理由，即使是再极端的议员也需要考虑市民的感受。而且，立法会还存在被解散的风险。从政治生命考虑，议员对政府预算案在经过协商后仍不予以通过的可能性极小，因为他们不能罔顾《基本法》对于立法会极端行为的阻遏性规定。

"拉布"必加大社会成本

从香港现实的行政、立法关系看，两者之间虽龃龉不断，但不足以在政府预算案的这一重大问题上发生严重对峙。极有可能出现的情况是，那些惯于恶搞的少数几个反对派议员，利用充分讨论的权利，以"拉布"形式故意拖延时间，以展示自己所谓的能耐，吸引香港社会的眼球，并营造香港社会高度政治化的气氛。然而，这种"拉布"却会大大降低或拖延政府《施政报告》的落实效率。仅就此而言，"拉布"就会加大香港社会的效率成本。

民主政治是充满博弈的，相对于专制政治而言，它也是缺乏效率的。尽管如此，我们仍然坚持民主价值观，这是因为民主作为一种体制，其运作虽然存在某些问题，但总体而论，它产生极端严重的重大后果的机会相对于专制政治还是要小些。然而，如果我们在运用民主这样一个本身就充满缺陷的相对制度优势中的制度缺陷，来实现政治的运作，那恐怕就是民主政治的悲哀。因此，在香港逐步走向民主政治的过程中，是需要警惕民主缺陷的发酵或滥用民主行为的。当政府财政预算案进入立法会的审议阶段，如果出现"拉布"，理性的议员们当果断出来制止。

（本文原载于《大公报》2013年2月5日）

-特首不能与中央分庭抗礼-

作为中国一个享有高度自治权的地方区域，香港民主再怎么发展都不能发展到与中央政府分庭抗礼的程度。必须清醒地认识到，高度自治不是“绝对自治”，特区必须保持对中央政府政治上的效忠。中央政府明确表示未来所能接受的行政长官的基本条件，就是要防止出现像邓小平曾担心的“香港不香”的情况。

全国人大常委会法律委员会主任委员乔晓阳3月24日发表谈话，就2017年香港特别行政区行政长官的选举问题，做出了不能够接受与中央政府对抗的人担任行政长官的明确表态。这一举动在香港社会引起不小的反响。赞成者有之，反对者也有之。两种舆论都通过香港媒体表达意见。就这种舆论莫衷一是的情况而论，再次体现了香港社会高度自由的社会特征。

中央对香港的政治主导是“一国两制”政策中“一国”内容的体现。没有这种主导，“一国”就是一种毫无内容的口号。香港回归前，在实现国家统一迈出坚实步伐的前提下，鉴于中国是一个高度集权的国家，出于纾缓对港人在内地历史上出现过的“极左思潮”情况下所造成的某种程度的心理压力考虑，人们对于“一国两制”更多地是关注“两制”如何落实。

对中央承担政治责任

香港回归后，在“一国两制”的实施过程中，一些口头上拥护“一国两制”，骨子里却对国家充满敌视的人，利用香港社会高度自由的社会特征，故意放大对“一国两制”的曲解，致使香港出现了只讲“两制”，而忽视“一国”的趋向。其中最为明显的表现就是不提香港作为中华人民共和国的一个特别行政区对中央政府所应当承担的基本政治责任。在香港面对“双普选”的情势下，中央政府明确表示未来所能接受行政长官的基本条件，就是要防止香港出现邓小平所描述的“香港不香”的情况。通览乔晓阳的讲话，笔者认为有这样几层内涵：

第一，中央一定会严格按照普选的路线图来落实普选。这种承诺表明中央是坚持在香港发展民主政治大方向的。但香港民主政治发展是有限度的，这就是不可忘记香港是中华人民共和国的一部分。作为中国一个享有高度自治权的地方区域，香港民主再怎么发展都不能发展到与中央政府分庭抗礼的程度。这实际上是再次告诉那些忽视国家的人，高度自治不是“绝对自治”。特区必须保持对中央政府政治上的效忠。如若连这一点都做不到，“一国两制”就是不成功的。

第二，为了实现香港特别行政区对中央政府的效忠，香港必须是爱国爱港人士治港。乔晓阳强调，“与中央对抗的人不能当特首是一条底线”，是充分相信香港社会和广大港人具有理性思维，不会去选择一个与中央政府作对的人来担任行政长官。“让香港市民心中有杆秤，有个衡量的标准”的说法是用民间语言对这个道理的表述。客观地看，中央提出这一底线也是一种理性表达。试想一下，如果出现一个天天与中央政府作对的特首，中央和特区关系怎么处理？国家安全、香港和国家的利益怎么维护？

按照《基本法》推进普选

第三，香港作为中华人民共和国的一个特别行政区是享有高度自治权的。关于这一点，中共十八大报告明确提出了“要把坚持一国原则和尊重两制差异、维护中央权力和保障特别行政区高度自治权、发挥祖国内地坚强后盾作用和提高港澳自身竞争力有机结合起来”。鉴于中央和地方，尤其是中央和特区关系的适度性较难把握，中央再次强调了严格按照《基本法》办事。因此加大对《基本法》学习研究恐怕是港人未来的首要任务。香港“双普选”的推进也是一样，严格按《基本法》所规定的程序推进，决不能把问题复杂化。

第四，这次乔晓阳讲话中提到了两个政治组织的负责人何俊仁和余若薇的名字，并明确表示这样的人是不能担任行政长官这个职位的。这种做法似乎超出了中央政府通常处理香港问题的手法，香港媒体为此而大做文章，认为中央对港政策似乎在向“收紧”的方向发展。其实不然。因为他们曾公开在香港媒体宣示“香港民主派的对手是在北京管理整个中国的中共中央及其领导的中央政府”。这是中央政府绝对不能接受的。

爱国爱港者治港是邓小平先生明确表达过的意见，也是广大中国人所共有的心愿，它是“一国两制”政策中的基本精神，必须得到贯彻落实。“两制”的宽容是建立在“一国”基础之上的。我们所不能容忍的是，作为中华人民共和国一部分的香港特别行政区内的某些人，以极其刻薄之语言和极其险恶之行动损害香港和国家利益。因为这超出了“一国两制”之限度。

“非法”举动必定受制裁

香港回归后，某些港人利用中央对于一个国家内存在两种制度的高度包容，利用香港社会高度自由的社会特征，竭尽所能、声嘶力竭地谩骂国家的执政党，对此中央都采取了包容的态度，因为中央承诺了在香港实行“两制”的情况下是允许他们骂的。然而他们似乎觉得中央政府软弱，越骂越起劲，甚至认为可以公开与中央政府对着干。笔者认为，如果他们持有这样的思维，那就是犯了低级错误。

“一国两制”是一项既定的长久的事业，不会因为一时一事出现的问题而偏废。当香港出现偏离“一国两制”方向的问题或舆论时，中央是会表明自己的态度予以纠正的。这也是作为主权者的中央政府的最起码的责任。香港是一个法制社会，中国也是一个正在走向法治社会的国家，如果有人以所谓的“争取民主”为由，试图以“非法”的手段来实现破坏香港长期繁荣稳定的局面的目的，那恐怕只会受到法律的制裁。

（本文原载于《大公报》2013 年 4 月 2 日）

Loyalty to mainland prerequisite for Hong Kong's democratic leaders

Qiao Xiaoyang, chairman of the Law Committee under the National People's Congress, recently delivered a speech onHong Kong's 2017 chief executive election, saying that it would be unacceptable for a candidate who has confrontational attitude to the central government to be chief executive. Qiao's remarks received support as well as disagreement. Both have been expressed by the Hong Kong media.

The central government's main policy toward the Hong Kong Special Administrative Region (HKSAR) can reflect the idea of "one country" under the principle of "one country, two systems." Without the central government's policy, "one country" is just an empty slogan.

Before Hong Kong's return to China, people were concerned more about how to put the "two systems" into effect. After the return, some people advocate "one country, two systems" while deliberately making use of Hong Kong's high degree of freedom to misinterpret this principle.

That's why there's a tendency currently in Hong Kong that people only talk about "two systems" while ignoring "one country." The most obvious performance is that they do not mention about the basic political responsibility that the Hong Kong government should take as a special administrative region that belongs to China.

The central government will supportHong Kong to have universal suffrage strictly in accordance with the road map. This shows that the central government insists on the political direction of developing democracy in Hong Kong.

However, the precondition of the development of Hong Kong's democratic politics is that Hong Kong is a part of China. "High degree of autonomy" doesn't equal "absolute autonomy." Without Hong Kong's loyalty to the central government, "one country, two systems" will not succeed.

To make the HKSAR loyal to the central government, Hong Kong should be governed by a person who loves both Chinese mainland and Hong Kong.

Qiao stressed that it should be the bottom line that anyone who stands against the central government will never be accepted as chief executive of the HKSAR. Just imagine, how can a chief executive who stands against the central government deal properly with the relationship between Hong Kong and the mainland well?

As a special administrative region of China, Hong Kong enjoys a high degree of autonomy. Hu Jintao, former Chinese president, said when addressing the opening of the 18th Party Congress: "We must both adhere to the one-China principle and respect the differences of the two systems, both uphold the power of the central government and ensure a high degree of autonomy in the special administrative regions, both give play to the role of the mainland as the staunch supporter of Hong Kong and Macao and increase their competitiveness."

Given that the relationship between the central government and the HKSAR government is a delicate one, the central government once again stressed that things should be done strictly in accordance with the Basic Law of the HKSAR. Therefore, enhancing knowledge of the basic law should be the primary task for Hongkongers in future.

Promoting suffrage should also be in strict accordance with the procedures that the basic law requires. The suffrage issue must not be complicated.

Qiao’s statement mentioned the names of two leaders of political organizations: Albert Ho Chun-yan and Audrey Eu. He made it clear that people with views like theirs cannot be chief executive.

Some Hong Kong media made a big deal of it and believed that this demonstrated the central government’s policy towardHong Kong has been tightened. In fact, it is not true. That’s only because their stance, which provokes confrontation between Hong Kong’s pro-democratic groups and the central government, is unacceptable to the central government.

Hong Kong should be governed by Hong Kong people who love both the whole of China and Hong Kong specifically. This is the basic spirit of the principle of “one country, two systems.” The tolerance of “two systems” should be based on “one country.”

We cannot bear that some people undermine Hong Kong’s interests and national interests with scathing words and sinister actions.

(This article was originally contained in *Global Times* 2013 - 04 - 02)

- 尊重国家是最基本政治责任 -

“一国两制”是一项长期的事业。在这样一个前提下，香港也存在一个积累正能量的问题。香港是中华人民共和国的一部分是不容改变的事实，即使有些港人曾在内地“极左”政策的影响下吃过一些苦头，那也是时过境迁的事了。港人中对国家不满的人在香港这个环境中仍可发泄不满，但作为中华人民共和国的公民对于国家的基本尊重是一种基本政治责任。这一点，请香港市民牢记。

早在1949年初，当香港问题可以轻易用军事手段加以解决的时候，中共就出于香港问题的特殊性考虑，通过《大公报》社论形式向英国政府发出了明确的信息：只要港英政府信守中共提出的三个条件，中共就可以不动香港。其中的第二条就是“不许进行旨在破坏中华人民共和国威信的活动。”当时的港英政府出于重大的利益考虑，对中共的这一要求予以了遵守。此后的相当长时间，虽然各种政治势力仍然在此博弈，但赤裸裸地对中华人民共和国做出谩骂与攻击的声音似乎还是比较收敛。显然，这是中英双方秘而不宣约定的结果，而对于港英政府对媒体自由的所谓限制，当时香港社会似乎也没有做出激烈的表达。

可表达对内地不同意见

香港社会对于内地事务的高度关注是一贯的，这种高度关注又是由于两地具有共生性所决定的。中国内地的任何变故都会在香港社会引起反应。即使是在英国人的治下，香港与内地之间存在着千差万别，然而两者之间的关系似乎也无法分割。随着香港前途问题讨论的展开，香港社会内部对于内地不同态度通过不同媒体发出了强烈声音，其中不乏对中共及其治下的国家进行攻击与谩骂之声。分析其原因，无外乎这几点：

其一，是英国人随着香港前途问题日益明朗化而逐步采取措施，放松对政治言论的控制，尤其是在舆论上不利于中共及其治下中国的言论，英国人十分乐见，因为这符合英国人“民主抗共”“民主拒共”“还权于民”而不是“还权于中”的战略。在“光荣撤退”思维的指导下，英国人费尽心机以各种方式对香港的顺利回归做出阻扰。让香港媒体造势，形成不利于中方的舆论环境是其中一种最为有效的手段。

其二，中华人民共和国成立后的政策波动致使相当多的香港人对内地政策心存疑虑，这是香港舆论长期对国家褒少贬多的社会原因。客观地看，中国内地在 1949 年至 1979 年的这一历史中所执行的政策的确出现过不少失误。关于这一点，中共中央若干次对这一时期执政思路和政策上的失误做过经验教训的总结。据不完全统计，在这一时期受内地政策影响而逃港的内地人接近 120 万。这些人由于受到过历次政治运动的冲击而对内地抱有戒心，痛苦的经历往往使之不能释怀。如果将这些人的配偶与子女算上，其构成了香港社会人口的相当数量，这是香港对国家出格言论的社会基础。

中央政府包容不同声音

其三，香港社会高度自由的特征使各种对中共及其治下的国家说三道四的言论具有相当的空间。香港是一个具有高度自由的资本主义社会，这是所有人都承认的一个基本事实。在这样一个“自由世界”，人们自由表达自己的观点和政治情感倾向，即使是极端的言论也得以容忍，充分显现出香港社会的极大包容性。因为在香港这样一个资本主义的自由世界的复杂社会中，言论是不能构成治罪的依据的。

对于香港社会的上述情况中央政府是否知情，笔者认为，答案是十分明确的。正因为如此，中央政府以极其包容的态度提出了在“一国两制”条件下“求大同，存大异”。为此，邓小平也曾对香港社会言论自由做出过这样的表述：“1997 之后，香港有人骂共产党，骂中国，我们还是允许他们骂。”这种包容不仅显示出中央对于香港情况的理解，而且反映出中央政府的高度自信。

香港回归后的情况诚如邓小平所预料的那样，香港的这种“骂”没有停止，甚至越骂越凶。据不完全统计，全世界骂中国的声音几乎绝大部分是来自香港。人们在通过比较后发现，如果说国外的媒体对中国的“骂”，还讲一点所谓的事实根据，还讲一点职业操守，而来自香港的“骂”的内容中的相当一部分则是毫无事实根据。这种情况，从法律上讲，在香港社会也没有什么关系，因为这是一个自由社会，但从情理上讲，则对中央和特区的关系有着十分毒害的作用。

恶毒谩骂伤害两地关系

笔者认为，总体而论，香港社会是一个理性社会，而理性社会应当具有理性社会的话语系统与氛围。对于香港社会而言，其市民对于中国的执政党及其治下的各级政府是可以批评的。在其出现问题时，甚至可以提出严厉的批评，只要这些批评是为了整个中国好。问题在于香港社会中对中共和国家的“骂”中有些是具有极其恶毒的用心的。对于这样的骂，是不能等闲视之的。如果连公开指着共产党鼻子骂“我就是要与你作对”“我就是要赶你下台”的人都能做行政长官。那共产党岂不成了天大的傻瓜?

“一国两制”是一项长期的事业。在这样一个前提下，笔者认为，香港也存在一个积累正能量的问题。香港毕竟是中华人民共和国的一部分，这是不容改变的事实。即使有些港人曾经在内地“极左”政策的影响下吃过一些苦头，那也是时过境迁的事了。港人中对国家不满的人在香港这个环境中仍然可以发泄不满。不过，香港居民作为中华人民共和国的公民总不能以损害国家形象为荣，为乐吧?公民对于国家的基本尊重是作为一个公民对国家的一种基本政治责任。这一点，请香港市民牢记。

（本文原载于《大公报》2013 年 4 月 30 日）

- 特首候选人要“两个负责” -

行政长官候选人必须是国家和香港利益的坚定维护者。在实行“一国两制”的条件下，中央和特区利益是高度一致的。关于这一点，乔晓阳的讲话中已将这一关系阐述得十分透彻。如若让那些明确表示就是要与中央政府对着干的人作为行政长官的候选人，不论是对国家利益还是对香港利益都是不利的。因此，在行政长官候选人的选择上把握住这一资格条件不论是对国家还是对香港都是一种负责任的表现。

一个国家内中央和地方关系的调节存在着两种治理方式：一种是政治治理；一种是法律治理。政治治理是通过政治方式（主要是依据权威和利益）调节中央和地方的关系，法律治理是依据法律来调节中央和地方的关系。在单一制的国家结构中，前者是主导性的，在复合制的国家结构中后者具有主导性。

中国实行的“一国两制”与联邦制是有本质不同的。它是中央政府为了解决国家统一问题而对实行“两制”地区做出授权，使之享有高度自治，并对自己的部分权力做出自觉性约束的结果。这种政治安排通过《基本法》使中央的授权和对自己权力的约束法制化。尽管如此，特别行政区与中央政府之间的政治上的隶属关系是不容否认的。不然，“一国两制”的逻辑就不复存在了。

不能与中央对着干

在实行“一国两制”的情况下，中央和享有高度自治权的特别行政区之间的关系如若顺当，在遵守《基本法》的前提下，很多问题是可以通过政治手段来加以调整的，如若不顺，严格按照《基本法》办事就会成为处理中央政府与特别行政区之间关系的底线。因为这是法治社会中人们的共识。

回归后的香港特区与中央政府之间的关系，总体而论，呈现出协调的特点。由于香港社会自由特征突出，其不时发出吵杂声音也是可以包容的。中央政府在香港回归之前，已经做好了对香港自由社会不同声音做出高度包容的思想准备。这种高度包容的形象比喻就是邓小平所说的“1997之后，香港有人骂共产党，骂中国，我们还是允许他们骂”。普通老百姓的“骂”是没有问题的，善意的“骂”更是没有问题，但对于想成为特首的人而言，这种“骂”就必须是有限度的。对于那种以“骂”的形式表达与中央政府对着干的意图的人想当特首，中央政府无论如何是不能接受的。因为这种人无法履行《基本法》所赋予的对中央人民负责和香港特别行政区负责的重大使命。

3月28日乔晓阳的讲话发表后，香港社会沸沸扬扬，一部分人甚至指责中央政府不想在香港搞真普选。因此，“严格按《基本法》办事”再次成为响应这部分人指责的做法。在这部分人对中央政府心存芥蒂的情况下，通过法律来调节是一种不得不为之的方式，也是中央政府在香港政治发展问题上理性态度的表现。如若我们翻阅一下《基本法》关于行政长官的相关规定，就会发现乔晓阳“与中央对着干的人不能担任行政长官”的讲话是完全符合《基本法》对行政长官资格条件的认定的。

《基本法》第43条明确规定：“香港特别行政区行政长官依据本法的规定对中央人民政府和香港特别行政区负责。”试想一下，一个决意与中央政府对着干的人能够实现对中央人民政府负责吗？如果香港有人认为这是中央政府对行政长官候选人的一种筛选条件，笔者认为，这倒的确是符合《基本法》相关规定的必要的筛选条件。

《基本法》中规定行政长官对中央人民政府和香港特别行政区负责是一种什么样的资格条件呢？在笔者看来，有如下几种理解：

必须要效忠中央政府

第一，他们必须在政治上是效忠于中央政府的行政长官候选人。在言论上明确表示要与中央政府对着干的人，能做到政治上对中央政府效忠吗？其答案是显然的。

第二，行政长官候选人必须是国家和香港利益的坚定维护者。在实行“一国两制”的条件下，中央和特区利益是高度一致的。关于这一点，乔晓阳的讲话中已将这一关系阐述得十分透彻。如若让那些明确表示就是要与中央政府对着干的人作为行政长官的候选人，不论是对国家利益还是对香港利益都是不利的。因此，在行政长官候选人的选择上把握住这一资格条件不论是对国家还是对香港都是一种负责任的表现。

第三，行政长官是香港特别行政区的首长，而行政长官又是中央政府在香港实现国家利益的抓手，坚持《基本法》中所规定的这一资格条件对于体现中央对于香港的政治主导是必不可少的。

香港社会是一个复杂的社会，也是一个高度自由的社会，在“一个国家，两种制度”的政治安排下，中央尊重“两制”，赞同香港的民主发展，但港人不可忘记的是“两制”毕竟是“一国”之下的“两制”。香港的民主再怎么发展，总得让中央放心。如若不坚持《基本法》43 条所要求的“两个负责”的资格条件，香港未来怎么走？谁也说不清楚。

（本文原载于《大公报》2013 年 4 月 16 日）

-“占中”破坏新政治共识形成-

中央明确了香港民主政制发展的大方向，香港各种政治势力，不论其对中央政府的看法如何，都应该考虑以理性温和的手段来表达政治主张，这应成为香港形成政治共识的内容。公民有和平表达政治意愿的权利，但用“占领中环”这种以威胁、施压、攻击和谩骂的方式对待中央政府，恐怕只会激发中央政府的警惕。“占领中环”既不合法，也丝毫没有合理性的行动，显然对香港社会有百害而无一益，绝不会得到香港广大市民的认同。

香港回归后，其社会的政治情况发生了很大的变化。这种变化的突出表现之一就是社会出现了一定程度的对立。这种对立不仅包括所谓的反对派和所谓的建制派围绕一系列的政治议题而出现的尖锐争论，也包括反对派内部和建制派内部出现的不同派别之间围绕各种社会议题的重要分歧。

香港社会有求稳传统

香港有人发动“占领中环”行动，社会因此产生了很大的分歧。对于香港这个多元社会而言，存在?各种分歧和争论是完全正常的，这也能说明香港社会自由特征。如果这种分歧和争论不影响香港的社会生活，不影响香港的经济发展，不影响香港的大局稳定，也无可厚非，但如果情况相反，那恐怕就不是香港社会的福音。香港的现实状况似乎正在朝着后一种情况发展。这是值得广大市民高度关注的。

传统的香港社会是一个务实和理性的社会，这既与其政治上长期处于殖民地地位有关，也与香港社会的商业文化气息相联。如果说商业文化中隐含着人们求稳的心态，那么宗主国在殖民地对于本地华人政治上的排挤和压制，使本地华人表现出政治上的冷漠，那么市民们也就只能从经济上寻找出路了。当然，这种情况的发生需要有两个基本的社会条件：法治和自由。正是在这样一种社会条件下，香港创造了奇迹：自然资源贫乏，却富甲一方；体积虽小（指人口总量和面积），却能量甚大（主要指其在国际市场上所发挥的作用）。当然，最为重要的一点是港人的打拼精神和吃苦耐劳精神，对此，港人一直引以为豪。

香港与内地具有共生性，这是一个不容置疑的事实。因此香港的繁荣也与内地息息相关，尽管在殖民地时期，两地之间的交流存在着人为的障碍，但共生性使两地之间具有无法割裂的天然联系。然而随着香港的回归过程，在港英政府的推动下，香港民主政治有了初步的发展，香港社会也开始出现某种程度的分化。市民中的相当一部分要么是与国共两党斗争的经历相关，要么是具有在 1949 年至 1979 年间偷渡来港的痛苦经历，因此对香港回归存在着一定程度的恐惧心理。然而中国改革开放进程的深入使越来越多的心存忧虑的人们所具有的思想余悸烟消云散，但仍有一部分人固守成见，对中共和其治下的国家主体心存怀疑，因而构成了香港反对派的社会基础。

应理性看待政制发展

目前，香港的建制派与反对派的分野是香港特首是“真普选”还是“假普选”的问题，而这一问题的核心是这一重大政制发展的主导者中央政府是否真想在香港发展民主政治的问题。

诚如笔者在以前发表的文章中所指出的那样，中央政府在香港发展民主政治的决心是矢志不渝的。这不仅表现在历任中央高层领导对香港政治发展的言论中，而且还体现在《基本法》关于两个普选的相关规定中。更为重要的是，为落实两个普选，中央已经开出了时间表。鉴于“一国两制”是一项长期的事业，中央的承诺绝不是某种权宜之计。关于这一点可从中共十八大报告对港澳政策的论述中确认。

新近，乔晓阳发表讲话，明确了“与中央对着干的人不能当行政长官”。这实际上反映出中央对香港出现的各种问题与既定的政制发展问题上某种程度的担忧。这一点，笔者认为香港广大市民应当有一个客观的理解。

关于香港与中央政府的关系，《基本法》第十二条讲得十分明确，即香港是中国的一个享有高度自治权的地方行政区域，直辖于中央政府。如果这个前提无法改变，香港的各种政治派别与政党，不论其政治立场如何，都需要面对现实，理性处理现实香港政制发展中的各种问题。这恐怕是香港社会应当形成共识政治的首要之点。

在中央和特区关系十分明确的基础上，香港所有政治派别或政党所需要形成的另一政治共识之点就是，充分了解中央在香港实行的基本方针政策的根本宗旨是什么（一是维护国家主权、安全、发展利益，二是保持香港的长期繁荣稳定），并依此来调整自己的政治立场和政治主张。有人可能会对此提出异议，香港不是享有高度自治权吗？依照你的这种说法，岂不变成了“一国一制”啦？

需包容性新政治共识

这个问题提得好。不过，提出这一问题的人就没有很好地理解到这个政策宗旨的两个方面恰好反映了“一国两制”的政策内涵。如果香港的回归不能实现维护国家主权，安全和发展利益，那么香港还是国家的一部分吗？保持香港的长期繁荣稳定不是一句空头口号，而是具有丰富内涵的提法。香港是一个资本主义社会，使之保持长期繁荣稳定，就是不能使之在与强大的国家主体融为一体时失去其资本主义的特色。要使香港长期保持繁荣稳定就需要建立与这样一个资本主义社会特色相一致的包括政治制度在内的各种资本主义制度。

在中央明确了香港民主政制发展的大方向的前提下，香港各种政治势力，不论其对于中央政府的看法如何，都应该考虑以理性温和的手段来表达自己的政治主张。这恐怕也应当成为香港形成政治共识的内容。香港是国家的一部分，其市民也都是国家的公民。在法治背景下，公民有和平表达政治意愿的权利，然而如果类似"占领中环"这种以威胁、施压、攻击和谩骂的方式对待中央政府，恐怕只会激发中央政府的警惕。"占领中环"既不合法，也丝毫没有合理性的行动，显然对香港社会有百害而无一益，就绝不会得到香港广大市民的认同。不论从香港未来发展考虑还是从中央和特区关系考虑，香港社会都需要形成具有高度包容性的新的政治共识。

（本文原载于《大公报》2013 年 5 月 21 日）

“占中”与现行制度格格不入，已显破坏性

“占领中环”的目的是要抛开《基本法》另搞一套，与香港现行制度格格不入。《基本法》是受到社会普遍尊重的法律文件，也是调节中央和特区关系的基础性法律文件，如果连《基本法》的权威也受到挑战，那恐怕这种行为的性质就发生根本变化了。“合法主义”和“守法主义”是一个文明社会的底线，香港是一个法治社会，如果连这一底线都要受到挑战，那实际上就没有解决问题的基础了。

自2013年1月16日香港大学法学院戴耀廷在《信报》提出“占领中环”的设想以来，其连续在《信报》发表了十几篇文章，对这一设想实现的方式进行了系统阐发。对戴耀廷的“设想”予以支持者，还在戴耀廷“设想”的基础上做出了一些添油加醋的论述。

通览这些文章，我们不难了解“占领中环”设想的基本论调、实现步骤和方法。总括起来，有如下几点：其一，中央不想在香港实行真普选，因此需要通过抗争形式争取实现“真普选”；其二，传统的抗争方式——游行、静坐、绝食，已经不能发挥作用，需要采用更为激烈的手段——“占领中环”，来对中央施压，以实现其提出的所谓“真普选”；其三，如果中央政府以《基本法》作为推动香港特首普选的法律依据，他们就要通过抗争形式来抵制。这批公开宣示要“占领中环”的人在口头上说是以“非暴力”形式实行“公民抗命”，并强调是以甘地和马丁·路德·金为榜样，骨子里恐怕是在盘算着如何以暴力手段来实现所谓的抗争。

必引发社会动荡

对于戴耀廷及其支持者“占领中环”的设想和鼓动，明白人都看得出，这是一种直接挑战中央政府权威的举动。

他们说，中央不想在香港实行真普选。理据何在？无外乎指的是乔晓阳3月24日讲话中针对香港现状而明确提出的“与中央对着干的人不能做行政长官”，欲通过“占领中环”来逼迫中央政府让步，这是赤裸裸的挑战中央对香港政治主导权力的行为。明事理的港人提出了这样的疑问：社会咨询的步骤都还没有启动，怎么知道中央政府是不想搞真普选？显然，“占中”的发起者和支持者是试图在舆论上抢占先机，造成一种对中央政府形成巨大压力的社会环境。按照这些图谋者的逻辑，只有中央同意一个天天与中央政府对着干的人担任特首，香港的“真普选”就实现了。岂有此理。

并不能解决问题

他们说，传统的抗争手段不能解决问题，需要采取更为激烈的手段。试问一下，在提出所谓的“占中”设想之前，有谁向中央政府或特区政府理性、正式地提出政治诉求？乔晓阳合情合理的讲话发表后，有谁提出过要和特区政府或中央政府进行理性沟通？在所有这些民主政治都需要的环节没有尝试的情况下，他们就提出了所谓的抗争，这是解决问题的方法和态度吗？乔晓阳所表达的“与中央对着干的人不能当特首”是十分明确的，这既是中央的立场，也是绝大多数民众的立场。如若中央真能够容忍天天指着中央鼻子骂“就是要搞垮你”的人上台当特首，恐怕中央也就没有什么权威可言了。对“占领中环”的严重危害性，香港已经有许多人做出了判断。在此情况下，戴氏及其支持者还要一意孤行，其目的就只有一个，那就是搞乱香港。其后果是不堪设想的。

他们说，如果中央政府以《基本法》作为推动香港特首普选的法律依据，他们就要通过抗争形式来抵制。《基本法》可是在香港社会、国际社会和内地受到普遍尊重的法律文件，也是调节中央和特区关系的基础性的法律文件。如果连《基本法》的权威也受到挑战，那恐怕其行为的性质就发生根本变化了。香港是一个法治社会，国家主体是一个正在走向法治的社会，“合法主义”和“守法主义”是一个文明社会的底线，如果连这一底线都要受到挑战，那实际上就没有解决问题的基础了。

已经显露破坏性

“占中”的倡导者们口口声声说这是一种“非暴力”的抗争运动，对于“占中”策划者和支持者的这种说法，连香港稍具理性的学者都提出了疑问：“真的可以做到和平，非暴力吗？过万人长时间聚集在一起，如何可以维持心平气和的状态？”

在香港这样一个拥有700多万人的社会，有一万人通过抗议性方式表达某种政治诉求并不是一件什么了不得的事，但如果这种所谓的“非暴力”抗争演变成“暴力”，那么对香港造成的损害就可能是无法修复的。中环是香港的金融区域，资本对于社会的动荡表现是十分敏感的。“占中”现在尚只是处于提出阶段，据说有些国际机构就已经开始做后撤准备了。这足以说明它已经开始显现对香港的破坏性。

针对戴氏及其支持者所提出的与现行制度全面对抗的“占中”可能产生的严重后果，笔者再次提醒他们关注中央对港政策的两个目标：一是维护国家主权、安全、发展利益；二是保持香港的长期繁荣稳定。未来的香港不可能成为一个独立的政治实体。在这样一个前提下，只有理性的态度和方法才能解决问题。

（本文原载于《大公报》2013年5月28日）

中央诚意推普选　香港应理性破“对抗”僵局

自香港大学戴耀廷副教授于1月16日提出“占领中环”以来，香港社会形成了两种态度鲜明的对决局面：反对派不仅高调支持、不断“丰富”这一“设想”，还积极筹划分阶段实施；建制派和担心这一“设想”对香港经济造成重大影响的团体与民众，不仅通过报刊揭露泛民派这一举动的动机和本质，还发出警告，呼吁市民从香港未来的大局着想，理性表达诉求，并以反制方式制止反对派实施“占领中环”。双方剑拔弩张。

“占领中环”源于香港反对派对香港政制发展问题的一个主观臆断：即中央政府在未来的行政长官选举中不想通过一种真正的民主选举机制产生香港特首。笔者之所以在此以“主观臆断”一词来描述这一运动发起者和支持者推测的非客观性，是因为在戴耀廷提出“占领中环”时，中央并无任何领导人发表过关于香港特首选举问题的言论。在香港反对派反复不断折腾下，3月7日全国政协主席俞正声发表谈话提出，“确保爱国爱港、爱国爱澳的力量在香港、澳门长期执政”。3月24日全国人大法律委员会主任乔晓阳发表谈话，明确了“与中央对着干的人不能当行政长官”的中央立场。

中央诚意推动普选

对于上述领导人的谈话，香港媒体做出了许多不同的解读。反对派认为乔晓阳的讲话意在排斥反对派候选人在行政长官候选人的提名阶段入闸，由此而选出一个效忠于中央政府的行政长官。因此他们认定，这种选举并不是一种真普选。为了对中央政府施压，他们要有步骤地通过“非暴力”的方式“占领中环”地区。建制派则明确表示，选择一个与中央保持一致的人做行政长官是“一国两制”的应有之义。香港与国家主体具有不可分离性，如果行政长官与中央不能同心同德，对香港的长远而言有百害而无一利。当反对派在有步骤地实施“占领中环”“设想”时，从保持香港社会的繁荣稳定考虑，他们实行反“占领中环”活动。

对于香港这样一个具有充分自由的资本主义社会而言，政治争论如果是在理性基础上展开是无可厚非的。但如果政治纷争演变成暴力，那就是民主弊端给香港社会带来的灾难。为了使香港所面临的严重政治纷争恢复到理性层面，我们还是要分析中央是否真正希望通过民主方式实现香港行政长官的普选。这是对香港出现的严重政治对立破局的关键。

必须弄清楚行政长官普选的目标是怎么产生和分步实施的。这一目标的确定，是中英两国协商的结果。这一点反映在《中英联合声明》的第四条中（行政长官在当地通过选举或协商产生，由中央人民政府任命）。据参与中英谈判的相关当事者们回忆，双方在这一问题上并没有出现争议。这说明，中央政府在这一问题上的原始态度是十分明确的。为了使《中英联合声明》中的这一条款具有法律效应，《基本法》第45条做出了和《联合声明》相一致的规定。2007年底，中央政府根据香港的实际情况发展，确定了香港普选行政长官的时间表（2017年）并对于第四任（2012年）行政长官的具体产生办法做出了适当修改。

香港地位不可改变

香港行政长官普选应当依据什么来实施，这是落实2017年行政长官普选的最基本的问题。香港是一个法治社会，落实行政长官普选当然要依法进行。如果对《基本法》的相关规定都发起挑战，那就是一种违法行为。这是法治社会中的一个最起码的常识。港人普遍认同《基本法》相当于香港特区的宪法，虽然这种说法从理论上讲不够正确，但这足以说明《基本法》的地位。

香港是中华人民共和国治下的一个享有高度自治权的特别行政区，其与中央的关系也是需要依据《基本法》来进行调节的。《基本法》不仅捍卫着特区的高度自治权，而且在国家主体的社会制度处于强势的情况下也发挥着限制中央政府权力的作用。中央政府强调严格按《基本法》办事，这是在国家与享有高度自治权的特区之间关系出现政治龃龉情况下中央政府保持高度克制的一种表现。稍具历史常识的人们都会看出，这是中共从“革命党”向着“执政党”转变的重要表现。

中共在中国的执政地位是历史选择的结果。她作为中国的法定执政党也不是香港反共媒体可以骂得倒的。“一国两制”政策是其审时度势的结果。香港在国家中的地位也并不是可以通过所谓的“抗争”实现改变的。在这样一种基本现实下，如果不通过理性方式表达诉求能够实现什么呢？乔晓阳在阐述“与中央对着干的人不能当行政长官”的核心内容时说得十分清楚，“与中央对抗”和“爱国爱港”难以定出具体标准，难以用法律条文加以规定，但基于中央和特区关系的极端重要性，基于香港社会的理性考虑，中央只能用施加政治影响的方式对香港可能出现的极端选举结果提出警示。这对于中央政府而言难道有什么错吗？

在一个理性社会，一切问题纷争最好是通过摆事实，讲道理的方法来解决。如果要走向极端，那恐怕只能付诸法律。一旦连法律都置若罔闻，那恐怕只能依据法律来制裁。这恐怕是一切文明社会都必须遵循的原则。

（本文原载于《大公报》2013 年 6 月 4 日）

-“商讨日”开了恶劣先例-

“占领中环”已由酝酿期进入装备期。由于“占中”是一种试图推翻《基本法》关于行政长官普选规定的举动，其组织得越严密、越有效，违法程度也越高。“商讨日”的上演，是“占领中环”迈出的危险的第一步，开创了特区政治一个极为不好的先例，这就是试图以极端的方式来强制整个社会接受一部分人的主张。

6月9日，戴耀廷及其支持者发起的“占领中环”前期动作——首个“商讨日”，如期在香港大学上演。当日有数百名支持者参与分组讨论，并归纳了七项议题。对于首次“商讨日”，“占领中环”设想的提出者戴耀廷做出了这样的描述：“占中”已由酝酿期进入装备期。显然，“商讨日”的上演，是“占领中环”迈出的危险的第一步。

关于“占领中环”的危害性，已经有很多香港人士从不同角度做了各种分析。然而，对作为“占领中环”运动前戏——“商讨日”做法所存在的独特危害，是需要做出特别论述的。按照戴耀廷及其支持者的设想，三个阶段的“商讨日”将会产生一万名参与者对“真普选”的所谓共同立场，也就是他们宣称的参与者对特区政府和中央政府关于特首普选的共同要求，而这个要求就是他们所声称的“决议普选方案”，即所谓“真普选方案”。如果今后特区政府和中央政府提出的方案，不符合这一“决议普选方案”，他们就要发动“占领中环”。

由此看来，“商讨日”就是形成反对派对行政长官普选基本立场的过程，而真正的“占领中环”行动则是实现“商讨日”商议结果的手段。

挑战宪制主导权

“商讨日”活动所具有的危害是多方面的。我们需要分不同层次来做出分析。

就宏观层面而言，它直接向中央对于香港政制发展的宪制主导权发起了挑战。值得关注的是，香港的反对派此次一改往日被动回应的做法，不是被动抗议，而是通过所谓“集思广益”的做法，主动提出选举方案，并将最终形成一个“决议普选方案”，并以此作为判断香港特首普选的真假“试金石”。与他们的“决议普选方案”，相一致就是“真普选”方案，与此不一致的就是“假普选”方案。在他们的眼中，完全忽视了中央政府的权威，对特区政府在推动政改中的作用视而不见。似乎一切都是他们说了算。请这帮人仔细想想，香港是一个什么地方？即使他们号称的一万人形成了所谓的“决议普选方案”，这就能够代表香港七百万人的意志吗？

再者，“商讨日”开创了一个特区政治极为不好的先例。就是试图以极端的方式来强制整个社会接受一部分人的主张，当然，这是建立在戴耀廷的设想可以实现的基础之上的。在任何一个社会，部分社会成员存在对政府政策不满的意见，是完全正常的。但如果他们也运用“商讨日”方式形成部分人的意见决议，并强制性地要求政府必须接受，否则就会以极端行动相向，这恐怕就是不懂理性政治的表现。难怪有人提出这样的疑问：按照这种商讨方式的逻辑，如果哪一天香港有一部分人商讨出要香港脱离中国而独立，那香港是否真的要独立呢？

转移社会关注点

就戴耀廷关于“商讨日”的安排来看，至少有三个轮回，而香港一些媒体也会乐此不疲地对“商讨日”的相关活动大肆宣传报道。整个香港的视线将长期聚焦于政治问题而不是香港所面临的最为迫切需要解决的问题上。这对于香港社会的发展是不利的。众所周知，关于行政长官普选问题，《基本法》是做出了明确规定的，其中还包括对行政长官候选人的提名程序规定。“商讨日”的做法就是要推翻《基本法》对行政长官普选的相关规定。从这层意义上讲，“商讨日”最终形成“决议普选方案”的做法是一种严重违反《基本法》的行为。

就传统的香港社会氛围而言，人们是不太关注政治问题的，然而香港回归后，这种情况似乎起了明显的变化。如果香港社会长期纠缠于本来在《基本法》中已经做出明确规定的双普选问题，并以一种所谓的抗争姿态来处理香港的政制问题，这对香港的理性社会氛围将起毒害作用。

谋求违法“正当性”

香港关于行政长官普选的社会咨询尚未启动，而中央对于这一政制问题的表态也只是强调不能接受一个与中央对立的人担任行政长官。那么，“占领中环”设想的提出者是依据什么说中央不想在香港搞真普选呢？在没有根据，没有事实来说明这一问题的情况下，笔者认为“商讨日”的作用就是试图使香港社会产生一种先入为主的印象：即中央不想在香港搞真民主，因而证明自己即使采取激烈手段也是具有某种正当性的。

从首个“商讨日”提出的七大议题看，“占领中环”的倡导者没有收手的意思。不过，他们看到了广大市民对于这一“运动”的担忧。为了实现他们对中央和特区政府施压的目标，下一步他们会将这一运动升级为一种所谓的“全民运动”。至于说“如何应对中央及特区政府的抹黑和打压”，这完全是他们建立在“阴谋论”基础之上的臆断。由于“占领中环”运动是一种试图推翻《基本法》中关于行政长官普选规定的举动，其组织得越严密、越有效，违法程度也越高。

（本文原载于《大公报》2013 年 6 月 11 日）

- 变质的“真普选”诉求非常危险 -

斯诺登泄密再次证明，中共十八大报告中明确提出“要防范和遏制外部势力干预香港事务”这一“警告”并非空穴来风，而是中央政府已经确凿无误地掌握了大量外部势力干预香港事务的证据后而做出的明确宣示。

香港一直是一个高度自由的社会，其包容度很高，各路人马以各种名义在此聚集也是顺理成章之事，其中当然不乏对中国怀有敌意之人。“一国两制”政策的实施使香港社会的自由特征得以延续。既定民主步伐的跨出使香港各路政治势力十分活跃。在香港这样一个高度自由的社会推动民主政治的发展是“一国两制”的应有之义。正因为如此，《基本法》对香港政制发展做出了明确规定，全国人大常委会也为落实两个“普选”做出了时间上的安排。

违法抗争与民为敌

香港是一个法治社会，这是一个公认的事实，连美国前特工斯诺登都对香港的法治有信心。法治社会，市民当然要守法。《基本法》是香港的宪制性法律，守法首当其冲的是要遵守《基本法》，这是一个基本道理。然而，在香港政制发展的问题上，香港就有一股很强的政治势力就是不想按《基本法》的规定行事。这股势力就是香港的“泛民派”，也就是人们通称的“反对派”。按照香港学者刘兆佳在所著的《回归十五年以来香港特区管治及新政权》一书中对“泛民派”的范围界定，这股势力“一般指那些不信任中国共产党、对‘一国两制’有怀疑，认同西方价值观、不接受《基本法》的特区政治制度、争取尽快实现西方式民主政治，并意图以香港为基地推动内地民主化的团体和人士”。

客观地看，“一国两制”对于这个界定范围内的大部分人士和团体的政治倾向是能够包容的，但对于“意图以香港为基地来改变大陆制度的做法是不能容忍的。因为这不仅不符合“一国两制”精神，也是邓小平先生当年明确指出的不能容忍的行为。即便如此，如果这种“意图”只是停留在言论层面，中央政府还是可以包容的。现在看来，反对势力中的极端派的行为已经远远超出了中央能够包容的程度，其中就包括了与外部政治势力遥相呼应，与中央和特区政府势不两立的举动。

旨在对中央政府施压的“占领中环”运动设想出台后，美国驻港总领事杨苏棣迫不及待地公开表示支持。这是外部势力公开干预香港事务的最新例证。从2012年维基解密所披露的美国驻港总领事馆大量外交电文看，美国驻港总领事馆对香港事务的干预是极其严重的。尤其是在对香港具有重大影响的政制发展问题和选举事务问题上，美国驻港总领事馆几近扮演着为极端反对派操盘的角色。极端反对派在选举问题上的主张和策略如此一致，这不得不使人怀疑那些主张通过“占领中环”手段对中央和特区政府施压的团体和人士到底要表达何方的利益要求？

要挟中央毁港前途

香港特区关于2017年行政长官普选的社会咨询程序尚未启动，理性表达不同意见的时机尚未到来，在这样的情况下想通过“占领中环”造成一种先入为主的所谓香港社会舆论（即中央政府不想在香港搞“真普选”），并摆出了一副誓与中央对着干的姿态，这是一种理性表达的方式吗？不是，这是一种迫胁行为。在笔者看来，这是一种非常危险的举动。他们所应搞清楚的是香港是一个什么地方。如果将香港反对派争取所谓“真普选”的举动与外部政治势力蠢蠢欲动的情况联系起来看，争取“真普选”运动的性质已经发生变化。果真如此，这就不是香港内部的政制发展之争了。对此，广大港人需要高度警惕。

挟外力自重太愚蠢

对于未来依据什么实现特首普选，这是所谓“真普选”诉求最为核心的一点。什么叫“真普选”？什么是“假普选”？区别两者的标准是啥？“占领中环”的设计者和支持者希望抛开现行宪制规定，以《公民权利与政治权利国际公约》为依据。在他们看来，按照《基本法》的相关规定和程序规定来普选行政长官就是“假普选”；按照《公约》的相关条款所实现的普选就是“真普选”。依据这个逻辑，“占领中环”运动的发起者和支持者应该到伦敦去实现占领“唐宁街 10 号”，因为是英国统治者当年在将这个公约适用于香港时做出了相应保留，而中央政府只是在《基本法》中确认了这种保留而已。香港是中国的香港，香港也不是独立国家。《基本法》的法理依据是中国宪法。这是主权理论的合理延伸。如果不遵守《基本法》，无论是谁，都违反了法治精神。

在“一国两制”框架内对中央或特区政府理性表达诉求是政治权利的体现，但如果是以非理性，甚至以牺牲公众利益为代价，尤其是挟外国势力自重，以对抗的姿态来要挟，那么其行为性质就发生质的变化。这一点请欲以“占领中环”手段表达“诉求”者牢记。

（本文原载于《大公报》2013 年 7 月 3 日）

- 理性协商是顺利普选的关键 -

民主必须基于理性，否则其产生的后果甚于暴政。在各方都认识到香港“政改”必须往前走的前提下，香港的反对派应当摒弃冷战思维，以动态的眼光看待内地的进步与变化，以理性务实的态度理解香港的政治地位并表达与此相对应的政治诉求，以协商的姿态迎接香港政改谘询的到来，激烈的“抗争”只会产生各方都失望的后果。

笔者前日阅读《南华早报》7 月 5 日艾利克斯·罗的文章“7 月 1 日那天，我邻居去哪了?”感触良多。其中最为深切的一点是，在这样“一个沉默的大多数群体”为基础的香港社会，理性表达与协商是解决香港 2017 年行政长官普选问题争论的关键。

对于香港特首普选，实际上各方人士都认识到向前推进的必要性，否则将会陷入僵局。果真如此，那可能是中央政府、特区政府和香港市民都不愿意看到的结果。因为作为香港政制发展主导者的中央政府依据香港的实际情况和循序渐进原则确定了“双普选”的时间表，特区政府也看到了“现时政府面对回归以来最困难的局面，政制困局已达临界点，若在政改谘询方面仍然原地踏步，则会‘万劫不复走下坡’，要改变政制才能打破僵局”。(林焕光语)，而广大市民也希望香港从一个“半民主的社会走向一个完全的民主的社会。”

冷战思维　僵局难破

人们可能提出这样的疑问：既然各方都有共识，那为什么香港社会会存在如此重大的分歧？这一问题的确问到了点子上。梳理一下，我们不难发现，核心问题是香港的所谓“泛民派”以过时了的冷战思维思考问题，对中央政府存在着严重的不信任情感，对“一国两制”有怀疑。他们认同西方价值观、不接受《基本法》的特区政治制度安排、希望争取尽快实现西方式民主政治，并意图以香港为基地推动内地的民主化。

反对派对中央政府的严重不信任主要是基于意识形态的考虑。他们没有用发展的眼光去看待内地的发展，仍然以冷战思维来考虑问题，对于“一国两制”政策所具有的巨大包容他们也视而不见。其在国家安全立法问题上所持的立场就是如此。香港作为中国的一个特别行政区域，其对于国家安全负有最起码的政治责任，然而他们以担忧香港的自由可能受到干扰为由，极力阻扰。试看一下如今的内地，有谁因言获罪23条立法的无限期被搁置，加之香港社会政治上的极其复杂性以及他们对于中央政府的频繁而刻薄的攻击，只能使人们感到香港的反对势力并非像他们自己所宣称的那样，是爱国爱港的群体，而是蓄意与中央为敌，并刻意使香港变成邓小平先生所明确界定不能容忍的反共，反中央政府的基地。

极端立场　无法协调

从香港回归的那一天起，在香港号称为“泛民主派”的团体就开始在香港的政治舞台上扮演着天然的反对派角色，而现时香港政治制度的安排也在一定程度上为他们的“反对”行为提供了制度空间。香港回归后，其社会高度自由的特征得以延续，民主政治的发展也为香港的反对派政党提供了相应的制度平台，政党政治相当活跃。在香港立法权力对政党部分开放，而行政权力系统对政党排斥的制度安排下，反对派政党的功能除整合民意、争夺开放了的立法权外，重点放在通过立法会来对政府实行监督上。如若他们有理性思维，他们本应该对特区政府的施政问题持善意的评价态度：有利于香港利益的政策措施则支持，不利于香港利益的政策措施则反对。然而他们并没有选择理性反对的态度，而是采取了极端反对的立场。只要是政府的政策措施，一味反对。

他们所采取的手法是，利用《基本法》对行政、立法关系“相互配合，互相制衡”的关系定位，不断扩权，将立法会变成掣肘行政长官的平台，致使行政与立法的关系呈现出“配合不足”“制衡有余”的局面。行政长官施政面临前所未有的困难。因此，政府官员强烈意识到了实行“政改”的必要性。

坚持“抗争”各方失望

香港“沉默的大多数群体”不乏为香港的理性主体。他们虽然有民主诉求，但对于旷日持久的政治纷争，其基本的态度是，“我们已然生活在一个自由安全的城市，（政府的）公共服务也算有效率。是的，这是一个半民主社会，充斥着这样那样的问题和缺陷，但哪个社会不是如此?”面对这样一个理性群体对香港社会的认识，香港的反对派以非理性的方式争取实现所谓“真普选”目的的举动是否应当有所收敛？面对“七一”游行，特区政府采取了“聆听各方诉求”的姿态，但反对派绝不可认为这是一种软弱的表现。因为在自由社会民众通过游行表达政治诉求是一种正当的政治权利。

政治的精要是“交易”与“妥协”，民主也必须基于理性，否则其产生的后果甚于暴政。现代社会的基石是民主，自由和法治，依此，香港社会离现代社会只有一步之遥。在各方都认识到香港“政改”必须往前走的前提下，香港的反对派是否应当摒弃冷战思维，以动态的眼光看待内地的进步与变化，以理性务实的态度理解香港的政治地位并表达与此相对应的政治诉求，以协商的姿态迎接香港政改谘询的到来？所谓“抗争”只会产生各方都失望的后果。

（本文原载于《大公报》2013 年 7 月 9 日）

- 戴耀庭“弹票论”混淆视听 -

戴耀廷发表文章，提出中央“弹票论”，声称因为中央“弹票”，故他要先小人后君子，以此来说明所谓“和平占中”的正当性。此番言论所要表达的意思是，中央“不仁”在先，反对派“不义”在后。任此论调泛滥，势必在香港社会引起视听混淆，进而否定这样一个基本政治事实，即中央在推动香港民主政制发展问题上的立场具有一贯性。

众所周知，香港民主政制发展是“一国两制”的既定内涵。中央“弹票轮”无视基本历史事实，企图将香港政制发展出现的所谓拖延责任推到中央政府头上。这在部分港人对中央政府在政治发展问题上存在一定误解的情况下极具蛊惑性。只有做出反驳，才能以正视听。

无视基本历史事实

首先，我们需要考察中央政府在香港发展民主政制问题上的最原始态度和立场。香港行政长官普选目标是中英两国协商的结果。这一点反映在《中英联合声明》的第四条中。据参与中英谈判的相关当事者们回忆，对于这一问题，双方并没有出现争议。笔者对这一历史事实做出回顾，是要讲清楚中央政府在这一问题上的原始态度。在随后的关于香港政制安排问题上，中央政府不仅在《基本法》第 45 条对这一政制发展的目标和实现条件做出了规定，还在附件一中确定了实现这一政制发展目标的三部曲。2007 年底，中央政府根据香港的实际情况发展，确定了香港普选行政长官的时间表。如果中央政府不想在香港搞行政长官真普选，她完全可以在《基本法》规定的“选举或协商”两种手段上做足文章，长期拖延普选进程。在戴耀廷看来，2007 年是《基本法》确定的可以实现行政长官普选最初时间，那时没有实现行政长官普选是中央政府的一种"弹票"行为。这使笔者产生了很大的疑惑：身为法律学者的戴先生是没有看懂《基本法》的相关条文，还是罔顾清晰条文而胡诌？

其次，2004 年 4 月全国人大常委会在对《基本法》两个附件相关做出解释后，中央并未对香港的民主政制的发展设置障碍，而是充分尊重香港广大民意，为未来的两个普选的实现做铺垫，准许对 2007、2008 两个选举的办法做出修改。2010 年，香港社会围绕 2012 年行政长官的选举办法的争论又趋激烈，在僵持不下的情况下，中央基本同意了"民主党"的方案才使 2012 年的行政长官选举方式得以改进。显然，中央政府并不存在戴耀廷所说的二次"弹票"问题。而他的这种论调就是要在香港混淆视听，为其鼓吹，且在香港激起极大争议的"占领中环"运动寻找理由。

关于 2017 年实现香港行政长官普选的社会谘询尚未启动，而特区政府正在通过各种途径听取社会各界对于未来行政长官实现普选的不同意见。这是特区政府所采取的一种非常理性，积极的姿态。相比较而言，反对派的各路人马却摆出了威吓的架势，动则叫嚣"抗争"抑或"占领"，以所谓的真正君子之心来评价他们的举动，只能得出弄不懂他们是怎样一种思维的结论。

为"占中"运动找借口

香港这样一个具有高度自由特质的社会，有足够的包容让任何关于政改的声音发出，为何他们一定要以带有暴力隐患的行为来表达？在关于政改问题的社会谘询尚未启动的情况下就断然猜忌中央政府没有在香港推动民主政制发展的诚意，岂不有以小人之心度君子之腹之嫌？

不错，包括俞正声在内的中央领导人的确重申了一直强调的"爱国、爱港人士"治港的原则。这是作为国家主权者的中央政府为保证国家安全对一个享有高度自治权的特别行政区的基本要求，难道不应该吗？对于这一点，为何香港的反对派人士总是从恶意的角度去理解？难道他们嘴巴上声称的“爱国爱港”是口惠而心不实？抑或“爱国”“爱港”只不过是他们极不情愿而不得不接受的一种口号？

中央政府对于推动香港民主政治发展的决心是坚定不移的，那些试图以谎言来迷惑香港市民的举动只能使更多的港人看清事实真相。笔者认为，在双普选已成为未来香港政治发展的大方向的前提下，程序问题是可以在《基本法》的框架内展开充分理性讨论的，而以具有“潜在”暴力风险的“占领中环”这种所谓“先小人”行动做出对抗性的姿态只会令香港这个“动态”宁静社会出现难以预料的风险。其结果不是在推动政改，而是在破坏政改。

（本文原载于《大公报》2013 年 9 月 6 日）

– US should keep out of HK politics –

At present, how to implement universal suffrage is one of the most contentious issues in Hong Kong.

The Chinese central government underlines that future chief executives must "love China, love Hong Kong," so universal suffrage should be carried out strictly in line with the procedures set out in the Basic Law.

Emphasizing that the executives of the Hong Kong Special Administrative Region (HKSAR) with a high degree of autonomy must be loyal to the central authority is in the interests of national security as well as Hong Kong itself. Out of respect for "one country, two systems" and legal institutions, the controversies over the procedures of universal suffrage can only be addressed in accordance with the Basic Law and relevant decisions by the Standing Committee of the National People's Congress.

However, Hong Kong's pan-democratic groups claim that such suffrage is not genuine because the proposal of "patriots and Hong Kong-lovers administering Hong Kong" is aimed at excluding them from running for chief executive.

What's more, they contend that the procedures of the suffrage should be based on the related provisions of the International Covenant on Civil and Political Rights instead of the Basic Law and the NPC Standing Committee's decisions.

To put more pressure on the central government and the HKSAR government, pan-democrats actively propagate the Occupy Central campaign.

It is above reproach for Hongkongers to hold different views on political reform as Hong Kong is a universally acknowledged liberal society with adequate tolerance for divergent voices.

But external intervention seems to be changing the nature of the internal row. There is enough evidence showing that certain important figures of the pan-democratic camp are joining hands with the Consulate General of the US in Hong Kong to interfere into the HKSAR's political system.

The new US Consul General for Hong Kong and Macao Clifford A. Hart, Jr. has met the leaders of Hong Kong's political organizations for many times and made indiscreet comments on the issue of universal suffrage. He even released the result of an Internet survey purporting to show that nearly 90 percent of Hongkongers long for independence.

As for Hart's unscrupulous remarks and actions, Song Zhe, commissioner of China's Ministry of Foreign Affairs in HKSAR, met with him in late August and solemnly reiterated China's firm objection to external forces ignoring the Basic Law and relevant decisions of the NPC Standing Committee.

According to some media outlets, it is the toughest stance of the Chinese government regarding the frequent US interference into Hong Kong affairs in the past 16 years. However, Beijing has made a completely reasonable response in safeguarding the country's core interests.

We can view Song's reiteration of China's position to Hart from several perspectives.

First, Hong Kong's political system development belongs to the internal affairs of the HKSAR. Hart, as the consul general of the US in Hong Kong, has no right to make frivolous remarks about such political issues as universal suffrage.

Second, Hart's public support for the so-called "genuine universal suffrage" for Hong Kong's pan-democrats shows Washington's ulterior motives. Electing a chief executive who breaks from the "one country" system complies with the US "pivot to Asia" strategy.

It is a normal phenomenon that there have occurred fierce debates on universal suffrage in a society with such a high degree of autonomy as Hong Kong without the intervention of external forces.

The central government will make efforts to facilitate its process as long as it adheres to the Basic Law and the NPC Standing Committee's decisions in this connection.

Nonetheless, Beijing must be on high alert over the " tacit understanding" between pan-democrats and external forces when the HKSAR government has yet to launch the public consultation program.

The central government's domination of Hong Kong's political development constitutes the most fundamental content of the "one country" principle while respecting " two systems " by promising to foster a democratic political regime there. China is an independent country, so Hart had better stop acting in vain.

(This article was originally contained in *Global Times* 2013 - 09 - 08)

－警惕变相“公投”再次发生－

在行政长官候选人提名方式问题上，中央政府严格依法办事的立场是不会做出退让的；而反对派则声称行政长官候选人“公民提名”的方式是“不可退让的死线”。香港作为中华人民共和国治下的一个享有高度自治权的特别行政区是没有资格搞所谓“公投”的，而“泛民”的有些人似乎总是想要挑战中央政府的红线。

在行政长官候选人提名方式问题上，中央政府严格依法办事的立场是不会做出退让的；而反对派则声称行政长官候选人“公民提名”的方式是“不可退让的死线”。在此情况下，反对派必定会以非理性的方式实现其所谓的“抗争”。对于其可能再次玩弄类似于“五区总辞”的变相“公投”要保持高度警惕。

“公投”是一种解决社会矛盾和冲突的直接民主形式，按照卢梭的看法，这种方式只适应在小国寡民的情势下实施，其前提是十分清楚的，即举行“公投”者须为主权国家。仅此，在香港这个中华人民共和国的特别行政区是无权举行所谓的“公投”的。如果有人鼓吹所谓的“公投”，就是破坏国家主权的行为。

2007 年，社民联推动所谓的“五区总辞”（即香港岛、九龙东、九龙西、新界东及新界西，每区有一名“泛民”立法会议员辞职，产生五个空缺席位），然后按香港法规必须进行补选。由于公民党和社民联参选者以“实现真普选、废除功能组别”做唯一选举议题，并冀以 50% 民意作为抵押来对中央政府施压，虽然补选结果是使原来“总辞”的五名泛民人士重新当选，但投票率仅为 17.1%，离这一运动的设计者所期望的 50% 的民意目标相距甚远。

严重毒害中央香港关系

然而，在笔者看来，在香港立法会制度规则尚待完善的情况下所玩出的这出所谓的“公投”是一种十分危险的游戏。它不仅严重毒害中央和香港特区之间的关系，也会触怒全中国人民的情感，在不断有证据表明外部势力干预香港政制发展问题，并声言“90%香港人真正希望的是独立”的背景下，即使从善意的角度来理解，再次玩弄“公投”游戏是否存在着瓜田李下之嫌？

香港作为中华人民共和国治下的一个享有高度自治权的特别行政区是没有资格搞所谓“公投”的，而“泛民”的有些人似乎总是想要挑战中央政府的红线。今天你可以说我们是为了向中央政府显示香港市民在政制变革问题上的民意而提出“公投”，明天你是否会模仿着夏千福的口吻说“香港绝大多数人要独立”，因此也要“公投”？提出“公投”主张的人都是香港泛民派中具有相当政治见识的知识人士，难道他们就不懂得“公投”意味着什么吗？

“一国两制”原则不可退

对于推动香港的政改问题，香港这个多元社会存在不同的见解是没有问题的，即使是较为偏激的主张和看法也没有问题，因为香港社会是一个具有高度自由特性的社会，“一国两制”政策所具有的巨大包容度也足以容忍香港社会观点、看法、主张的存在。但香港的高度自由和“一国两制”政策的巨大包容也不是没有底线的。这个底线体现在两点上：其一是有关香港政改的各种看法，主张必须是有利于香港社会的健康发展，而不是搞乱香港，破坏香港的发展前景；其二是香港政改的各种主张必须符合“一国”原则，那些希望借助外部势力来推动香港政改的主张是一种玩火行为。

香港社会的多元性使得香港在政改问题上的现实舆论莫衷一是。对于这种情况，笔者认为并非坏事。特区政府现在正在进行的社会咨询程序前的“系列咨询”活动是一种积极凝聚共识，推动政改向前的举动。然而，目前香港围绕政改问题展开争论的焦点是，香港行政长官的普选是以《基本法》和全国人大常委会的相关规定为依据，还是以《公民权利及政治权利国际公约》作为普选的依据。从这个问题的本质看，是一个香港政改是否要中央政府主导的问题，也是一个是否守法的问题。

从政治上讲，实行“一国两制”政策的首要目标是解决国家的统一问题，即“一国”问题，而“两制”是国家实行的差异化治理方式。香港回归后，香港是中央政府治下的香港，因此中央对于香港的政制发展的主导权是毋庸置疑的，这也是“一国两制”政策中的最基本内涵。对于这样一个本不应展开讨论的严肃问题香港社会都会出现争论说明了两个问题。其一是香港社会的言论自由度巨大，中央政府展现了巨大的包容；其二是香港社会的部分人中的确存在着与中央政府离心离德倾向。

普选需严格按《基本法》办事

从法治的角度看，《基本法》是保障香港实现高度自治的法律基石。它对于特区和中央政府都是具有约束力的。出于对《基本法》的尊重，香港有人将《基本法》称之为香港的宪法。从严谨性来讲，虽然这种称谓并不科学，但足以说明《基本法》的权威性。因此，在香港行政长官普选时候选人的提名方式问题上是否按照《基本法》和2007年12月的全国人大常委会的相关决定办事是检验中央政府和香港特区是否遵守法治原则的重大问题。

中央政府在行政长官候选人的提名方式问题上严格依法办事的立场是不会做出退让的，而反对派则声称行政长官候选人“公民提名”的方式是“不可退让的死线”。在此情况下，反对派是一定会以非理性的方式实现其所为的“抗争”。对于其可能再次玩弄类似于“五区总辞”的变相“公投”要保持高度警惕。

（本文原载于《大公报》2013年9月28日）

HK suffrage impasse needs rational views

How to implement universal suffrage in Hong Kong seems to have reached an impasse. The central government, according to law, insists the chief executive be nominated by a broadly representative nominating committee, while the pan-democracy camp of Hong Kong upholds public nomination, claiming that's the bottom line for real suffrage.

Basically two problems are reflected in the current deadlock. First, the pan-democracy camp has flung down the gauntlet to the central government over its dominant role in Hong Kong's political development. This is quite unwise.

Second, controversies have been stirred on what kind of principles should be adopted to implement universal suffrage.

The aim of the "one country, two systems" policy is to realize and maintain national unity. Considering the overall differences between the mainland and Hong Kong, the central government permitted Hong Kong to have a high degree of autonomy and preserve its capitalist system and way of life unchanged for 50 years.

"One country" is the basis of "two systems" in the logic. The central government won't interfere in the inner affairs of the Hong Kong Special Administrative Region (HKSAR) under the principle of "one country, two systems," nor will the HKSAR government do the same to the central government. The foundation of adjusting such a relationship is the Basic Law.

However, given such an arrangement, which contains a highly centralized state government but allows a high degree of autonomy in some regions, it's natural that varied interpretations on the relationship between the central government and the special administrative regional authorities have emerged.

A certain number of Hongkongers, the majority of whom are pan-democrats, believe that universal suffrage belongs to the internal affairs of Hong Kong and the central government shouldn't butt in.

Nonetheless, a high degree of autonomy granted under the systematic arrangement of " one country, two systems " doesn't mean Hong Kong, which is a part of China, is free from political accountability. Hong Kong's chief executive should be assured to be responsible to and loyal to the central government.

Despite an generally amicable relationship between the mainland and Hong Kong for 16 years after Hong Kong's return, some still struggle to disturb social harmony.

Some elites in the pan-democracy camp took advantage of Hong Kong's relatively free environment, bluntly declaring the central government as their rival.

Besides, they are supported by some external forces with ulterior motives that have trumpeted that nearly 90 percent of Hongkongers long for independence. How can the central government not be highly alert to such a situation?

Debates on the basis of the implementation of the universal suffrage are candidly a test to the principle of rule of law.

In a contemporary Hong Kong society ruled by law, the best solution to solve problems is to resort to the Basic Law and relevant regulations by the Standing Committee of the National People's Congress.

Issues concerning relations between the central government and special administrative regional authorities, degree of autonomy, as well as coordination between social development and democratic political development, are all entangled in Hong Kong's political reform.

Hong Kong as a part of China is not an independent political entity. If the implementation of the universal suffrage isn't based on Hong Kong's constitutional document, the Basic Law, and regulations by the highest organ of state power, it will be a violation of national sovereignty.

The firm resolution of the central government and the strong desire of the Hong Kong public are the driving forces for realizing universal suffrage. But at present, fierce debates on the procedures of the suffrage seem to show some uncertainty, which makes rational attitude, thinking and actions in dire need.

(This article was originally contained in *Global Times* 2013 - 10 - 08)

—用理性化解香港政改“症结”—

香港的政改问题是中国内部的一个特别行政区内的政治发展问题。在这个问题上不同政治力量之间存在分歧是需要用理性思辨的方式来化解的。所谓理性思辨的方式就是要以政治现实作为考虑香港未来政治发展的基础，在能够实现共赢的大前提下使政改向前推进。

香港的政治现实是何种状况？从法律地位看，她是中华人民共和国治下享有高度自治权的特别行政区，两者之间的关系是十分明显的中央和地方关系。香港特区虽然享有高度自治权，但这种高度自治权是中央政府授权的结果。基于此，中央政府对于香港政治发展的主导权是毋庸置疑的。这个基本政治现实不容改变。

中央主导权不容改变

中央政府在香港回归的过程中和香港回归后在香港民主政治发展的问题上的态度具有一贯性，这也是一个基本历史事实。客观地看，国家主体的选举政治的确欠发达，这是中国情况的特殊性所决定的，但历届中央最高层对于香港民主政治发展的态度是十分积极的。英国人虽然在香港民主政治发展问题上具有叵测之心，但中央政府却是从“一国两制”的大局考虑，对于港英政府在20世纪80年代所推出的民主变革并不持异议，并在制定《基本法》的过程中将港英政府的政改成果予以确认并明确了香港行政长官和立法会的普选目标。这是头脑清醒的人都不得不承认的基本事实。只是在彭定康做得太过分，寄望通过改变香港回归前的基本政治格局为香港回归制造麻烦的情况下，中方才被迫做出“另起炉灶”的反击。这样一段历史，笔者相信广大港人是不会忘记的。

香港回归前夕，西方各大媒体纷纷放言“香港已死”，香港的有些人也扬言“做好了坐牢的准备”，香港回归后的形势不仅使西方媒体大跌眼镜，不得不承认“一国两制”在香港运作良好，中国中央政府十分严格地信守了承诺。基于香港回归后仍然保持繁荣稳定的基本现实，那些出于对回归恐惧而在九七之前移民海外的人也纷纷回流。香港的自由特性不仅没有削弱，而且表现得更为突出。这最为典型地表现在媒体的言论上。那些似乎做好了“坐牢”准备的人中的大部分在香港回归后“一国两制”的真实状况面前发生了态度上的转变，而少数带有历史成见的人在香港回归后的行为不仅没有丝毫收敛，而且表现得更加肆无忌惮。他们天天在香港媒体骂中央政府和中共，据相关统计，全世界 80% 骂中国的文章出自香港。对此，中央政府干预了吗?

反对派不断挑战中央

香港作为中国的一个享有高度自治权的地区，其对于国家安全利益是否应该承担最起码的政治责任？中央政府充分信任特区，授权特区自行立法，然而时至今日，这一维护国家统一、主权、领土完整和国家安全的重要立法仍未完成。九七后，外部势力对香港虎视眈眈，不时放出干预香港内部事务的言论，最终提出了“90% 的香港人真正希望的是独立”所谓民意调查结果，在这样的情况下，中央政府怎么能够放心？香港确实有一部分人，他们宁愿委身于殖民统治也不乐见香港主权回归祖国。他们对于中共不仅具有历史的成见，更具有意识形态偏见，总是从“阴谋论”角度来揣摩中央的意图，在香港民主政治发展问题上更是如此。这难道不是事实吗?

当前，在香港行政长官普选问题似乎形成了一种僵局：中央政府从法治原则出发，坚持严格按《基本法》和全国人大常委会的相关规定办事，由一个具有广泛代表性的提名委员会按民主程序提名候选人，而香港的反对派则坚持行政长官候选人要依据“公民提名”方式，并声称，这是实现“真普选”“不可退让的死线”。为了对中央政府施压，反对派不断以具有潜在暴力的“占领中环”相胁，并扬言再次演绎类似“五区总辞”的“公投”闹剧。从本质上看，这种僵局反映出两个问题：其一，香港的反对派对中央政府的严重不信任，并试图对中央政府在香港政治发展的主导权发起挑战；其二，在香港政制发展问题上中央政府和香港特别行政区是否应当遵守法治原则。

中央对于香港政治发展的主导权是“一国两制”中的基本逻辑。不了解这一点实际上就是没有弄懂“一国两制”。在香港普选问题上严格按《基本法》和2012年全国人大常委会的相关规定办事就是对法治原则的最大尊重。香港反对派中的一些极端人士在这一问题上所坚持的立场和不断以具有潜在暴力威胁的做法实际上就是不尊重中央政府和不遵守法治原则，甚至是破坏法治的表现。

摒弃成见才能化解僵局

如今的香港是中国的香港，这是一个最基本的政治现实。中央政府在香港发展民主政治问题上的态度是坚定不移的，这也是一个基本政治现实，所存在的分歧是如何推进的方法问题。既然存在分歧，严格按照相关法律办事恐怕是解决问题的唯一理性方式。

在笔者看来，香港政改的症结是可以化解的，这就需要香港的反对派摒弃对中央政府的“阴谋论”的思维逻辑，摒弃对共产党的历史成见和传统意识形态理念，以政治现实作为思考问题的出发点，理性、务实地探讨香港政改程序和方式，而不是动辄以暴力相胁，那只会使问题复杂化，不仅不能推动政改，甚至会使政改出现停滞的危险。

（本文原载于《大公报》2013年10月14日）

Violent democracy threatens HK prospects

The principle of "one country, two systems", despite its great inclusiveness, cannot tolerate bleeding "democratic politics".

If Hong Kong, an inalienable part of China, can not maintain its stability due to controversies in the development of democratic politics and even witnesses turbulences that will further impact the great rejuvenation of the Chinese nation, then the original intention and objective of this principle will be violated.

Democracy is a great system, but with defects. In the political practices throughout the world during the past 300 years, some countries have achieved huge success in democracy, while others have ended up with chaos in their national order.

Democracy is thus classified by some into "good democracy" and "bad democracy." The former actually reflects the circumstances where the fundamental conditions of a society fully accommodate democratic politics.

In contrast, imposing such an institution in a nation which is not well prepared to accept democracy in terms of politics, history, economics, culture and social values will only plunge the country into long-term turmoil.

As a special administrative region under the People's Republic of China, Hong Kong enjoys a relatively, not absolutely, high degree of autonomy. This comes as a result of the central government's decision to realize reunification based on Hong Kong's status quo.

The central government therefore plays a dominant role in Hong Kong's political development, which is a basic logic in the "one country, two systems" policy.

The central government has been supportive of the development of Hong Kong's democratic politics. The modern democratic political reform in Hong Kong starting from the mid - 1980s focused on changing the nature of the Hong Kong's Legislative Council.

The British pushed forward the reform with ulterior motives, but the central government of China did not propose objections in the light of the upcoming "one country, two systems" policy at that time.

The Basic Law further clarified the goals of Hong Kong's political reform after its return to China; universal suffrage will eventually apply to the election of Hong Kong's chief executive and Legislative Council.

The current row in Hong Kong over universal suffrage is not about whether to propel the process, but about what constitutes its basis and how to implement it.

After a series of debates, Hong Kong's extreme opposition recognized that there are certain moral risks in clamoring against the Basic Law and relevant regulations by the Standing Committee of the National People's Congress. They consequently altered their strategy by proposing public nomination of chief executive candidates which they insisted was the bottom line to realize "genuine universal suffrage."

To make the central government compromise, the opposition group has continued with the potentially violent concept of the "Occupy Central" movement as a threat.

They also collude with the Democratic Progressive Party in Taiwan with the intention to acquire experience in promoting "street politics."

Democracy and violence are two incompatible concepts. Violence is quite likely to occur if some ill-intentioned opponents attempt to achieve their shady purposes in the name of democracy.

Why are Benny Tai Yiu-ting, who initiated the Occupy Central campaign and his supporters so bold as to challenge the central government with a bloody proposal over the issue of chief executive election procedures? We can find the answer if we look at the movements of external forces.

Today's Hong Kong belongs to the Chinese, and any interference from foreign forces will end up in vain.

Under the framework of "one country, two systems," we must strive to push forward the democratic politics with Hong Kong-style capitalism in line with reality.

However, such a policy will in no way tolerate bloody "democratic politics" that uses violence as a way to pressure the central government.

(This article was originally contained in *Global Times* 2013 - 11 - 04)

-“一国两制”不容流血的民主政治-

在“一国两制”的框架下，符合香港实际的港式资本主义的民主政治要依法理性推进，但对于以暴力作为对中央施压手段的流血的“民主政治”，“一国两制”政策是不能包容的。

香港的政改咨询已启动，香港各方人士在理性务实的基础上开展了一些对话，这是良性的征兆，然而仍有极端人士叫嚣以“占中”对中央政府施压，试图破坏初露端倪良性局面。在“一国两制”的框架下，符合香港实际的港式资本主义的民主政治要依法理性推进，但对于以暴力作为对中央施压手段的流血的“民主政治”，“一国两制”政策是不能包容的。

“一国两制”具有巨大的包容性，但对于流血的“民主政治”是不能容忍的。因为香港作为国家的一部分，如果其社会因为围绕民主政治发展问题而不能保持繁荣稳定，甚至出现动荡、流血，进而影响到中华民族的伟大复兴，那么就违反了实行“一国两制”政策的初衷和目标。

过去近三百年，民主在有些国家获巨大成功，而在有些国家则造成了大混乱。因此，有人将民主划分为“好民主”和“坏民主”。所谓“好民主”实际上所反映的是一个社会的基本条件与民主政治充分适应的状况，而在一个社会的政治、历史、经济、文化以及人们的思想观念尚没有做好接纳民主政治的情况下而强制实行民主政治，只会带来混乱，使社会长期动荡，就是所谓的“坏民主”。

中央支持港民主发展

香港享有高度自治权，而不是绝对的高度自治权。这种高度自治权的产生是中央政府为实现国家统一，并充分尊重香港现时状况而对香港特区授权的结果。中央政府和特区之间的关系是一种十分明确的中央和地方关系。因此，对于香港的政治发展问题，中央政府具有毋庸置疑的主导权。这是“一国两制”政策中的基本逻辑。不了解这一点实际上就是没有弄懂“一国两制”。

对于香港民主政治发展，中央政府一直持支持的态度。众所周知，香港具有现代意义的民主政治变革发端于20世纪80年代中期，其中最为核心的内容是改变立法局的性质，英国人此时推动香港的政改虽具有叵测之心，但中央政府却是从行将实施的“一国两制”政策的大局考虑，对于港英政府的上述举动并没有表达异议，而是在《基本法》中将港英政府的政改成果予以确认。不仅如此，《基本法》还明确了香港回归后政制发展的目标——香港行政长官和立法会最终实现普选。这是只要头脑清醒并保持客观立场的人都不得不承认的基本事实。

“占中”是假和平真暴力

当前的香港社会围绕行政长官普选问题出现的争论不是要不要推进“普选”的问题，而是依据什么推进和如何推进的程序问题。在这一争论的前段，依据什么推进普选是焦点。经过博弈，极端反对派感到了公开叫嚣对抗《基本法》和全国人大常委会相关规定存在？道义上的风险，因而改变策略，转向以变相方式与《基本法》和全国人大常委会相关规定相对抗的程序问题上来，提出“公民连署提名行政长官候选人”方式，并强调这是实现“真普选不可退让的死线”。为了实现这一程序目标并迫使中央政府让步，反对派不断以具有潜在暴力的“占领中环”相胁，并扬言要再次演绎类似“五区总辞”的“公投”。不仅如此，他们还和台湾地区民进党相互串联，希望从对方获取推动“街头政治”的经验。这是值得高度关注的新动向。

对于“占领中环”运动，其发起者起初提出的是“非暴力”的“和平抗争”，但其内心是做好了流血的充分思想准备的。这可以从戴耀廷提出的“占领中环”设想的八种方式中看出，它明确要求参加者“要承认自己违法”“要有入狱准备”。但迫于香港社会理性声音的巨大压力，他又不得不改口“占中最好以不流血收场”。然而在他为第二次“商讨日”所撰写的题为《港人为民主付出太少》的文章中，他却大声疾呼“民主需要流血牺牲”“香港人流血流得太少”。从“占领中环”提出九个多月所组织的各种活动看，其一直披着“和平”的外衣。如果我们从其“占中”设想的实践手段、可能产生的后果，联系戴耀廷等鼓吹的“流血论”，就可以看出“占领中环”暴力政治的内在逻辑。

不容以“流血”向中央叫板

民主和暴力本来是互不兼容的两个概念，但如果少数别有用心的人以民主为幌子来实现某种见不得人的目的而衍生出暴力行为是完全可能的。戴耀廷及其支持者何以具有如此底气在行政长官普选程序问题上以令广大港人惊愕的“流血”手段来与中央政府叫板？只要我们细心观察一下外部势力的动向，就不难发现其中的奥秘。

如今，香港的政改咨询已启动，香港各方人士在理性务实的基础上开展了一些对话，这是良性的征兆，然而仍有极端人士叫嚣以“占中”对中央政府施压，试图破坏初露端倪良性局面。在“一国两制”的框架下，符合香港实际的港式资本主义的民主政治要依法理性推进，但对于以暴力作为对中央施压手段的流血的“民主政治”，“一国两制”政策是不能包容的。请切记！

（本文原载于《大公报》2013 年 12 月 23 日）

- 中央权力利益必须维护 -

香港特区的管治主体必须首先是爱国者，而爱国和爱港是相互联系的有机整体，这是“一国两制”应有之义和必然要求，是不容动摇的基本准则。以爱国者为主体的港人治港，是保证特区与中央同心同德的基本条件。只有以爱国者为主体的港人来治理香港，才能保证在特区切实维护国家的主权、统一和领土完整，防止有人断章取义片面理解“两制”、忽视甚至不要“一国”的危险倾向。

中共十八大在对港澳政策上再次强调：必须把坚持一国原则和尊重两制差异、维护中央权力和保障特别行政区高度自治权、发挥祖国内地坚强后盾作用和提高港澳自身竞争力有机结合起来。并特别强调，“任何时候都不能偏废”。由此可见，“一国两制”是一项长久的事业。

在“一国两制”框架下，香港实行“港人治港”和高度自治，中央只保留最低的有限干预。因此，香港在享有高度自治权的情况下，由什么样的港人实现对香港的治理，是一个既能够保持香港在“一国”框架内运作，又能切实实现香港高度自治的关键。

爱国爱港是有机整体

邓小平早年在对“一国两制”政策做出阐述时，特别强调了爱国者治港的重要性。在邓小平眼中，什么叫爱国者？怎样才是爱国者？对此，他做出了适合香港实际情况的界定。他说：“爱国者的标准是，尊重自己的民族，诚心诚意拥护祖国恢复行使对香港的主权，不损害香港的繁荣和稳定。只要具备这些条件，不管他们相信资本主义，还是封建主义，甚至相信奴隶主义，都是爱国者。我们不要求他们都赞成中国的社会主义制度，只要求他们爱祖国，爱香港。”“1997 年后在香港执政的人还是搞资本主义制度，但他们不做损害祖国利益的事，也不做损害香港利益的事。”从这些论述中，我们可以看到，对“港人治港”的设想是，香港特区的管治主体必须首先是爱国者，而爱国和爱港是相互联系的有机整体，这是“一国两制”政策中应有之义和必然要求，是不容动摇的基本准则。

有人不禁要问，香港回归后，香港还能怎么样，为什么还要强调坚持爱国爱港人士作为治港主体？这个问题确实提得好。我们可以从如下几个方面来回答这一问题：

第一，以爱国者为主体的港人治港是保证特区与中央同心同德的基本条件。“一国两制”首先要强调维护国家的统一与主权，即“一国”是前提。只有以爱国者为主体的港人来治理香港，才能保证在特区切实维护国家的主权、统一和领土完整，防止有人断章取义片面理解“两制”、忽视甚至不要“一国”的倾向。

第二，以爱国者为主体的港人治港是维护“一国两制”的政治基础。邓小平曾经强调指出：“我们对香港、澳门、台湾的政策，是在国家主体坚持四项基本原则的基础上制定的”，“两制”并存的前提是中国的主体必须是社会主义，改变了共产党领导的中国特色社会主义，“香港的繁荣和稳定也是吹的”。只有以爱国者为主体的港人来治理香港，才能把保持香港的资本主义与坚持国家主体的社会主义统一起来，使“一国两制”事业沿正确的政治方向健康发展。

“港人治港”以爱国者为主体

第三，以爱国者为主体的港人治港，才能维护“一国两制”的群众基础。香港是中国的香港，“一国两制”事业是全中国人民共同的事业。香港特区只有以爱国者为主体的港人来治理，才能切实把维护国家和民族的根本利益与维护香港同胞的福祉统一起来，从而使“一国两制”方针得到包括广大香港同胞在内的全中国人民的普遍理解和拥护。

香港回归后，香港社会高度自由的特点得以保留，民主政治的氛围在不断加强，经济上与内地也在逐步走向融合。这些都是中央政府从国家的大局出发，恪守《基本法》，以高度包容的理性态度处理问题的结果。

香港的有些政治势力却并非如此看待问题。他们秉承冷战时期的意识形态成见，置香港和国家利益于不顾，不断在香港制造麻烦。这使得人们对其出于策略上考虑而不得不在口头上宣称的“爱国爱港”表示怀疑。试举几例：

也确保爱国爱港者执政

特区政府希望借力内地的强劲发展势头而谋划发展高铁，他们要通过“法律程序”加以阻扰拖延，结果使高铁建设的成本大大提高；中央政府依据《基本法》来稳步发展香港民主政治，他要搞“公投”来加以干扰，严重毒化了香港的政治环境；特区政府希望加强香港居民对国情的了解而开展国民教育，他们攻击这是“洗脑”教育，以组织罢课相胁，似乎要永远使香港居民与内地形成情感隔绝；中央政府从国家安全的大局考虑，授权特区自行进行国家安全立法，他们则以维护香港的高度自由为由加以抵制和阻扰。更为严重的是，有人甚至连口头上的爱国都抛弃了，公然叫嚣“港独”。总之，凡是中央说什么，他们反什么；凡是特区政府干什么，他们就反什么。这种“两个凡是”的举动使人们不得不对其真实意图产生质疑。

近期，香港又有人鼓吹“占领中环”运动以对中央政府在香港政制发展问题上施加压力。正是在这样的情况下，中共中央政治局常委俞正声再次重申了邓小平早年提出的“爱国者治港”的原则。对于这一情况，香港中央政策组前首席顾问刘兆佳做出了这样的解释：“中央想提醒港人，不能只狭隘看选举是否民主，要顾及中央的利益及权力。暂不能说是中央对港政策改变。”笔者认为，其分析是有一定道理的。香港是一个对中央政策极为敏感的地区，香港也是一个较为理性的社会。“爱国者治港”是中央政府在治港问题上的一贯原则，也是“一国两制”政策的应有之义。如果那些坚持“两个凡是”的人一意孤行，恐怕只会落得被港人抛弃的下场。

（本文原载于《大公报》2013 年 3 月 12 日）

－香港政党发展的“鸟笼政治”－

香港作为中国的一部分，在享有高度自治权的同时到底应该承担哪些基本政治责任？这是在香港政党政治发展问题上所有合法的政治组织都需要考虑的。由此，我们不难对于香港政党政治发挥在那种的限度做出一个基本判断。那就是香港的政党政治发展是中国一个特别的地方区域内存在的一种特殊的地方区域政治现象。其发展的空间不能突破依据“一国两制”政策所包含的限度。从这层意义上讲，我们用“鸟笼政治”来形容香港政党政治发展的空间和限度不失为一种形象的比喻。

香港自称为政党的组织大多产生于港英统治时期的20世纪90年代初。由此算来，香港政党政治的历史也不过20余年。虽然其仍不乏稚嫩，但其在法律地位、运作目标或运作规范上与现代意义上的政党还有差距。然而，就其功能而言，其在香港这个既享有高度自治权，又直辖于中央政府的区域内的确发挥着某些整合民意、组织选举、监督政府等政党组织所具有的功能。就其前景而论，笔者认为，在民主政治作为发展前景的前提下，香港政党政治作为中国的一种特殊的区域性的政治现象，其发展至少存在着三个空间。

民主政治的核心是政党政治，这是所有稍具政治学常识的人都明白的道理，而香港的前景是否是走向民主政治？其答案似乎也是肯定的，因为中央政府在香港发展民主政治是矢志不渝的。高度自由是香港社会的特征，也是其充满活力的重要保证，而香港社会的多元性是其政党政治发展的基础。这是香港政党政治发展空间的理论空间。

具有政党发展制度平台

理论上的阐述只能说明政党政治发展的一般规律，一个区域是否具有政党政治发展的制度平台才能说明政党政治的发展空间。《基本法》是香港的宪制性文件，其中确实没有一条提及政党，但对选举制度和政治团体所做出的规定是有目共睹的。就香港目前的情况看，存在几种选举：有立法会选举，有区议会的选举，更为重要的是行政长官选举。虽然《行政长官选举条例》明确规定行政长官不能具有政党背景，然而从香港现时权力架构的实际运行情况看，具有权力配置倾斜的行政长官在体现行政主导上的确明显受到了政党政治的掣肘。行政长官是否应当具有政党背景，并以政党作为实现行政长官主导的权力支撑确实是需要重新考虑的问题。至于区议会选举和立法会选举，其几乎成为体现各政党体现政治能量的平台。香港各种政策的出台，除了政府的主导作用外，也不能排除各政党之间的博弈作用。由此可见，现时的香港具有政党政治发展的制度平台。

香港社会的自由度是相当高的，其市民社会的特征也比较明显。行业组织相当广泛且成熟。香港市民也比较具有理性精神。香港还是一个商业十分发达的资本主义社会，在这里，西方文明和中华文明相互交融。如果我们对香港社会稍加考察就不难发现，在受过高等教育的人群中，自由民主的思想意识形态相当盛行。由此可见，建立与其社会经济制度相适应的资本主义政治制度是符合香港实际客观需要的。中央政府充分考虑了香港社会条件的特殊性，通过《基本法》将港英政府从 20 世纪 80 年代中期开启的民主制度作为“行之有效”的制度保留下来，并使之在成为中国的一个特别行政区后得以继续发展。“两个普选”就是中央政府预见未来香港政治发展而提出的政制发展目标。政党政治虽然在《基本法》中并未提及，但笔者认为，尽管其存在着某种不确定性，它作为香港民主制度发展的逻辑衍生现象也一定会有所发展。中央对香港的政策目标是使香港长期保持繁荣稳定，如若政党政治的形成与发展有利于这一政策目标的实现，中央政府何乐而不为？从上述香港社会条件分析，我们不难做出这样的结论：政党政治发展在香港是存在着社会空间的。

坚守“一国两制”政策限度

尽管香港政党政治发展上存在上述列举的三个空间，然而这三个空间是基于“一国两制”政策基础上的。在这样一种特殊政策下，香港不是一个政治实体，而是中华人民共和国治下享有高度自治权的特别行政区。其所享有的高度自治权是中央政府依据宪法的相关规定做出授权的结果。在这样一种宪制安排下，香港作为中国的一个地方区域实行的是不同于大陆其他区域的资本主义制度。这是中央政府为了实现国家统一而做出自我克制的重大举动。为了保证“两制”差异得到尊重，中央通过《基本法》将香港享有的高度自治权法制化。然而，生活在香港特区的中国公民是否也应当思考一个最基本的问题：香港作为中国的一部分，在享有高度自治权的同时到底应该承担哪些基本政治责任？这是在香港政党政治发展问题上所有合法的政治组织都需要考虑的。由此，我们不难对于香港政党政治发挥在那种的限度做出一个基本判断。那就是香港的政党政治发展是中国一个特别的地方区域内存在的一种特殊的地方区域政治现象。其发展空间不能突破依据“一国两制”政策所包含的限度。从这层意义上讲，我们用“鸟笼政治”来形容香港政党政治发展的空间和限度不失为一种形象的比喻。

（本文原载于《大公报》2013 年 4 月 23 日）

-《公约》不构成港普选依据 -

《公民权利与政治权利国际公约》并不构成香港普选的依据，香港未来的普选依据是《基本法》的相关条文和全国人大常委会的相关决定。那些试图以《公约》作为实现香港普选依据的人，所犯的一个错误，最核心的一点就是，并没有将香港视为中华人民共和国治下的一个特别行政区，而是试图以香港是一个政治实体的角度看待所要实行的普选。

乔晓阳日前的讲话发表后，香港社会沸沸扬扬，各界人士都表达了自己的看法。赞成者有之，反对者亦有之。彼此之间的争论似乎日渐激烈，且在短时间内难以平息。笔者认为，有这么一场争论乃为好事。它可以帮助人们对香港普选问题有一个清晰的认识。

对乔晓阳讲话不满的人认为，中央的明确表态："与中央对抗的人不能担任行政长官"是中央不想在香港搞"真普选"，强调"爱国爱港"人士治港就是要通过一种筛选方式将所谓泛民派的候选人剔除。这是严重违反《公民权利与政治权利国际公约》的举动。

对此我们不禁要问：香港到底是依据什么实行普选？是依据《基本法》和全国人大常委会的相关决定，还是依据《公民权利与政治权利国际公约》？

高度自治属中央授权

香港是中华人民共和国一个享有高度自治权的特别行政区，其所享有的高度自治权是中央政府从国家统一的大局考虑，以高度包容的姿态，对香港特别行政区授权的结果。但从政治上看，香港特别行政区即使享有再多的高度自治权，也必须对中央政府效忠。如果没有了这一点，“一国两制”中的“一国”就化为乌有了，“两制”所包含的“高度自治”也就变成“绝对自治”了。试想一下，中央和香港特区之间如若没有这样一层政治关系，那还是“一国”吗？

香港有些人似乎总是不太明白这个道理。在乔晓阳发表讲话后，又拿《公民权利与政治权利国际公约》来压人，似乎非要以此来说明中央政府在香港发展民主政治是假心假意不可。既然如此，我们就有必要来说明一下《公约》与香港未来普选是否存在依据关系。

众所周知，中国尚未最终加入这一《公约》，因此这一《公约》对中国政府是没有约束力的。即便如此，中央政府在《基本法》中仍然承诺了该《公约》适用于香港的有关规定继续有效（第39条）。显然，中央政府对于这一国际公约是持尊重态度的。

回归后民主继续发展

前些年，香港的某些人士出于攻击中央政府的心态，以不负责任的口吻说道：香港功能界别选举制度不符合《公约》相关规定，试图将这一适应香港社会实际的制度打入不合法理的困境，在香港造成了一定的影响。不过北京大学法学院饶戈平教授指出了英国人在1976年将这一《公约》适用于香港时所做出的保留条款。这种保留的目的在于摒除或更改条约中若干规定，使之不适用签署者。也就是说，凡是英国对公约中做出保留，且该保留适用于香港的条款，不属于在香港适用的法律条款，对香港不产生法律效力。饶戈平教授正本清源，使那些原本要煽动是非的人哑口无言。

乔晓阳讲话发表后，香港又有人出来说，中央明确表示“与中央对抗的人不能担任行政长官”的说法就是要排除“泛民派人士”入闸，严重违反了《公民权利与政治权利国际公约》第25条（b）款。这种说法与前面的提法如出一辙，它还是在运用英国人做出了保留了的条款说事，而这一条款的内容并不是香港普选的法律根据。

客观地讲，中央政府是真心诚意推动香港民主政治发展的。那些不断攻击中央政府压制香港发展民主的人应当扪心自问，到底是谁在推动香港的民主政治发展？香港在英国人统治下的百多年中发展了选举政治吗？没有。香港社会似乎也没有出现过大的动荡。直至临近香港主权回归的前十几年，英国人出于“民主抗共”“民主拒共”的意识形态思维考虑，才推出了各种民主选举制度。对于英国人的这些做法，中国政府如若也从传统意识形态考虑，是不会接受的。恰恰相反，中央政府不仅没有拒绝这些民主制度，且在香港回归过程中将英国人在香港确定的民主制度作为行之有效的制度加以保留并使之继续发展。

由此可见，中央对于适合于香港社会实际的民主制度的存在和发展是持认同态度的。试问，香港实现“双普选”的目标是谁确定的？是中央政府。如果中央不想在香港发展民主选举政治，何必没事找事？这是在英国人对《公约》第 25 条（b）款做出保留语境下人们所应当具有的思维。

依据《基本法》推进普选

香港回归后，中央政府充分意识到在香港发展民主政治的必要性。即使在中国没有加入《公约》，且有保留地使《公约》适用于香港的前提下，中央政府还是在普选的概念上不断与《公约》所确定的普选概念靠拢。乔晓阳在 2010 年 6 月 8 日在对香港普选发表自己的理解时，明确表示“普选的核心内容就是保障人人享有平等的选举权”。试想一下，如果中央政府不认同现代民主制度，不认同普选的基本价值，有必要用《公约》中的普选概念作为香港普选的核心内容吗？那些攻击乔晓阳讲话违反《公约》的论调是毫无根据的，也是一种不懂法的表现。

话说回来，现在的香港已经是中华人民共和国的一部分，与中国其他区域的不同之处在于，他依据《基本法》这样一个宪制性文件而获得授权，享有高度自治。那些试图以《公约》作为实现香港普选依据的人，所犯的一个错误，最核心的一点就是，并没有将香港视为中华人民共和国治下的一个特别行政区，而是试图以香港是一个政治实体的角度看待所要实行的普选。因此，我们不得不提醒这些执迷不悟的人，中央政府尊重《公约》，履行《公约》中在香港适用的内容，但《公约》并不构成香港普选的依据。香港未来的普选依据是《基本法》相关条文和全国人大常委会相关决定。

（本文原载于大公网，2013 年 4 月 9 日）

-泛政治化是港“不归路”-

香港的反对派人士应放弃冷战式的意识形态的偏见，不要再纠缠过去的历史旧帐；多从香港与大陆之间的共生性考虑，增加对中央政府的信任感；以动态的眼光观察内地的变化，从积极的方面去理解中央的善意；从整个国家和香港实际利益出发，以理性的态度去处理未来香港的发展问题。

在英国人统治香港的157年的绝大部分时间内，由于在政治上排斥华人，港人表现出明显的“政治冷漠”。《中英联合声明》发表后，港英政府着手实行以发展代议政治为核心内容的“政改”。这一民主目标的确立，激发起香港市民结社的意愿，相当数量的政治性团体应运而生，香港步入了政治化的进程。

逐步走向城市政治化

显然，香港的政治化进程并不主要是香港经济发展必然带来新的政治格局这样一种社会发展一般规律的结果，而是与香港回归这样一个重大事件相伴随，也与英国人试图使香港快速民主化，以阻扰中国在香港回归后的平稳治理的图谋相伴随的结果。从20世纪80年代中期的立法局选举开始，到90年代初期的政党的涌现，逐步形成了香港走向城市政治化的条件。

对于香港起始于80年代初的民主化进程，客观地讲，中国中央政府是密切关注的，因为这一进程与中央对于回归后的香港治理密切相关。由于“一国两制”政策是以解决国家统一为前提香港继续实行原有的资本主义制度，加之始于80年代中期的“政改”是符合香港实际的举动，中方并不表示异议，且在《基本法》制定过程中将这种“政改”的成果固定下来。不仅如此，《基本法》还将中英双方的“君子协定”，即除《基本法》规定的香港在1997年至2007年这段时期的政制发展安排外，不做其他政制变革考虑的内容也写进了《基本法》附件二。不过，在附件二中，中方对未来的香港政制发展做了切实的展望，并对实现这种“政改”做出了程序性规定。

香港回归后，有人攻击中央政府不想在香港发展民主政治，并以中央对于香港的经济城市定位和强调“行政主导”作为理据来说明中央对香港政治民主化的担忧。然而，从上面所叙述的系列事实的逻辑来看，那些攻击是罔顾事实的。

中央乐见港政治民主化

中华人民共和国成立后，中央政府是否曾经明确表示过反对香港民主政治发展呢？的确有过。那可是在20世纪的50年代初期的事。因为根据英国在海外撤退的经验，它总是用所谓的“民主”来使准备撤出的地区发生混乱。正因如此，中方明确警告英国人不能用所谓的民主手段来改变香港当时的现状。那么，中方为什么在80年代中期到回归前，能够容忍和接纳英国人施展如出一辙的民主制度安排，并通过《基本法》的相关条文，肯定并展望未来的香港政制发展呢？因为在香港未来的地位和前景已经确定的情况下，其作为一个实行资本主义制度的特别行政区，是需要有不同的制度环境的。

上述情况表明，中央对于香港的政治民主化不仅没有担忧，而是乐观其成。这不仅仅是一种因为实行“一国两制”而应该表现出来的克制和宽容，而且是一种对“一国两制”事业充满信心的表现。

香港回归后，由于十分复杂的历史和现实原因，香港呈现出某种程度的高度政治化趋向。少数不理性的反对派势力的代表人物罔顾香港作为中华人民共和国的一个特别行政区地位的事实，充分利用香港社会高度自由的环境，试图推动香港向着高度政治化的方向发展。这是一种对香港社会极其不负责任的做法。具体的表现有：以极端的民主思维对待政制发展问题；以冷战的意识形态观念理解“两制”差异；以泛政治化的观念看待、分析和解释非政治性的一切问题。在民主作为发展方向的确定前提下，高度政治化趋向对香港是有百害而无一利的。稍加思考，我们就可以做出如下推断：

慎防民粹主义制造暴政

其一，它会使民主呈现出极端主义倾向——民粹主义，民主的工具价值会演变为多数人暴政，理性的声音受到压制。果真如此，作为一个好东西的民主就会在香港变为一种坏东西；其二，它会使香港社会不同政治力量之间形成尖锐对立，进而使整个社会呈现出某种动荡的特征，在这样的环境中，资本会受到威吓，经济发展将会受到严重制约，香港就可能不香了；其三，在高度政治化的情况下，特区政府的作用会削弱。由于人们陷于无谓的争论，社会的交易成本会大幅增加，其结果是特区政府对社会的治理会变得越来越困难。

中央推出“一国两制”政策的目标是什么？一是要解决国家统一问题，二是要使保持原有资本主义制度的不同地区继续长期保持繁荣稳定，进而使之与国家主体一道为整个中华民族的复兴做出贡献。无论是从理性出发还是着眼于未来的角度去思考香港的未来，香港这个地方是万万不能走向高度政治化的道路的。为此，笔者奉劝香港的反对派人士放弃冷战式的意识形态的偏见，不要再纠缠过去的历史旧账；多从香港与大陆之间的共生性考虑，增加对中央政府的信任感；以动态的眼光观察内地的变化，从积极的方面去理解中央的善意；从整个国家和香港实际利益出发，以理性的态度去处理未来香港的发展问题。请切记！

（本文原载于《大公报》2013 年 5 月 7 日）

-“七条共识”否定中央宪制权力-

“真普选联盟”提出的“七条共识”，试图借所谓的香港民意作为对抗中央的筹码，当中存在着多处与《基本法》严重相违背的内容；在提名委员会的产生问题上，他们是要完全推翻《基本法》的相关规定，并摆出要与中央对着干的架势。这是一种“威胁性”的行为，目的在于否定中央政府的宪制权力。

5 月 9 日，香港“真普选联盟”提出了 2017 年行政长官选举的七条初步意见。对此，笔者认为，这是一种“威胁性”的行为，目的在于否定中央政府的宪制权力。为了说明笔者的这种推断，我们有必要对香港的地位及其与国家之间的关系做出解释。

中央主导权不容置疑

特区所享有的高度自治权是中央政府授权的结果。鉴于中国的国家主体实行的是一种高度集权的单一制国家结构，《基本法》在调节中央与特区关系的问题上是发挥着这样两个基本功能：其一，明确了香港所享有的高度自治权的范围；其二，表达了中央为了实现国家统一而承诺做出的自我克制。因此，在两者关系出现问题的情况下，严格按《基本法》办事是一种不二选择。

在“一国两制”框架下的香港政制发展，尤其是在行政长官的选举问题上，中央的主导权是不容置疑的，因为具有双重职能的行政长官承担着对特区和中央政府负责的双重责任。为此，《基本法》第 45 条对行政长官的实质任命权做出了十分明确的规定，即，在香港不论是通过选举或通过协商产生的行政长官均须由中央政府任命。不仅如此，《基本法》还规定中央政府具有对特区主要官员的任命权。这些规定在保证香港特区对中央政府效忠方面具有重要作用。

现在香港出现的问题是什么呢？简单说来，就是香港有一部分极端的反对派人士认为中央行将在香港实行行政长官普选不是一种真的普选，而是一种预设条件的选举。其做出这样指责的依据就是上月底全国人大副秘书长乔晓阳的那个讲话中明确提出的“中央政府不能允许与中央对抗的人担任行政长官”。

借民意迫中央就范

香港社会是一个自由特征十分突出的社会。如果这些反对派人士以一种商量的姿态对未来普选行政长官提出“意见”是没有问题的。问题在于他们不是这样的，而是以一种威胁的口吻，以恐吓的手段——“占领中环”——为要挟，企图迫使中央政府就范，而“占领中环”这个词，据发明者的描述，就是要瘫痪中环。

分析由二十多名反对派政党议员组成的“真普选联盟”提出的这份名为“2017年行政长官选举初步意见”，笔者认为，对其可以做出如下解读：

其一，它试图借所谓的香港民意作为对抗中央的筹码。众所周知，关于香港2017年普选行政长官的问题，特区政府尚未启动社会咨询程序，“真普选联盟”以捷足先登的姿态提出所谓“七点共识”，并声称以此作为收集香港市民关于2017年行政长官选举意见的“依据”。这是试图造成一种先入为主的所谓“民意”，并藉此对中央施压的举动。

其二，所谓的“七条共识”意见中，存在着多处与《基本法》严重相违背的内容。如，在行政长官选举中的选举权，被选举权，提名权问题上他们仍然依据的是《公民权利与政治权利国际公约》的相关条款，而不是《基本法》的相关条款，这一点在香港极具欺骗性。因为人们是不太了解中国并未加入这一《公约》的事实以及《基本法》第39条“该《公约》适用于香港的有关规定继续有效”的规定存在着“保留的内涵”。

摆出与中央对着干架势

其三，在提名委员会的产生问题上，他们是要完全推翻了《基本法》的相关规定，并摆出了要与中央对着干的架势。中央的意图十分明确，就是乔晓阳提出的行政长官普选的两个前提：一个前提是要符合《基本法》和全国人大常委会的有关决定，另一个前提就是不能允许与中央对抗的人担任行政长官。如果不能满足这两个前提条件，香港的政改谘询是不宜展开的，政改程序所应当遵循的五部曲也当然不能展开。而“真普选联盟”除提出“一人一票”产生提名委员会的主张外，还公然要求未来取消提名委员会制度。

中央领导人提出保证“爱国爱港”力量在港长期执政，极端反对派就理解为是中央排斥泛民人士的举动。乔晓阳明确了“与中央对着干的人不能做行政长官”的态度后，他们认为中央是不想搞“真普选”。如果按照这种逻辑演绎，只有坚决与中央对着干的人当选为行政长官，香港的行政长官普选才是真普选。笔者所不能理解的是，中央对于国家内的一个特殊地区的政治发展进行主导是毋庸置疑的事，更何况这种制度发展安排还以法律形式展现在世人面前。如果任容香港现在的状况长此以往，香港到底还是不是中国的一部分？

（本文原载于《大公报》2013 年 5 月 14 日）

Pan-democrats hijacking LegCo for own aims

Some pan-democratic members of the Hong Kong Legislative Council (LegCo) have been using conspiracy theories to make an incident out of the replacement of local Chinese language newspaper Ming Pao's chief editor recently. They raised a motion on press freedom and editorial independence, speculating that the decision to remove the editor was politically motivated.

Politicizing every single action will only complicate matters. Kenneth Ka-lok Chan from the Civic Party warned that if Ming Pao "falls," they will have to resort to the "Occupy Central" movement, implying that the logic pan-democrats use in handling the Ming Pao issue risks evolving into a violent one.

In the first place, the LegCo, which holds legislative power in Hong Kong, is not entitled to motions of this kind. If the government is really suppressing and taking a firm grip of the media, it's reasonable that the council, as an institution of the public will, extends its power to pass such a motion.

The LegCo members are supposed to be pro-rationalists. But the motion was raised on the basis of groundless conjecture. It's beyond question that the replacement of chief editor of Ming Pao took place in suspicious circumstances given Hong Kong's intricate present-day situation. But the nature of the Ming Pao issue was changed when the motion on press freedom was debated in the LegCo and even passed by a narrow majority of two votes, although the motion doesn't have binding force.

There are three questions deserving deep contemplation: Does the motion embody rationality? While having no factual basis, is the passing of the motion an abuse of democracy given that it obviously targets the government of Hong Kong Special Administrative Region? Will the motion aggravate the already existing tension between Hong Kong's executive and legislative authorities and thus harm Hong Kong's further development?

It is well known that freedom, and press freedom in particular, is an outstanding feature of Hong Kong. Taking advantage of this, some Hong Kong media outlets frequently make irresponsible reports and even launch unbridled attacks on the central government. The central government tolerates this under the principle of "one country, two systems."

It is estimated that the majority of global verbal attacks targeting the mainland are from Hong Kong. Chinese former leader Deng Xiaoping stated in a speech at a meeting with members of the committee for drafting the Basic Law of Hong Kong in 1987 that "after 1997 we shall still allow people in Hong Kong to attack the CPC and China verbally."

There are actually no restraints on Hong Kong media, and it's the degradation in professional ethics that has led to the decline of the public credibility of Hong Kong media nowadays.

There is no need to make a fuss over personnel changes in a commercial media in such a highly free society as Hong Kong. As a publication subordinated to a listed company, any personnel changes in Ming Pao are the decision of inner management within the company in accordance with certain commercial principles.

The reason that the motion could be raised and passed is closely related to the intricacy of Hong Kong society.

Currently, a certain group of Hongkongers have maintained an outdated mentality, lacking trust in the central government. When there are specious suspicions, they would rather believe those are true. Extremists in the pan-democratic camp in the LegCo are natural opponents of the government. They would make full use of such specious matters, packaging them with conspiracy theories, and using them as excuses for their ulterior motives.

The Hong Kong government denied and rejected the accusations concerning Ming Pao. It's normal for a government to be the target of criticism in a highly open and free society like Hong Kong. But the motion in the Hong Kong LegCo created a dangerous precedent of politically interfering in commercial and media operations, which will only consume Hong Kong's political resources and power.

(This article was originally contained in *Global Times* 2014 - 01 - 26)

“公民提名”“政党提名”为什么不可以

香港围绕行政长官普选的政改咨询已一月有余。泛民派提出的政党提名方式和公民提名方式，笔者认为是不适宜的，原因十分简单，香港的政党在香港社会的接受程度较低。而公民提名在国家安全立法没有实现的情况下具有风险。提委会提名方式是既能够满足香港社会的民主诉求，又能体现中央在香港稳步民主发展意图的一种再适当不过的方式。

香港围绕行政长官普选的政改咨询已一月有余。特区政府抱着极大宽容的姿态倾听各方意见，为是次政改咨询创造了良好的气氛。各方意见也得以显现出来。“真普联”的“三轨提名”意见作为提名委员会整体提名方式的修正意见也正式浮出水面。这个提名方式的要害就在于试图以公民提名和政党提名来取代《基本法》中所规定的提名委员会整体提名方式。

有人可能会提出这样的问题：中央不是要在香港坚持发展民主政治吗？为什么更能体现民主的“公民提名”和“政党提名”方式不能被接受呢？在政改咨询阶段是的确需要把这一问题说明清楚的。

《基本法》作为一个宪制性文件在香港是必须遵守的。全国人大是国家的最高权力机关，其常委会作为国家最高权力机关的常设机构对于香港政改所做出的解释和决定具有宪制的法律效力是不能否定的。任何对其做出藐视和变相修改的行为都是对主权者做出挑战的举动。这些连最基层民众都明白的浅显道理，相信那些提出“三轨提名”方案的人是绝对不可能不明白的。

既然如此，为什么香港居然有人要公然以“占领中环”做出所谓的“抗争”？且在《基本法》和全国人大常委会的相关解释和决定规定得如此清晰的情况下硬是要以“公民提名”和“政党提名”作为与“提名委员会”提名方式相并行的可选方案呢？

从平和的角度理解，提出这两种选项的人是没有正确理解中央和特区之间的关系，误认为特区政治发展是特区内部的事务，希望以这两个选项来实现更高程度的民主选举，却忽视了一个基本事实：即香港特别行政区是中华人民共和国中央政府辖下的一个特别地方区域。中央政府对于香港政治发展具有毋庸置疑的主导权。

如果稍微以严肃的眼光来看待和分析这两个选项，我们就会发现这两个选项的提出者是故意在以一种所谓的“正面价值”的提名方式对《基本法》中早已明确的提名方式相对抗。从表面上讲，这是一个守法还是不守法的问题，但如果我们用政治的眼光观察，就会发现，这其实是一个是否愿意正视中央和特区之间十分明确的中央与地方政治关系的重大问题。

香港有人会马上提出这样的疑问：中央不是反复表示要在香港发展民主政治吗？为什么不能以所谓更为民主的方式，如公民提名或政党提名方式产生行政长官候选人呢？

其实，从制度文本分析，大陆坚持的体制是一种适合大陆实际的最民主的体制，只不过这种民主体制细节的实现需要充分的时间来探索，这是中共从国家利益的大局考虑。以对国家高度负责的态度而不得不采取较为持重的姿态。中共对民主价值的认同不仅是高度的，也是一贯的，其反复强调“没有民主就没有社会主义，就没有社会主义现代化”就是最明显的例证。显然，对中央在香港发展民主政治的“怀疑论”是站不住脚的。也根本不存在什么“道德愧疚”问题。何况大陆与香港的民主内涵还有重大差异。

中央对于香港的民主政治发展问题的立场，我们用三句话概括：其一，香港回归后要发展民主政治；其二，香港的民主政治发展要依据香港的实际情况；其三，香港的民主政治发展要依据循序渐进原则展开。这是《基本法》明确规定的三原则。基于这样的原则，看看香港的实际，就会发现公民提名和政党提名是不适宜的。

第一，香港作为中央政府治下的一个享有高度自治权的特别行政区，其民主政治发展的时间并不长，其社会中的民主理性尚欠缺，如作为国家不可分割的一部分，香港社会对于国家安全是具有不可推卸的政治责任的，但23条立法被搁置。这不论从哪个角度看，都不是一种理性的表现。香港社会中有相当一部分人对于大陆负面的东西往往易于接受，却对于过去30多年政治上的巨大进步比较麻木，且老是纠缠于历史上发生过的不愉快事情不放，而外部势力在香港的活跃是有目共睹的。在这样的情况下，如果实行所谓的公民提名，在香港这样一个高度自由、开放的社会，是不能排除与中央对抗的人掌权的。果然产生这样的结果，不仅中央不能接受，绝大多数的大陆人在情感上也是不能接受的。

第二，至于政党提名方式，笔者认为也是不适宜的，原因十分简单，香港的政党在香港社会的接受程度较低。关于这一点，香港的各种民意调查所披露的结果都做出了证实。就目前的香港各类政党的组织规模看，小的不过几百人，如以民主代言人之称的“公民党”，其实际成员不过481名成员，仅占全港人口的0.0068%。大一点的政党也不过万余人。政党提名候选人方式并不能产生真正能够代表最广大的港人利益候选人，而一旦政党候选人掌握了特区的行政长官职位，政治争拗则会更为加剧。何况现在的香港社会中有些号称为政党的政治组织在其组织纲领中还罗列了与中央对抗的内容。

第三，港式资本主义的现实社会条件决定了提名委员会提名方式是唯一可行的方式。香港回归之时，笔者曾对于的社会性质做出过这样的描述一即港式资本主义是“原始资本主义”而不是“现代资本主义”。这个社会的特点是，资本高度密集，社会福利不足，社会自由充分，民主发展不足。如果这个描述符合当时的香港的实际，那么在香港民主政治发展问题上我们就需要看看这个社会是否实现了性质变化的大跨越。低层次的资本主义对应的是精英民主，现代资本主义社会对应的是大众民主。在笔者看来，现在的香港社会正处在从“原始”向“现代”资本主义的过渡期。提名委员会提名行政长官候选人，由港人一人一票产生行政长官的方式恰好体现了香港社会性质的过渡性特征。整个程序中，前者体现的是“精英民主”，后者体现的是“大众民主”。在笔者看来，这是一种既能够满足香港社会的民主诉求，又能体现中央在香港稳步民主发展意图的再恰当不过的方式。

（本文原载于《大公报》2014 年 1 月 29 日）

Patten's interference finds little audience

Christopher Patten, the last UK governor of Hong Kong (1992 - 97), launched in 1994 a political reform proposal of "triple violations," in serious violation of the Joint Declaration, the Basic Law and the previous agreements by China and the UK. It was aimed at quickly lifting the rights and position of the local legislature before Hong Kong's return to China, which met with strong opposition from the Chinese central government.

Patten could do nothing but leave in a huff amid cheers of Hongkongers celebrating Hong Kong's return.

Lu Ping, then director of Hong Kong and Macao Affairs Office of the State Council, labeled Patten as a "sinner of a thousand years" at a press conference for the plight that his political reform package had caused for the smooth transfer of sovereignty over Hong Kong.

Now Hong Kong has been returned to China for 16 years, but it seems that Patten has not drawn lessons from this failure.

In a recent interview with the Wall Street Journal, he commented on Hong Kong's political system: "The only thing [Hong Kong] doesn't have is the right to elect its own government, and sooner or later it will have… Anybody who tries to resist that is, I think, spitting in the wind," totally ignoring the fact that the Chinese central government is actively promoting universal suffrage for the chief executive.

The timing of the comments is subtle. Some hold that Patten attempted to engage pro-Britain Hongkongers in the political reform with his quondam influence, with the purpose of making his agents grip the political power of Hong Kong Special Administrative Region.

Nevertheless, he has long lost the authority, eligibility and even opportunity to wield such impact, because Hong Kong is no longer a colony of the UK. What he and some other British politicians say or do will be spitting in the wind.

During the past 10 months, Hong Kong's pan-democrats have been making plans about the "Occupy Central" protest, purporting to cast away the Basic Law and the stipulations by the Standing Committee of the National People's Congress (NPC) on Hong Kong's political system and instead realize universal suffrage according to the International Covenant on Civil and Political Rights.

Various pan-democratic groups gathered to set up a "genuine suffrage union" who hail obstructions from external forces.

That has incurred suspicion toward their message "We love the motherland and love Hong Kong" after the NPC Law Committee Chairman Qiao Xiaoyang issued a speech indicating that it is "illogical for foes of Beijing to be chief executive" in March.

Hong Kong is ruled by law, and the Basic Law is regarded by its residents as the "constitution" of Hong Kong. However, such an appellation has its flaws.

Hongkongers without legal knowledge show their respect for the law by regarding it as the "constitution," but intellectuals among the pan-democrats deliberately deny the applicability of the Constitution of the State to Hong Kong.

When they need to emphasize that Hong Kong possesses some kind of autonomy, they will say that the Basic Law is the "constitution" of Hong Kong. They just try to get rid of the law when it comes to the universal suffrage. That is a blasphemy against the rule of law.

It should be noted that pan-democrats, though identifying with Patten's remarks in the interview with the Wall Street Journal, have not responded to him as passionately as they once did to the talk about interference into Hong Kong's political reform by Clifford A. Hart, consul general of the US to Hong Kong and Macau, and Hugo Swire, minister of state at the UK's Foreign and Commonwealth Office.

And the plain reaction is definitely related to the unpleasant history during Patten's governance over Hong Kong before 1997.

The central government is unswerving in advancing democratic politics, which is also a basic value orientation. And it is a fundamental principle that Hong Kong promotes universal suffrage by rule of law. Given these reasons, Patten had better make less provocative remarks.

(This article was originally contained in *Global Times* 2013 - 11 - 21)

-回应戴耀廷-

香港中通社3月21日电 全国港澳研究会理事、深圳大学教授张定淮就香港政改问题撰写专文《响应戴耀廷》供本社发表。这是继深圳大学教授、港澳《基本法》研究中心常务副主任邹平学《为什么公民提名、政党提名主张不符合《基本法》》（2月19日）、北京大学法学院教授饶戈平《坚守香港普选的法治之路》（2月25日）、中国人民大学法学院教授韩大元《宪法与《基本法》共同构成香港特别行政区的宪制基础》（3月7日）之后，本社播发的第四篇内地专家谈香港政改问题的文章。该文被香港和海外多家报刊转载。

3月18日《苹果日报》发表了戴耀廷“回应张德江”一文，其内容是针对张德江委员长最近就香港普选行政长官所提出的“一个立场”和“三个符合”原则做出所谓的“回应”。

纵观戴耀廷的全文，其采用的写作手法是，一方面承认张德江委员长所阐述的“一个立场”和“三个符合”原则的合法、合理性，一方面又以所谓“不理解”的口吻不断否定“一个立场”和“三个原则”的正当性和权威性，并以隐含威胁的口吻表达了“占领中环”运动的启动条件，即在争取所谓“真普选”的努力都失败后就会发动“占领中环”运动。这不仅是对中央的一种显然要挟，且在营造一种在政改咨询协商不成功的情况下试图推卸政改失败责任，并使其发动的具有潜在暴力倾向的“占领中环”运动具有所谓“正当性”的理由。

在他的文章中，人们不难发现几个基本的强词夺理的逻辑错误。第一个错误就是所谓的行政长官普选的“真”“假”标准。在他看来，国际标准是衡量香港行政长官普选是“真”是“假”的唯一标准，而实际上的国际标准对于普选的原则要求是“一人一票”“同票同值”，这也就是中央在香港落实普选问题上所强调的“普及而平等”原则。这些原则是针对选举人的选举权利而言的，并不是针对被选举人的提名权的，但在他看来，只有接受他主张的“公民提名”就是“真普选”，反之就是“假”普选。如果香港实行一人一票选举行政长官还不能算是真普选，那笔者就弄不懂了，不得不问一问从事法律研究者的戴耀廷，你是真不懂还是假不懂普选的定义？

戴文的第二个强词夺理的错误是戴耀廷以港人代表自居。要中央“让港人可以有一个能符合国际标准的普选特首的选举办法”是戴耀廷在整篇文章中以“港人”自居提出的基本诉求。戴耀廷是否能够代表“港人”是存在疑问的。香港政改咨询启动以来，香港社会各界人士都对政改问题发表了不同意见，香港是一个具有高度自由特质的社会，“公民提名”作为香港社会各种不同意见中的一种被提了出来，它作为一种意见的存在是没有问题的，但问题是这种意见总是以具有潜在暴力倾向的所谓的“占领中环”作为支撑，并以恐吓的口吻不断向中央施压，这难道是理性表达诉求的方式吗？对于戴耀廷等人发出的“占领中环”威胁，香港社会各界知名人士从维护香港的繁荣稳定出发表达了担忧，在这样的情况下张德江代表中央对此发出警示是再具有正当性不过了。香港政改咨询启动以来，坚持按《基本法》和全国人大常委会的相关规定和解释办事，反对公民提名方式的声音也不在少数，戴耀廷能够代表广大港人吗？

戴文的第三个错误是坚持认为《基本法》中明确规定的提名委员会提名行政长官候选人的方式是一种“筛选机制”，这是一种完完全全的主观臆断。对于行政长官普选，中央政府的确十分明确宣示了一贯的“爱国爱港者治港”的原则，戴耀廷也承认中央政府这种要求的正当性，但他认为这在法律及制度上难以定下客观、准确及可合理地执行得到的标准。这种说法的确触及了在“一国两制”条件下中央如何管治香港的政治问题。考虑到香港实行高度自治的特殊性以及中央与香港这样一个特殊地方区域的政治关系，中央将特首普选中候选人的“爱国爱港”标准明确为“与中央政府对着干的人不能担任行政长官”。既然中央认为提名委员会提名行政长官候选人的方式是能够确保不与中央对着干的人能够获得提名，而戴耀廷也承认中央按既定原则实现行政长官候选人的提名方式的正当性，那为什么还要以迫胁的方式要求中央非接受所谓的公民提名方式不可呢？迫胁中央的举动难道不是与中央对着干的行为吗？

不可否认，相对于“提名委员会提名行政长官候选人”的方式而言，“公民提名行政长官候选人”似乎是一种更能显现民主程度的方式，但香港的实际情况反映出这种提名方式是不能被接受的。原因如下：

第一，在世界上的任何国家，地方政府对于国家安全都是负有不可推卸的责任的，而香港这个地方在中国恢复行使主权已近 17 年却没有完成国家安全立法。这显示出香港这个地方的立法会中的一些政治人物并没有做好对国家安全负责的准备。香港立法会选举中极端反华反共人物的当选事实就足以说明公民提名方式是有可能使“与中央对着干的人”当选的。

第二，香港社会是一个具有高度自由特质的社会，其民主政治发展尚处于一种发育过程中。民主本身作为一种强烈的秩序是需要建立在香港社会普遍认同的法治原则基础之上的。提名委员会提名行政长官的候选人的方式和均衡参与的原则是《基本法》制定之时确定的，中央恪守《基本法》的规定就是要彰显法治原则。公民提名方式会干扰提名委员会成员对报名参加竞选行政长官的人员做出理性选择，这就是公民提名方式不符合《基本法》相关规定的基本道理。香港的那些搞事的人不是总要以港人民意代表自居吗？为什么就没有获得提名委员会提名的自信呢？

第三，港式资本主义的现实社会条件决定了提名委员会提名方式是唯一可行的方式。因为提名委员会的组成不仅具有广泛代表性且反映了有利于香港社会经济稳定的因素。“九七”之前，曾有人对于香港的社会性质做出过这样的描述——即港式资本主义是“原始资本主义”而不是“现代资本主义”。这个社会的特点是，资本高度密集，社会福利不足，社会自由充分，民主发展不足。如果这个描述符合当时的香港的实际，那么在香港民主政治发展问题上我们就需要看看这个社会是否实现了性质变化的大跨越。低层次的资本主义对应的是精英民主，现代资本主义社会对应的是大众民主。过去的 16 年，香港社会的确出现了一些变化，而这种变化反映出香港社会正处在从“原始”向“现代”资本主义的过渡期。提名委员会提名行政长官候选人，由港人一人一票产生行政长官的方式恰好体现了香港社会性质的过渡性特征。中央对香港行政长官普选的程序安排中，前者体现的是“精英民主”，后者体现的是“大众民主”。这就是笔者对中央依据香港实际依法推动香港政改的观察所感。

在“回应张德江”一文中，戴耀廷还提出了其他一些问题，鉴于篇幅所限，无法在此做出更多响应。如果戴耀廷先生对笔者的上述看法有异议，欢迎做出反驳。

（本文原载于香港中国通讯社2014年3月21日）

– HK elections must avoid confrontation –

There is over one week left for the Hong Kong public to send their views on the electoral methods after the Hong Kong government published the Consultation Document on the Methods for Selecting the Chief Executive in 2017 and for Forming the Legislative Council in 2016 in December. After rounds of fierce debate, the Hong Kong society has remained divided in the three channels for nomination: political party nomination, civil nomination and nomination by the nominating committee.

The method of nomination by the nominating committee has been written in the Basic Law. While Hong Kong society has a great deal of divergence over the method of nominating candidates for the chief executive, the central government's insistence of nomination by the nominating committee is justifiable no matter from a legal or political perspective.

Undoubtedly, political party nomination and civil nomination are more democratic. But the central government doesn't accept these two channels due to the following reasons.

First, sticking to the rule of law is the best option. Hong Kong is a society ruled by law, which is also valued by the Chinese mainland. When the Hong Kong society remains divided in the nomination method of selecting chief executive candidates, the central government can only resort to the Basic Law to show its respect for the rule of law.

The central government will never allow someone who is anti-central government to be the chief executive. It is the bottom line that cannot be compromised due to concerns about national security and the central's political dominance of the special administrative region.

Some in Hong Kong demand an international standard in the elections, while political party nomination and civil nomination cannot guarantee that anti-central forces will not be elected. Under such circumstances, resorting to the law is the only solution to win a majority.

Second, the nominating committee can restrain the confrontational politics in Hong Kong. If political party nomination is adopted, the elections will evolve into a confrontation between pro-Beijing and anti-Beijing forces, and Hong Kong society will be divided. This will pose a threat to the final objectives of the principle of "one country, two systems."

Hong Kong is a special administrative region that enjoys highly autonomous rights under the central government. No political forces in Hong Kong can deny this fact. The political party politics in Hong Kong will develop by following the rules of democratic politics, but should never be divided over whether to support the central government or not. The nomination committee exactly avoids this problem.

Third, the essence of "one country, two systems" is a sense of tolerance that allows two different systems within one country. The nominating committee will deselect those politically extreme people who do not have a sense of tolerance, such as those anti-central forces and those who cannot maintain the interests of Hong Kong.

A potential defect of democratic politics is that it may turn into populism which can lead to rule by the mob.

Fourth, when Hong Kong returned to China in 1997, some described Hong Kong's capitalism as primitive instead of modern. In terms of the development of Hong Kong's democratic politics, we need to look at if the nature of society has changed fundamentally.

While the low-level capitalism is about elite democracy, modern capitalism is about public democracy. Current Hong Kong society is transforming from a low-level to modern capitalism.

Nomination by the nominating committee reflects the characteristics of Hong Kong in its transition as both elite democracy and public democracy are involved.

Last, the central government has the right to appoint chief executives. The Basic Law regulates that “The Chief Executive of the Hong Kong Special Administrative Region shall be selected by election or through consultations held locally and be appointed by the Central People's Government.”

The elections in Hong Kong are equal to regional elections in other parts of China. If the results become anti-Beijing, a constitutional crisis may take place. This must be avoided in these elections.

(This article was originally contained in *Global Times* 2014 - 04 - 22)

-“剩余权力理论”的荒谬-

——香港社会应理性正视中央与特区的政治关系

6月10日国务院新闻办公室发表了《“一国两制”在香港特别行政区的实践》白皮书。其不仅对香港回归历程做出了回顾，对香港回归以来落实“一国两制”的实践情况进行了总结，重申了中央对于香港政策的连贯性，还特别强调了“全面准确理解和贯彻‘一国两制’方针政策”。

对于白皮书（尤其是第五部分内容）的发表，香港社会肯定有人会感到大为惊诧，并冠之以“政策收紧”的信号，其实不然，中央对于香港实行“一国两制”的方针政策并没有丝毫的变化，只是因为香港社会存在着对“一国两制”的片面理解或误解，中央才需要对“一国两制”怎样准确和全面理解做出阐释。

“九七”以来，香港社会中的确有一部分人是在曲解“一国两制”方针政策。这不仅表现在对《基本法》所确定的香港政治制度的认识上，更为严重的是故意对“一国”和“两制”的关系进行偏离“一国两制”政策和《基本法》的歪曲。“剩余权力论”的提出就是明显的例证，其目的在于否定香港特别行政区所享有的高度自治权是中央授权的结果，并试图在舆论上造成香港本身就是本源性权力的拥有者，以此来否定中央对于这一享有高度自治权地区的全面管辖权并避开香港特区作为一个地方区域对于中央的基本政治责任。

香港是一个具有高度自由特性的社会，这种自由特性是香港保持繁荣的重要条件，但这种自由特性也存在一个问题，它在允许香港社民充分享有各种权利的同时，也为外部势力干预香港事物提供了方便。因此，香港社会内部少数敌视中央的人与外部势力眉来眼去，不断对中央政府发起挑战，并竭尽辱骂、诽谤之能事，对国家主体实行的政治制度不断做出攻击。

香港作为中国的一个地方区域对于国家主权的维护、国家安全的保障和国家的发展利益是具有不可推卸的责任的，然而香港的反对派势力却利用中央对香港社会自由特性的高度包容和尊重，不断歪曲宣传国家安全立法会对香港市民所享有的高度自由造成伤害，并以此为由拒绝和无限期地搁置《基本法》所规定的第 23 条立法（即国家安全立法）。这构成了对国家主权、安全和发展利益的现实和潜在的威胁。

香港是一个法治社会，国家主体是一个正在走向法治的社会，在2017 年实现香港行政长官的普选问题上如若本着理性态度，严格按照《基本法》的相关规定和全国人大常委会对于这一选举所做出的解释和决定办事，香港的普选进程是可以平稳推进的，这无论是从政治上讲，还是从法治的角度看，都是一种具有正当性的事，但香港的一批极端反对派人士却要抛弃《基本法》和全国人大的决定另搞一套，提出要在行政长官候选人产生的问题上搞“政党提名”“公民提名”，并在中央明确指出这两种提名方式有违《基本法》的相关规定和全国人大的相关决定的情况下，仍然威胁以一种具有潜在暴力倾向的“占领中环”运动对中央政府施压和对抗。

在“一国两制”条件下，香港的从政者和治港者是需要遵守对国家效忠的基本政治伦理的，然而立法会议员的当选者中居然有人在进行宣誓时连“效忠中华人民共和国中央政府”的誓词都含含糊糊，甚至故意省略。这种情况不得不令人警惕。

上述种种情况表明，香港极端反对派人士骨子里就没有爱国爱港的心态。其本质就是不愿意理性地正视香港回归后中央与香港之间十分明确的政治关系。在此情况下，中央以白皮书的形式全面诠释“一国两制”的政策内涵十分必要。白皮书的作用在于提醒香港社会中央和特区的政治关系是无法改变的，香港这样一个地方性区域社会内的极端反对派人士要理性正视中央与香港之间的政治关系。

（本文原载于中国网，2014 年 6 月 11 日）

- 面向 2017 年的香港政治发展 -

2007 年 4 月，笔者主编了一本题为《面向 2007 年的香港政治发展》（2007 年 4 月由香港大公报出版有限公司出版）的论文集。当时主编此论文集的目的在于对香港回归十年的社会政治生态变化、政治发展现状以及未来政治发展的限度和原则做出解读。

眼下，香港回归已近 17 年，且 2017 年行政长官普选的政改咨询期已经过半，然香港社会关于政改方案的争论仍持续不断。在此情境下，笔者以“面向 2017 年的香港政治发展”为题撰写此文，旨在分析围绕香港政改之争背后的政治、社会隐情，并对香港政改前景做出展望。

“政改”争议相关问题考察

“一国两制”事业是一项史无前例的伟大创举。其所涉及的内容不仅新颖且相当广泛，因此“一国两制”“高度自治”在香港的实践吸引着全世界的目光。香港是一个具有高度自由特征的社会，对这一点，中央不仅谙熟，对香港回归后可能出现的各种情况也做好了充分包容的思想准备。

在宪制层面上，《中华人民共和国香港特别行政区《基本法》》（下称《基本法》）不仅确定了香港特区所享有的高度自治权，也明确了香港居民的各种自由权利。中央政府切实认真落实“一国两制”的态度和香港回归后的实际状况，使世界对中国政府和“一国两制”做出了高度赞扬，即使是世界上最为挑剔的西方媒体也不得不承认，主权回归后的香港社会是世界上最为自由的社会。连被鲁平称为“历史的罪人”的最后一任港督彭定康，也一度不得不承认香港社会的自由特性在中国对香港恢复行使主权后没有受到丝毫损害。

然而，在香港落实“一国两制”的过程中，香港社会也存在一些不协调的声音，这些声音对实现《基本法》所确定的香港政治发展目标产生着干扰。其中，最令人关注的问题之一，就是利用意识形态的差异，干扰中央和香港特区的关系。

如前所述，在一个国家内实行两种截然不同的制度，是一项崭新的事业，这不仅要求国家主体对实行两制的特别行政区具有高度包容心态，也要求特别行政区充分尊重国家主体的现行制度。否则，“一国两制”的运行就会出现困难。由于两者之间是一种十分明确的中央与地方的关系，香港社会所享有的高度自治权来源于中央对一个特别区域实行的授权，因此在观察两者政治关系的互动时，人们的目光自然投向两者关系中的强势一方，将焦点集中在中央政府如何包容一个与自身制度截然不同的区域性的制度“异体”上。

不论是从国家主体的现实制度考虑，还是从历史地对中国国家结构做出考察，人们对中央与特区关系的互动予以特别关注，都是完全可以理解的，因为中国自古以来基本上实行的都是集权式的单一制体制。在这种体制下，中央集权的确具有强大惯性，即使中央对地方实行政策性授权，但在集权惯性的冲击下，授予地方的权力往往又重新回到中央的手中，最终的结果是地方享有的权力极为有限。

实践证明，这种集权体制具有的优势是强大的，但其存在的问题也是明显的。中华人民共和国成立以来，虽然中共历代高层领导人都曾不断强调发挥中央和地方两个积极性，但中央与地方的适度分权问题从来就是一个未能解决好的问题。当香港作为中国的一个享有高度自治权的特别行政区行将开始运行时，人们更多地担心中央政府可能出现习惯性的过多干预。为消除人们的担忧，中央历届领导人无不以“严格按《基本法》办事”作为自己的“口头禅”。这不仅是向世界重申中央政府信守庄严承诺的决心，更重要的是要打消人们心中的隐忧。

正是在这样一种背景下，人们忽视了另一个基于香港社会高度自由特征且极具开放特性、本应引起高度关注的问题：香港作为直辖于中国中央政府的一个特别行政区，虽然享有中央授予的高度自治权，但这样一个区域性社会及其成员，是否应当承担起对国家的基本政治责任？国家安全立法的长期被搁置，就是一个最能说明香港社会状况的例证。

国家主体与特区之间的差异必然体现在意识形态观念的差异问题上，而香港社会有人就是希望将中央与特区十分明确的中央和地方的政治关系打上意识形态差异之争的标签。根据“一国两制”的精神，实行社会主义制度的国家主体和实行资本主义的香港，在意识形态问题上应该是互不干扰的，但香港社会中就是有人想借所谓民主意识形态对国家主体的社会制度和执政党做出攻击，并有意将这种敏感的意识形态差异问题，和中央与香港特区的关系问题纠缠在一起，进而使《基本法》中既定的香港的政治发展问题变得复杂化。

除此之外，笔者还注意到，香港政治发展的复杂性与香港社会的移民结构也构成密切关系。众所周知，中华人民共和国成立以来，由于历次政治运动的干扰，加之大陆与香港之间的生活水平差异，大量大陆居民逃港。据统计，从 1949 年至 1979 年的 30 年间，逃港人数大约为百万之众。他们中既有大陆历次政治运动的受害者，也不乏追求较好生活者。粗略计算，由此百万人口所衍生的人口至少有近四百万。从政治社会化的角度来考察香港的政治生态，我们就不难理解这样一些现象：如在香港回归问题上，有相当数量的港人抱有某种程度的所谓“恐惧心态”：在国民教育问题上，香港社会存在着巨大阻力。

在香港的政治发展问题上，“殖民现代化”也是一个十分值得关注的问题。在人类的殖民史上，一般情况下是宗主国尽其所能实现对殖民地的搜刮，因此人类的殖民史对殖民地而言，总体来讲是一部血泪史，在非殖民化过程中，当殖民地走向独立国家时，其社会通常对前宗主国抱有某种“敌视”心理，同时具有当家作主的欣快。然而，英国在建立香港这块殖民地时，并不是以殖民为目的。据历史记载，英国人建立香港这块殖民地的初衷，是将其作为对东亚和中国扩展势力的军港，而后才有了发展香港的念头。从这一点看，香港即使是在殖民地时期，就具有与传统殖民地不同的特征。客观地看，香港的繁荣是以华人为主体的广大港人所创造，然而我们也不能否认，香港的现代化过程是在英国人的殖民统治过程中实现的。这就是所谓的香港“殖民现代化”过程。

正因为有这样一个基本事实的存在，所以在回归过程中，香港有相当一部分民众，一方面响应港英当局的政改安排，另一方面对中央提出的“一国两制”“高度自治”的政策采取观望的态度。

香港“殖民现代化”问题的存在，使相当一部分港人在香港主权回归后的国家身份认同问题上存在很大障碍。由此可以推断，实现香港的人心真正回归，不仅是一个长期的过程，而且在相当大的程度上还取决于国家主体在其发展过程中不断体现出各种优势，进而在香港社会形成以国家为荣、以国家为傲的大势。

对香港的“殖民现代化”问题，中央的确采取了甚为客观的态度，为消除港人对香港前景的担忧，不仅强调“生活方式不变”“社会性质不变”，还以实事求是的态度，将香港行之有效的制度予以继承。

经济发展问题也是对香港政治发展具有十分重要影响的因素。特区政府建立之初，东南亚爆发了严重的金融危机，香港经济受到了较大冲击：失业率节节攀升，房价暴跌，整体经济一度呈现萧条景象，其结果是在政治上具有温和心态的中产阶级出现萎缩。中央政府和特区政府都深刻意识到香港经济发展上所存在的问题，特区政府也曾尝试香港的经济重大转型，但迄今为止，香港的产业转型问题并未实现。这对香港未来的经济发展是一个具有潜在压力的重大问题。

经济发展问题上的困境对广大港人，尤其是草根阶层和年轻人也形成了某种压力。由于香港社会向上流动性趋缓，香港的部分年轻人在香港政治发展问题上往往采取比较偏激的态度。这对既定的香港政治发展进程也是不利因素。

展望 2017 年普选：“公民提名”为何不可接受

在香港社会中，有人认为国家主体的选举政治不发达，因此在落实 2017 年香港行政长官问题上，中央才坚持“提名委员会”提名行政长官候选人，而不同意香港反对派提出的行政长官候选人由“政党提名”和“公民提名”的方案，目的在于“筛选”。这种说法实际上是用一种所谓

“道德愧疚论”来误判中央对于香港政治发展的立场。在经历了几轮是否符合《基本法》的论战后，双方聚焦于是实行“公民提名”还是“提名委员会”提名行政长官候选人的方式问题上。

从表面上看，这场争论是一个法律问题的争论，从实质看却是一个严肃的政治问题争论。有人可能会提出这样的问题：中央不是一贯强调要坚持在香港发展民主政治吗？为什么能够体现更高民主程度的“公民提名”方式就不能接受呢？

这个问题如果作为政改咨询过程中的理性意见提出，是没有问题的。问题在于“公民提名”方案从一开始就是以具有潜在暴力的“占领中环”运动做支撑，矛头直接指向中央。这是一种严重挑战中央权威的举动。

尽管如此，笔者认为，在“政改”咨询阶段，要以说理的方式回答这个问题，要说明为什么不能接受“公民提名”方案而需坚持“提名委员会”提名方案，就必须弄清如下三个方面的情况：其一，香港在整个国家中的地位；其二，中央对香港发展民主政治的基本原则；其三，《基本法》关于香港政治发展问题规定的立法原意。

就第一个方面的情况而言，全世界的人都知道，香港是中国中央政府辖下的一个享有高度自治权的特别行政区域。中央和特别行政区的关系是中央与地方之间的十分明确的政治关系。因此，中央对香港具有政治发展主导权，这是毋庸置疑的。《基本法》作为一部宪制性法律在香港是受到极大尊重的。香港有人甚至称之为香港的宪法。这种称谓虽然不够严谨，但却反映出香港社会普遍对《基本法》的高度尊重。全国人大是国家的最高权力机关，其常委会作为国家最高权力机关的常设机构对香港政改所做出的解释和决定，是具有法律效力的。任何对其藐视和变相修改的行为，都是对主权者做出挑战的举动。

就第二个方面的情况而言，中央政府对香港民主政治发展的原则立场，实际上在《基本法》中已有明确规定。简单讲，可以用三句话描述：其一，香港回归后要发展民主政治；其二，香港的民主政治发展要依据香港的实际情况；其三，香港的民主政治发展要依据循序渐进原则展开。三句话的逻辑是环环相扣的。细细品味这三句话，我们可对面向 2017 年的香港政治发展脉络有一个清晰的理解。

“香港回归后要发展民主政治。”这句话表明了中央政府对民主理念的高度认同，中央对于在香港发展民主政治的决心也是矢志不渝的。有些港人认为，大陆选举政治不发达，因此中央不想在香港发展民主政治。这种说法是没有道理的。从中央确立这一原则立场的时间是在“一国两制”提出之时，且历届中央领导人都重申这一原则来看，显然这一原则是具有一贯性的。

“香港的民主政治发展要依据香港的实际情况。”香港民主政治的成熟度到底如何？在笔者看来，不论是从时间上考察，还是从其社会民主理性程度看，香港民主都处在一种发育时期。最明显的例子就是，香港社会在《基本法》第 23 条规定的关于国家安全的立法这一问题上的表现。香港作为国家不可分割的一部分，其对国家安全具有不可推卸的政治责任，但香港回归近 17 年，关于《基本法》第 23 条的立法仍然被搁置。不论从哪个角度看，这都不是一种理性的表现。

香港社会中有相当一部分人，对有关大陆的负面新闻所采取的态度往往是宁信其有、不信其无，却对过去 30 多年中国在政治上的巨大进步比较麻木，且老是纠缠历史上发生过的不愉快事情不放。外部势力在香港的活跃也是有目共睹的。在这样的情况下，如果实行所谓“公民提名”，在香港这样一个高度自由、开放的社会，不能排除与中央对抗的人掌权。果然产生这样的结果，不仅中央不能接受，绝大多数大陆人在情感上也是不能接受的。

“香港的民主政治发展要依据循序渐进原则展开。”香港的民主政治发展，毕竟是一种区域政治发展。如果其因民主政治发展而导致其不能保持繁荣稳定，甚至出现动荡、流血，进而影响到中华民族的伟大复兴，那么就违反了实行“一国两制”的初衷和目标。因此，在制定《基本法》时就确定，以循序发展作为香港民主政治发展的指导原则。从世界民主实践的情况看，民主在有些国家取得了巨大成功，而在有些国家则造成了巨大混乱。考虑到民主政治发展结果的不可回逆性，以一种循序渐进方式来逐步推进香港的民主政治，不失为一种稳妥的思路。

香港围绕 2017 年普选行政长官的政治咨询期已经过半，从目前的情况看，争论双方似乎没有做出让步的迹象。政治的要义是原则的坚定性和处理方式的灵活性相结合，交流、沟通、协商和妥协，是处理僵局的必要环节。笔者真诚希望香港的政改能够跨出一步，因为有了第一步，才会有第二步。

（本文原载于《东方早报》2014年6月17日）

- 没有“一国”就没有“两制” -

白皮书发表的最重要的意义在于：提醒香港社会中的极端人士以理性的态度正视中央和特区的政治关系，客观务实地处理在实施《基本法》中出现的各种政治问题。

6 月 10 日国务院新闻办公室首次发表了题为《“一国两制”在香港特别行政区的实践》的白皮书。其共分为五个部分，不仅对香港回归历程做出了回顾，对香港回归以来落实“一国两制”的实践情况进行了总结，并重申了中央对于香港政策的连贯性，还在第五部分特别强调了“全面准确理解和贯彻‘一国两制’方针政策”。

“一国两制”政策没有丝毫的改变

白皮书（尤其是第五部分内容）的发表，香港社会出现了两种迥然不同的反应，有人大为惊诧，并冠之以“政策收紧”的信号，有人认为白皮书的发表澄清了很多问题，实属必要。

内地对于香港白皮书的发表，也有不少学者做出不同的解读，其中关于内容“新意迭出”的判断，笔者是断然不能同意的，如果说它有什么“新意”，也仅在于采用了“白皮书“的形式，并用一种明确而清晰的语言将“一国两制”政策的内涵和《基本法》的有些条文背后所本已具有的政治内涵做出了明确而清晰的表述。其中的内容，绝对是“旧的”。在此，笔者强调白皮书内容的“旧”，并非要否定白皮书发表的必要性，而是要说明中央对于“一国两制”政策和《基本法》的内容没有丝毫的改变。

“一国两制”政策提出已经30余年，而体现“一国两制”精神的《基本法》在香港的实施也已有近17个年头。然而香港社会是否对“一国两制”政策和体现“一国两制”精神的《基本法》有了透彻的理解呢?显然不是。试举一例，爱国爱港者治港，这是邓小平在阐述“一国两制”政策时所反复强调的内容，这次白皮书也做出了重申，内容并不新，但2013年年初全国政协会议期间俞正声主席发表“爱国爱港者治港”的谈话后，香港社会就出现了与之不协调的声音。随后的3月24日，全国人大副秘书长乔晓阳与香港建制派议员的谈话发表，香港社会又出现了一片喧哗。至今为止香港社会围绕香港行政长官候选人产生办法的争论无不与此相关。显然，白皮书中所强调的内容并非具有什么新意，而是香港社会对“一国两制”没有真正理解，进而得出“政策收紧”的结论。

“一国两制”是《基本法》的政治内涵

为了把这一问题说明清楚，笔者觉得有必要多费笔墨再举一例。香港回归后，中央与香港特区的权力关系备受人们关注，香港社会中就有人趁机提出了“剩余权力论”。我们可以肯定，这种论调是不会来自普通的香港市民的，因为这是联邦制中的一个专门概念，能够提出这一概念的人不是来自学界，也一定是受过宪法学或政治学的专门训练的。依据这种逻辑推理，能够提出这个概念的人也一定会十分明白这个概念是不能用于解释中国这样一个单一制国家结构中的中央和地方的权力关系的。既然如此，他们为什么还会这样做呢?这就是需要思考的问题。在笔者看来，这就不是对“一国两制”的误解了，而是一种故意的曲解，是试图在香港社会造成本源性权力在香港的印象。

众所周知，本源性权力是主权者的固有权力，中央和香港之间的中央与地方的政治关系是十分明确的，香港特区所享有的高度自治权是中央对其授权的结果，这种高度自治权不是本源性权力，而是中央授予香港所享有的地方管理权。这种高度自治权的程度取决于中央对其授权的程度。《基本法》中的确在第13、14条载明了中央行使与香港相关的外交权和防务权，这只是说明涉及香港的外交事务和香港的防务不属于地方高度自治权的范围。香港有人就将这两个条款解释为“香港将国防外交权交由中央行使，没有交给中央的权力都属于香港”。这是对“一国两制”条件下中央与香港特区政治关系的严重曲解。在这样的情况下，中央不把“一国两制”的基本精神和《基本法》中具有的政治内涵讲清楚，行吗？

对于“一国两制”条件下，中央与香港的政治关系是必须说清楚的，而“一国两制”这四个字的排序也实际上清楚，明确地表明了“一国”与“两制”的关系。“一国”是最根本的前提，没有“一国”就没有“两制”。只有在国家实现和平统一的前提下，才具有实行具有重大差异性的“两制”的可能性和必要性。这是一个最浅显的基本道理。出于差异性考虑，中央以最大的包容授权香港实行高度自治，而这种高度自治的高度到底有多高，就在于中央对香港的授权程度。中央给多少，就有多少。这说明的是香港高度自治权的相对限度。所以白皮书中用“不是完全自治”来描述。这里还要提请读者注意的是，中国是一个单一制国家，中央对于香港所授予的高度自治权不是本源权力，而只是地方的管理权。说明这一点是有深刻的理论和现实意义的，正因如此，中央作为主权者对于包括香港在内的所有地方行政区域拥有全面的管制权，其对于香港特别行政区所享有的高度自治权当然具有监督权。香港社会有极少一部分人对白皮书中的这种阐述人感惊讶，只能说明他们对于政治学和宪法学常识缺乏最基本的了解，如果他们没有恶意的话。

“一国两制”不是权宜之计

现时香港社会内部出现的各种政治问题，据笔者观察，最根本的原因在于香港社会中有极少数人不愿意正视中央与特区之间十分明确的中央与地方的政治关系。如果他们愿意正视这层政治关系，现实香港社会出现的很多问题都会迎刃而解。试举一例：香港立法会议员作为香港社会的公职人员，根据相关规定的要求，其在就职时是需要宣誓的，誓词内容为：“我（议员姓名）谨此宣誓，本人就任中华人民共和国香港特别行政区立法会议员，定当拥护中华人民共和国香港特别行政区《基本法》，效忠中华人民共和国香港特别行政区，尽忠职守、遵守法律、廉洁奉公，为香港特别行政区服务”。然而部分民主派议员却在宣誓时耍花招。在宣誓时读到“中华人民共和国”及“香港特别行政区”时，就假装咳嗽。这实际上反映出他们在骨子里就不认同国家，也不认同中央治下的特区政府，而这样的人居然在立法会议员的分区直选中能够当选，这本身就说明了香港社会的复杂性。

在“一国两制”的条件下，国家主体和香港地区实行不同的制度，中央政府充分尊重香港的资本主义制度，显现出极大的包容。香港社会也应当充分尊重国家主体所实行的社会制度，但现实情况是怎样的呢？香港社会的少数人罔顾国家主体飞速发展和社会快速进步的事实，对国家主体竭尽攻击诽谤之能事。有人可能说，香港是一个具有高度自由特质的社会，但即使是具有高度自由特质，也并不能说香港极少数人谩骂、侮辱国家主体所实行的政治制度是有道理的吧？国家主体正处在发展进程中，其出现这样和那样的问题是在所难免的，批评是没有问题的，语言重一点也没有问题，但攻击、谩骂、侮辱，其性质就不同了。人们做过粗略的估计，全球对华攻击的言论80%来自香港。洋人攻击中国多少还有点根据，而来自香港的攻击，侮辱性言论中的相当部分似乎一点依据都没有，如果言论到了这样一种所谓的“自由”程度，那恐怕就妨害到别人的自由了。中央尊重香港社会的自由，但香港社会是否应当考虑一下其作为国家不可分割的一部分是否应当具有对国家的最基本的政治责任？如，国家主权、安全、发展利益是否应当受到充分尊重？

“一国两制”是一项新的长久事业，不是权宜之计，香港社会应当以中华民族伟大复兴的国家发展大战略的眼光来理性处理各种问题。在香港社会出现各种情况下，中央政府以白皮书的形式对过去17年“一国两制”在香港的实践进行总结，并对存在的问题做出澄清性阐述旨在使这一史无前例的事业得以健康平稳发展，而不是香港社会的少数人所揣摩的要将对港政策收紧。

在笔者看来，白皮书发表的最重要的意义在于：提醒香港社会中的极端人士以理性的态度正视中央和特区的政治关系，客观务实地处理在实施《基本法》中出现的各种政治问题。有鉴于香港社会的现实状况，在香港开展《基本法》宣传是一个长期的任务。对于那些对“一国两制”和《基本法》似懂非懂的人士，笔者奉劝他们好好读读白皮书，以求透彻理解；对于那些怀有对抗意图的人士，笔者也奉劝他们读读白皮书，以理解中央政府的容忍底线。

（本文原载于《瞭望中国》2014 年第 18 期）

为什么中央对香港的高度自治权具有监督权

6月10日国务院新闻办公室发布了题为《“一国两制”方针在香港特别行政区的实践》白皮书。在其中的第二部分，白皮书做出了这样的阐述，“中央拥有对香港特别行政区的全面管治权，既包括中央直接行使的权力，也包括授权香港特别行政区依法实行高度自治，对于香港特别行政区的高度自治权，中央具有监督权力”。

对于白皮书中的这段论述，香港社会反应很大，有人认为这是中央“政策收紧”的信号，还有人认为这是“中央收权”的举动，而笔者则不能苟同这样的判断，认为这是对白皮书所阐述内容的误解。白皮书中所阐述的“中央拥有对香港特别行政区的全面管治权”和“中央对香港的高度自治权具有监督权”的内容并非什么具有新意内容，而是“一国两制”精神和体现这种精神的《基本法》中本已具有的政治内涵。要讲清楚为什么中央对香港的高度自治权具有监督权，我们必须从中国的单一制国家结构谈起。

就世界上的所有国家看，国家结构主要分为两类：一类是单一制，另一类是复合制。世界上大部分国家的结构形式都是单一制。在单一制国家内，中央政权享有最高权力，地方政权在中央政权统一领导下，在宪法和法律规定的权限范围内行使其职权。从法理上讲，单一制国家的一切权力属于中央，地方的权力具有中央授权性。单一制国家的明显外部特征是：全国只有一个中央政权，一部宪法，一种法律体系，是国际交往中的国际关系主体，它的公民只有一个国籍。

我国是一个中央集权型的单一制国家，出于实现国家和平统一的大战略，中央决定在香港实行“一国两制”政策，即在实现国家统一的大前提下，以具有差异性的方式允许香港保留原有的各种制度50年不变，并授权香港特别行政区实行高度自治。因此不论是从法律地位讲，还是从政治上看，中央与香港的关系都是十分明确的中央和地方关系。

在说清楚了中央和香港特别行政区的关系的前提下，我们就要看看中央对于香港特别行政区的授权性质。香港的高度自治权并不是脱离中央授权的，不是一个独立的自治权，而是在中央授权下的自治权。从宪法学和政治学的角度看，主权（即国家主权）是国家的最重要属性，单一制国家的中央是国家主权的行使者，其所拥有的所有权力都是与主权相连系的固有的本源性权力，中央出于国家管理的需要，其通常需要对地方区域实行授权。需要提请人们注意的是，地方区域通过中央授权而获得的权力在性质上不是国家所固有的本源性权力，而只是由国家所固有的本源性权力派生出来的地方事务的管理权。因此，这种地方事务的管理权是不能与国家所固有的本源性权力相提并论的。正是因为这两种权力在性质上的重大差异决定了在集权性的单一制国家中，即使中央对于其下辖的地方区域实行了管理上的授权，中央对于这种地方事务的管理权仍然保有监督权。正是基于这一原理，白皮书中强调“中央拥有对香港特别行政区的全面管治权”以及中央对于香港特别行政区所享有的高度自治权具有监督权。白皮书中的这种阐述是有充分的法理依据的。香港社会中对此不满的人士大可不必对此表示惊诧，这是“一国两制”政策和体现“一国两制”精神的《香港特别行政区《基本法》》本已包含的内容。

一般而言，在集权性的单一制国家，在中央能够管好的事务领域，中央是不乐意对地方区域实行授权的，因此中央如若做出对地方区域实行授权，一定是不得不为之的一种举动。这一点可以从历史上中央“授权”与“收权”的反复过程看出。从授权理论的角度看，集权性的单一制国家的中央政府在对地方实行授权的同时也保留着收回这些授权的权利和权力。然而，出于政治上的考虑，中央政府不会轻率地做出收回授权的举动，这是授权理论对单一制国家中央对地方授权的基本解释，但在香港实行“一国两制”问题上，中央对香港特别行政区的授权与中央对于其他地方区域的授权有何不同呢？这两种授权在方式上有着重大差异，对于香港特别行政区的授权是法律性授权，而对于其他行政区域的授权主要是政策性授权。正是从这层意义上讲，《香港特别行政区《基本法》》是一部授权法。

除了说明香港所享有的高度自治权的授权性质外，白皮书还阐述了这种授权来源的“唯一性”以及这种授权的“高度”与“范围”，并特别指出了这种授权“不是分权”，也“不存在‘剩余权力’”问题。白皮书所做出的这些阐述并非空穴来风，而是针对香港社会中存在的一种较为流行的错误认识而做出的阐述。

香港回归后，出于消除香港社会对回归后如何保持香港高度自治问题上的顾虑，中央曾反复强调中央政府以最大的包容，最大的诚意充分尊重香港特区在其内部事务范围内的高度自治权。但香港社会对于中央政府在这一问题上向全世界所做出的庄严成诺做出了错误的理解和判断，有些人甚至对香港所享有的高度自治权故意做出了歪曲性的解读。他们一方面否认香港的高度自治权源自于国家的宪法，声称香港的高度自治权源于《中英联合声明》的授权，另一方面强调香港所享有的高度自治权是与中央分权的结果，甚至用“剩余权力”这样一个联邦制中的概念来解释中央与香港之间的权力关系，试图在香港社会造成这样一种印象，即中央只掌握香港的外交和防务，没有提及的其他权力全在香港。这是一种故意混淆中央和香港之间权力关系的图谋。意在否认中央所固有的本源性权力。

笔者认为，在香港回归 17 年的今天，如果香港社会普通人对“一国两制”还存在误解，这仍然是可以理解的，因为对于任何社会的普通百姓而言，柴、米、油、盐、酱、醋、茶才是他们关注的首选。但对于那些能够用十分专业的语言来挑战中央权威，对《基本法》的内涵做出歪曲的人士的举动是应该保持高度警惕的。他们人数虽少，但能量很大，如果不揭露他们言语背后的动机，将会在香港社会引起混乱，果然如此，就会违背实行“一国两制”的初衷。

在笔者看来，香港社会现在出现的一些政治乱象，最根本的原因在于香港社会中有少数人不愿意理性正视中央与特区之间的政治关系。有鉴于香港社会的现实状况，在香港开展《基本法》宣传和普及将是一项长期的任务。对于那些对”一国两制“和《基本法》似懂非懂的人士，笔者奉劝他们好好读读白皮书，以求透彻理解“一国两制”精神和《基本法》的立法原意；对于那些对中央怀有对抗心态的人士，笔者也奉劝他们好好读读白皮书，以理解中央政府的容忍底线。

（本文原载于《紫荆》2014 年第 7 期）

所谓"公投"将冲击"一国两制"事业

从6月20日开始，香港的泛民主派中的极端人士开始实施其早已预谋的所谓电子"公投"和即将实施的"占领中环"，这对香港社会具有极大的潜在危害。归纳起来，有如下几点：

所谓"公投"给香港法治传统带来持久的严重危害

其一，它会给香港的法治传统带来了持久性的严重危害。香港是一个法治成熟的社会，《基本法》是香港社会高度认同的宪制性法律。特首选举是不能偏离《基本法》确定的轨道的。香港的极端泛民主派以违反《基本法》的选项作为所谓"公投"的内容，是一种严重挑战中央的举动。如果我们看一下"公投"的定义，就会知道公投是一种法律行动，而我国宪法及香港《基本法》并无公投条款，因此在香港搞所谓的"公投"就是一种严重的违法行为。这种所谓的"公投"的后果只会给香港的法治传统带来长久性的冲击。

所谓"公投"滋长民粹主义削弱法治主义

其二，以所谓的"公投"的违法方式表达民意只会使香港社会已经初露端倪民粹主义情绪大大滋长，进而使法治主义的理性基础大大削弱，其可能破坏制度安排的香港民主政治发展进程。香港是一个具有高度自由特性的社会。在这样一个社会中，市民有足够的空间表达诉求，而无需搞违法的举动。民主政治所存在的一个潜在缺陷就是有走向民粹主义的可能性，而民粹主义极易导致暴民政治。民粹主义只会使香港走向深渊，果真出现那样的情况，笔者坚信，中央是不会坐视不管的。

所谓“公投”会削弱香港国际金融中心的地位

其三，它会吓走国际资本，进而给香港的繁荣带来无法估量的后果。资本最怕的就是政治不稳定。最近瑞银亚洲，澳新银行等国际金融机构已经对“占领中环”的后果做出了预测，它会使香港作为国际金融中心的地位消失。这样香港还会有前途吗?

所谓“公投”对“一国两制”事业带来冲击

所谓“公投”和“占中”最具有危害性的一点是，它可能对“一国两制”事业带来巨大冲击。实行“一国两制”的目的就是要使香港长期保持繁荣稳定。有人认为，国务院在6月10日发布的“一国两制”白皮书对香港开展所谓“公投”和“占领中环”具有刺激作用，但笔者对此断然不能同意。白皮书只是将“一国两制“政策和体现” 国两制“精神的《基本法》所本身具有的政治内涵做了清晰的阐述，以消除港人对”一国两制“政策和《基本法》的误解，如果有人故意借此来对中央做出威胁和挑战，那正好说明了白皮书发表的必要性。在香港社会出现这样的政治问题的情况下，笔者只想说一句话：请香港社会理性正视中央与特区的政治关系！

（本文原载于《央视评论》2014年6月23日）

- 部分港人片面解读“一国两制” -

十七年前的今天，香港地位发生了根本性的变化，从英国的一个殖民地转变为中华人民共和国辖下的一个享有高度自治权的特别行政区。十七年中，香港实现了“马照跑”“舞照跳”。连西方对中国抱有成见的媒体也不得不承认，“一国两制”取得了巨大成功。

在“一国两制”的安排下，中央以最大诚意和最大包容严格遵守《基本法》，特别行政区行使着《宪法》和《基本法》赋予香港的高度自治权。香港居民的基本权利和自由得到了充分的尊重和保护。如今的香港仍然是世界最自由的区域之一。香港社会的全面社会进步得以实现。金融、贸易和航运，三大国际中心得以保持和提升。

香港与内地经贸合作实现互利共赢

中央政府本着实行“一国两制”的目标，全力支持香港特别行政区的繁荣发展。这不仅体现在支持香港应对 1997 年爆发的亚洲金融危机和 2008 年爆发的国际金融危机，支持香港抗击非典等方面，还体现在支持香港巩固和提升竞争优势上。正如《白皮书》中所总结的那样，系列 CEPA 措施的实施使大陆和香港深化了两地的经贸关系，拓展了两地的合作领域，实现了两地的共赢互利。香港与内地区域的合作，交流都上了一个新的层次。随着两地交往的密切和理解的加深，香港广大居民对国家的认同感在不断增强，其在内地扶贫、赈济、救灾中的表现着实令人感动，充分显示了香港同胞与内地民众之间血浓于水的亲情。

在香港落实“一国两制”的过程中，难免遇到这样或那样的问题。

就香港社会存在的问题看，主要表现在两个方面：

其一，香港经济面临重大转型。对于这一点，中央和香港社会是有共识的。在现时经济情况下，香港社会出现的一系列的社会问题都与经济转型尚未实现有着密切的关系。中产阶层规模的缩小，社会贫富差距的拉大，社会流动渠道的不畅等等问题的解决都需要香港社会与特区政府密切配合。国家主体也会尽其所能支持和帮助香港实现经济转型目标。

其二，民主的发端与发展使香港社会产生了越来越政治化的趋势，而这对于香港这样一个具有充分自由的商业社会而言绝对不是一种好现象，应当引起香港社会的高度警惕。香港的民主发展应当建立在法治的基础上，才能有利于香港的社会发展，否则就会走向民粹主义的道路，进而“断送”一国两制的前程。

一部分人未理解“一国两制”真实内涵

“一国两制”是一项全新而长久的事业，而不是权宜之计。要繁荣这一事业，中央政府和香港社会就必须严格按照体现“一国两制”精神的《基本法》办事。在落实香港行政长官普选问题上，中央不仅具有主导权，而且是依据《基本法》第45条办事的。中央的守法立场应当在香港这样一个成熟的法治社会引起强烈共鸣才对。笔者认为，香港社会出现的所谓“公投”的最根本原因还是香港社会中有一部分人没有弄清楚“一国两制”的真实内涵，不愿意理性正视中央与特区之间的中央与地方的政治关系。正是从这个角度看，《白皮书》的发表的确具有必要性。

（本文原载于《央视评论》2014年7月1日）

- 亲情融合才能终止两地民众的谩骂 -

香港社会运用商业理性调节两地民众之间的关系，相信这会对两地民众之间的矛盾起着缓解的作用。但这种矛盾的彻底消除恐怕只有通过两地民众之间的情感交融才能彻底解决。

近日，香港法定机构平等机会委员会宣布，将就歧视条例检讨展开3个月公众咨询，内容包括建议扩大保障范围，为新移民及内地游客提供较理想的法律保护。这是香港社会寄望以制度理性来克服社会中少数人不理性行为的一种努力。相信这种制度规定在香港这样一个成熟的法治社会中，是会发挥有效的作用的。然而，笔者认为，调节两地人民之间的关系，制度固然重要，然亲情的交融更为重要。只有当两地人民都意识到彼此之间的关系是一个国家内不同区域之间民众的交往关系，才能彻底消除两地民众之间的芥蒂。

在“一国两制”的制度安排下，香港作为中央治下的一个享有高度自治权的特别行政区，虽然其继续保持着与大陆不同的各种制度和生活方式，但毕竟是在“一国”之下。其与国家主体内的不同区域之间的关系是兄弟关系，而两地民众之间的关系是血浓于水的关系。正因此，在两地民众的交往过程中应该本着相互包容，互相理解的心态来处理出现的各种矛盾，而不能用谩骂，侮辱的语言来伤害对方。

香港回归十七年来，两地民众之间的交往总体而言是融洽的，只是近几年来两地民众之间的交往密度日益加大，而且生活方式的不同和价值观上的某些差异也使民间的矛盾有所增多，因此两地的媒体都不要推波助澜，更不要对此做出无限度的放大。因为这样做不仅不利于两地民众之间的情感融合，甚至还可能被别有用心的人加以利用。

香港是一个具有高度自由特性的社会，也是一个利益多元的社会，在这样的社会条件下不同的利益主体表达利益诉求是没有问题的。自由行的开放，从中央的意图看，绝对是为了香港好，香港社会对于中央开放自由行的决定的反应起初也是十分热烈的，即使是在出现某种问题的情况下，中央有意对此做适当的政策调整，香港的商家们仍然表现出某种忧虑，担心自由行的收紧会影响到自己的生意。显然，对于香港这样一个商业社会而言，顾客多了总是一件好事。任何事情都存在着“利”“弊”两面，在做好事之时，我们要考虑“好事”的背后可能存在着某种问题，并针对这些问题不时做出政策调整，这样才能使事情的好的一面得以突显。这样做才是处理问题的理性方式。

值得关注的是，近年来香港社会中极少数人的极端主义情绪有所发酵，而这种极端主义情绪中似乎隐含着某种不良的政治政治倾向。他们把内地游客称之为“蝗虫”，甚至喊出了“中国人滚回去”的口号，而有些内地游客则以“英国狗”反唇相讥。任由这种情况发展，势必会对两地民众的情感造成极大的伤害。有鉴于此，香港平等机会委员会引申《种族歧视条条例》，将其适用于包括香港居民、居港年期、旅客及移民等4种身份的所有人士，均不得受到歧视性待遇。这是平等制度构建的理性举动。

出于对非歧视概念的理解，平等机会委员会的咨询文件举例加以说明，如若有公司拒绝为新移民提供服务，即属歧视；相反，若有零售店只向内地旅客予以折扣优惠，亦构成对香港永久居民的违法歧视。笔者认为这是香港社会运用商业理性调节两地民众之间关系的有益之举，相信这会对两地民众之间的矛盾起着缓解的作用。但这种矛盾的彻底消除恐怕只有通过两地民众之间的情感交融才能彻底解决。

（本文原载于中国网，2014 年 7 月 14 日）

- 爱国爱港者治港原则绝不能动摇 -

爱国爱港者治港原则并不是什么新内容，而是中央决定以“一国两制”政策解决香港问题时就开始强调，并一直重申的最基本原则。

这一原则是确保“一国两制”成功实践的关键。香港回归至今已 17 年有余，然而香港社会一些人，对于爱国爱港者治港与“一国两制”内在要求之间关系的理解似乎尚未达到应有的高度。在本次香港政改问题上香港社会中的一些极端表现足以说明这一点。

中央政府作为国家主权的代表，对于治下的一个特别行政区的政制发展是具有毋庸置疑的主导权的。中央对于其辖下的一个享有相对高度自治权的特别行政区域行将举行的特首普选，做出必须是爱国爱港者当选的要求，是再具有正当性不过的了。

为确保爱国爱港者当选，中央坚持严格按《基本法》和全国人大常委会的相关规定展开普选，这不论从政治道义上讲，还是从法治的角度看，都是无可争议的。对于这一点，香港广大市民是看得清清楚楚的。

香港是一个法治社会，国家主体是一个正在走向法治的社会，如果有人对于《基本法》中做出的选举程序的规定都不遵守，那我们就不得不问，要摆脱《基本法》轨道来开展所谓的“真普选”的主张者到底意欲何为?

“一国两制”体现的是高度包容精神，而香港社会也需要各方都能接受的特首候选人。如果由政治组织提名候选人，在香港社会现时大致以“反对中央”和“拥护中央”为政党政治分野的状态下，是会造成香港社会撕裂的。如果在香港立法会辜负中央期望，未能完成《基本法》规定的国家安全立法的前提下，搞所谓“公民提名”，是不能确保国家的安全利益的。中央表达这样的担忧难道没有道理吗?

中央深切理解香港社会发展民主政治的诉求，并不遗余力地推动香港政改。在香港社会围绕政改出现分歧的情况下，中央连续派出主管港澳事务的主要官员与泛民派议员进行沟通，体现出中央在坚持爱国爱港者治港原则下推动特首普选的极大诚意。在这样的情况下，一切认定自己为爱国爱港的政治团体都理当以理性务实的态度，从香港良性发展的大局考虑，做出配合政改的举动，而不是阻拦之。

现时在香港落实特首普选，是香港回归以后的重大政治问题。而这一政制发展的重大事项，必须符合《基本法》和全国人大常委会的相关规定，以保证真正爱国爱港者当选。这是一个不容退让的原则问题。中央不可能做无原则退让。

（本文原载于《人民日报（海外版）》2014 年 8 月 23 日，第 1 版）

“袋住先”是符合各方利益的理性选择

近期，香港多次民调显示，超过一半市民表示，就算政改方案不理想，也应“袋住先”。这是香港社会在政改面临困境的情况下，希望搁置争议，力保普选顺利推进的声音。从中我们可以看到以下几点：

第一，“袋住先”反映出香港社会是存在普遍的“普选”诉求的。“袋住先”所强调的是超越整个普选过程中极具争议的第一阶段，力求实现“一人一票”，“同票同值”这个民主最基本价值的普选。在围绕行政长官候选人提名方式而展开的争论似乎无法消弭的情况下，“袋住先”的倡导者是在以妥协的精神呼唤香港社会克服困难，力求实现“普选”的目标。笔者认为，这不失为一种理性态度。客观地讲，世界各国在普选中对于候选人的提名方式是五花八门的，并不存在世界统一的形式和标准，因此香港有人在特首普选中候选人的产生方式上声称所谓的“国际标准”是没有事实依据的。如果说在普选中存在敝所谓的“国际标准”，那也是在若干候选人产生后，选举人对候选人的投票方式上有全世界都认同的原则的，这就是要强调投票人权利的平等性和选票的同值性。显然，从《基本法》对于香港普选所做出的原则规定看，在香港实行特首普选的程序设计上，是充分考虑了这一点的。“袋住先”的倡导者是看到了整个普选过程中最能体现民主的程序阶段的。

第二，“袋住先”是在现实香港普选问题上摆脱困境，顺利推进香港特首普选的唯一方式，也是符合各方利益的理性选择。香港广大民铖膃陷饪 M 的民主诉求，特区政府有依据民众诉求推进普选的愿望，中央在推进香港特首普选问题上的态度是积极而明确的。如果特首普选得以推进，那就使各方利益都得到了满足。然而，依据现实制度规定，香港的特首普选方案必须得到立法会全体议员三分之二多数通过，而泛民派议员在实现这三分之二多数通过程序中掌握蔽关键的少数票。正因如此，其在特首普选程序中的第一阶段——即候选人的提名程序——所持有的反对立场对政改前景构成实际威胁。中央从香港发展的大局考虑，不惜放下身段，派出主管港澳事务的官员在坚持原则的前提下以极大的诚意与泛民派议员反复沟通，以求共识，就是要满足香港广大市民对普选的诉求。

第三，"袋住先"的理性态度会使香港未来的政治环境出现向蔽宽松的方向迈进的可能。香港的特首普选毕竟是一个国家内的地区区域的选举，本次的特首普选程序是24年前《基本法》中明确做出了原则规定的内容，任何一方如果不按《基本法》的规定办，那都是破坏法治的举动。以"袋住先"的方法使香港政改向前跨出关键性的一步，就会使分歧各方增进互信，在条件成熟的情况下才能有机会跨出第二步。"袋住先"是使香港未来政改有机会迈出第二步的重要条件。

（本文原载于《成报》2014年8月24日）

- 提委会制度的四大功能 -

2014年的4月15日在香港城市大学举行的“香港特区行政长官普选研究论坛”上，笔者曾就提名委员会制度设计的政治考虑做了主题发言。从现实香港的实际政治情况看，24年前在《基本法》中确立行政长官候选人的提名委员会制度的做法，的确是极具有前瞻性的。总括起来看，提名委员会机制具有这样一些基本功能：

第一，它可以有效阻止任何极端人士出闸。按照现行制度规定，提名委员会将参照选举委员会的组成方式，选举委员会的组成是具有多元性特征的，而正是这种多元性特征使提名委员会能够防止“极右”或“极左”势力的代表出闸。“一国两制”是具有高度包容精神的，而极端是与这种高度包容格格不入的，提名委员会制度的最重要功能就是保证被提名的特首候选人为各方所接受。

第二，它可以避免政党政治乱象的发生。香港社会有人提出以“政党提名”产生特首候选人。这种主张显然罔顾了香港的基本的政治现实，即现实香港政党政治的格局大致是以拥护中央和反对中央作为分野，如果任由政党提名特首候选人，香港社会将陷入对抗性的政治撕裂状态，这不是政治理性主义者所要看到的局面，也不利于“一国两制”政策在香港的长期实施。提名委员会机制就是要运用政治力量的多元性来防范对抗性政治的发生。

第三，提名委员会机制具有防范宪制性风险发生的作用。按照现行制度规定，在香港特区通过一人一票产生的特首候选人必须获得中央任命才能成为特首，法定的提名委员会对特首候选人的资格进行较全面的考虑，就大大降低了特首人选不获中央任命而导致的宪制危机的风险。

笔者在此并非将中央与香港社会的选择对立起来，从香港的政治现实看，如果不按照法定提名委员会整体提名方式产生若干个候选人，再由香港市民一人一票产生唯一的特首候选人，以此试图逼使中央政府任命，是存在着发生宪制危机风险的可能的。

第四，提名委员会机制具有防范香港走向民粹主义的功能。民主政治所具有的一个潜在缺陷就是存在着走向民粹主义的可能性，而民粹主义极易导致暴民政治。提委会机制体现的是一种制度理性。香港是一个资源匮乏，而工商金融发达的地方区域，要想使之长期保持繁荣稳定就必须正视工商金融界的各种利益。因此，以民主为由搞民粹和无节制的福利主义是香港社会的大忌。

（本文原载于《星岛日报》2014 年 8 月 25 日）

中央对于香港政改具有毋庸置疑的主导权

自香港特首普选问题提出以来，香港社会围绕这一问题的争议不断，而随着普选的最终方案行将落定，这种争论趋向更为激烈。从表面上看，争论聚焦在一个选举程序问题上，即特首候选人如何产生，而透过这种争论的表面窥其内涵，其实质是一个对香港特别行政区政制发展的主导权问题。

香港的普选源自于《基本法》的规定，因此依据《基本法》开展普选应该说是香港社会对普选问题无论持有何种看法的所具有的共识，但情况并非如此。即使是在特区政府启动政改咨询之前，香港的泛民派就先入为主宣称，按《基本法》的相关规定所行将开展的特首普选是“假普选”，因此他们要通过所谓的“非暴力”的和平方式“占领中环”来对中央施压，以实现所谓的“真普选”。

香港政改咨询启动之后，香港社会对香港的特首普选如何展开发表了各种不同看法，经过激烈的争论，大致形成了两种声音。如果我们将坚持以《基本法》的规定作为普选依据的一方作为正方，其对于普选如何推进的看法大致如下，且这种看法自政改咨询开展以来就几乎没有改变，即香港的普选来源于《基本法》的规定，因此，香港的普选制度应当把以《基本法》作为法理基础或唯一法律依据。提名委员会程序是《基本法》明确做出的实行特首提名的规定程序，严格按《基本法》和全国人大的相关规定办事是正方清晰而明确的主张。

反方观点的大致特征是要求特首候选人的产生办法应摆脱《基本法》

的轨道，其在不同的阶段的具体主张也在因应形势的变化而变化。政改咨询启动之前，香港的泛民派就提出了“占领中环”来对中央施压，以实现按一个概念模糊的“国际标准”来提名特首候选人，而这种“占领中环”行动号称以公民抗命为理论支撑，那么它的理论前提自然是“《基本法》是恶法”，“特区的政治制度是恶制度”，与这一举动相配合的的是香港的泛民派政党人士提出了“政党提名”“公民提名“的主张，然而在香港社会对《基本法》普遍高度认同的语境下，对《基本法》的攻击具有极大地政治风险。于是“三轨提名”主张应运而生。

中央对于香港特区的的民主政治发展的立场是一贯而坚定的，基于香港社会的客观实际（具有高度自由特性），循序渐进（有步骤推进）原则，国家安全利益，以及法治精神考虑，对正方的主张予以了坚定支持，而反方则做出了威胁的姿态，要以具有极大潜在暴力倾向的“占领中环”迫使中央让步。中央从“一国两制”的大局出发，以满足香港广大市民对普选的诉求为考虑的基础，先后两次派主管港澳事务的主要官员与泛民医院沟通，显现出极大的诚意，但反方似乎没有表现出妥协的意愿，且在不断提升暴力倾向的呼声。

香港出现的这样的情况最根本的原因是香港社会中有一部分人不愿意正视中央和特区政治关系的结果，而中央与特区之间的这样一层政治关系决定了中央对于香港的政改具有毋庸置疑的主导权。在“一国两制”条件下，香港是中华人民共和国的一个地方行政区域、其所行将展开的特首普选是一种地方区域的首长选举。因此，在特首普选的问题上，如何确保国家的安全利益，处理好与中央政府的关系是香港社会所有成员必须首先考虑的问题，这也是香港特别行政区所必须履行的法定义务。由于香港这样一个特别行政区行政长官地位崇高，并负有对中央和特别行政区负责的双重重大职责，中央强调必须由爱国爱港人士担任，而不能由与中央对抗的人担任的要求是具有充分的政治上和法治上的正当性的。基于这种正当性，中央在香港特首普选问题上坚持《基本法》规定的提名委员会提名。这种机构整体提名方式是要体现集体意志的，如何体现？就必须依据少数服从多数这样一个民主票决的《基本法》则来展开。由于提名委员会的组成具有多元性，而产生的特首候选人必须为香港社会普遍接受，坚持《基本法》中所规定的提名委员会制度就是避免“政党提名”可能出现严重的社会政治对抗风险、防范宪制危机（产生的候选人不为中央接受）风险和避免使香港社会走向民粹主义的最为符合香港实际的提名特首候选人的制度。

（本文原载于《人民日报》2014 年 8 月 30 日）

-剥下“占中”的理论外衣-

全国人大常委会关于香港政改决定出台，香港一些人“占领中环”的步伐也在加快。这种连组织者都承认违法的所谓社会运动，矛头直指中央，暴露出与中央对抗的暴力姿态。这在香港社会应当引起高度警惕。

为了厘清香港特首普选中的一些基本理论问题，今年四月十五日全国港澳研究会和香港《基本法》推介联席会议等单位在香港城市大学惠卿剧场举办了“香港特区行政长官普选论坛”，会上四位受邀学者对“占中”组织者之一的戴耀廷做出了理论反驳，其中就涉及公民抗命理论的误用。在众目睽睽之下，戴耀廷支支吾吾提前退场。这些，香港各家电视台都做了转播，难道“占领中环”的组织者继续运用“公民抗命”作为“占中”的理论包装就不感到心虚？

在阐发“占领中环”这一社会运动设想时，其组织者曾反复声称，这场运动的性质是“非暴力的和平公民抗命”，要通过非暴力行动挑战不公义的法律和制度。运用的手段是所谓“感召”民心。怎样实现“感召”民意的效果呢？就是“一群追求公义的公民，透过集体抗法，之后愿意为违法行为承担罪责，凸显出行动所挑战的法律和制度的不公义性。当他们因挑战不公义的法律和制度而遭镇压、起诉甚至入罪，社会和政府就会出现分化，人们就会受到感召，不公义的法律和制度就会瓦解，新的法律和制度就会产生”。这批所谓的抗争者俨然以一种“正义”的化身，一种“悲切”的腔调，一种貌似“勇敢”的气势，向现行制度发起挑战。

对此，我们不禁要问，在香港社会受到普遍高度尊重的《基本法》是“恶法”吗？依据《基本法》所建立的特区制度是“恶”制度吗？西方“公民不服从”行为的正当性是以现行制度和法律具有“恶”性为前提。在香港的现行制度和法律具有充分正当性的前提下，“占中”运动以此理论做包装，其本质就是要破坏香港的现行法治，破坏香港繁荣稳定和破坏香港普选。也就是说，基于香港现行制度和法律的“良”性，“占领中环”即为一种违法犯罪行为，因为即使在西方的制度环境下，公民在非常情况下未遵守良法的行为也不能叫做公民不服从。

对于“公民抗命”的正当性还有另一层意义的理解，即在制度和法律具有良性的前提下，当局并不能或没有依据良性制度和法律的规定来办事，进而造成对公民权益的损害，在此种情况下，公民的抗命行为是具有正当性的。此种情况最具有典型意义的事例便是美国的马丁·路德·金所领导的“非暴力”抗争。凡对美国历史稍微了解的人都会知道，美国内战结束后通过的三个内战修正案在国家制度层面基本上解决了种族歧视问题，然而在其后的百余年的美国社会却充满了种族歧视，有色人种公民的投票权长期因为各种原因而被剥夺。正是在这样一种背景下，马丁·路德·金领导的公民抗争得到了全世界人民的支持。

对照“公民抗争”运用的上述两个条件，“占中”的理论依据是经不起驳斥的。“占中”的理论包装反映出的是一种理论浅薄，只是为了达到不可告人目的而欺骗广大香港市民而已。

“占中”的策划者们宣称“准备以有限度违法的公民抗命行为去建立民主宪政制度”。而他们对于民主宪政制度的内涵似乎不太懂。所谓宪政即为以宪法为基础的民主政治，香港作为一个地方区域，其民主政治构建是需要以《基本法》作为依据的。纵观世界不同国家宪政的发展史，我们不难发现民主宪政的基本要义在于构建规则性秩序，而这种秩序的构建需要对社会的统治者和被统治者的行为都要做出约束。因此，宪政不仅包含了在尊重基本人权基础上针对当权者的限制，同时还包括了对人民的无节制所施加的限制，以防止民主的滥用。美国政治学者就这样描述了美国国家创立者们在制定宪法的立法意图：“他们既害怕领导人的野心，也害怕人民可能出现的无节制。显然，宪政具有双重限制作用。”

香港是一个享有高度自治权的社会。这个社会最为突出的一个特质就是其长期保持？自由传统。在这样的社会中，市民的言论表达权是受法律充分保护的。正因为如此，在“占领中环”设想提出后，香港社会各方都对其偏离法治，且存在潜在暴力倾向的做法表达了不同程度的担忧。

自由并不是一个绝对的概念。卢梭在《社会契约论》中就曾说过“人生而自由，但无往不在枷锁之中”。这个极富哲理的经典论句想必所有从事法学或政治学的人都是不会忘记的。它所涉及的核心内容就是“社会强制”与“个人自由”之间的关系。自由主义大师哈耶克是这样定义自由的，他说，“自由是人的这样一种状态，其中，社会中一些人对于另外一些人的强制被降低到尽可能低的程度”。显然，不论是卢梭所形容的“无往不在的枷锁”还是哈耶克所描述的“强制”都是构建人们过正常生活所必须的社会秩序和法律规范。如果没有这种“有限的强制”或“枷锁”，社会就会出现无序。

一个人所享有的自由是法律和制度规范内的自由。如果一个人所享有自由超出制度和法律规范的限度，那么这个人所享有的自由就危害了别人的自由。香港一直被世界公认为世界“最自由”的地区，正是这种高度自由特性，才有历史和现时的繁荣稳定。在这样一种高度自由的社会条件下，以具有潜在暴力倾向的“占领中环”作为挑战手段，人们就不得不怀疑这场社会运动发起者的用意何在。

香港也是一个成熟的法治社会，这也是世界所公认的。这种法治浸淫？充分的商业理性，且为香港社会广泛认同。“占中”是一种具有潜在暴力倾向的违法行动，如果这场运动发生，特区政府应当依法做出严肃处理。

（本文原载于《大公报》2014 年 9 月 1 日）

- 香港如何普选，中央一锤定音 -

8 月 31 日，十二届全国人大常委会第十次会议审议并通过了《全国人民代表大会常务委员会关于香港特别行政区行政长官普选问题和 2016 年立法会产生办法的决定》（以下简称《决定》）。对此，香港社会的反应肯定是不一致的，这完全可以理解，因为香港是一个具有高度自由特性的多元社会。全国人大常委会作为最高国家权力机关的常设机关，其通过的决定具有法律效力。《决定》通过的重大意义在于，中央依据香港现实，提出了普选底线，以促进香港社会凝聚共识。从这层意义上看，它具有在重大原则问题上息纷止争，“一锤定音”的作用。

香港社会是一个法治社会，强调这个社会的法治特性，就是要求香港社会本着法治理性去面对具有法律效力的《决定》，而不是用非理性的方式去处理问题。“占领中环”作为一种违法行为是一定会受到法律的惩治的。

香港社会也是一个利益多元的社会，这一利益多元的社会特性决定了不同利益主体在普选问题上具有不同的诉求，但在国家对香港的政制发展做出了明确的原则规定的情况下，香港各种利益主体就应该调整自己的诉求，因为中央做出这一决定是基于国家整体利益和香港社会的整体诉求考虑的。

香港还是一个具有高度自由特性的社会。香港社会的这种自由特性是允许人们就问题表达不同观点的，而香港社会的高度开放性也为各种不同观点的表达提供了方便。然而长期以来，香港社会中有少部分人不愿意正视中央和特区之间的政治关系，他们要么将“一国两制”整体政策中的“一国”与“两制”对立起来理解，要么曲解中央与特区关系，致使香港社会不断出现挑战中央权威的声音和行为。这是不符合“一国两制”政策中“一国”是“两制”前提的基本政治内涵精神的。笔者在此列举香港社会的三大特性就是要说明在全国人大常委会决定做出后香港社会可能出现的反应以及在《决定》框架内香港社会逐步凝聚共识过程的艰难性。

本次全国人大常委会做出的决定是严格遵循《基本法》的规定的举动，而不是一种率性行为，它对于那些试图在行政长官普选问题上摆脱《基本法》轨道而另搞一套的主张是一种断然否定，充分显现出国家走向法治，捍卫法治的决心和意志，体现了中央对于香港政治发展的主导权。

然而，根据现行制度规定，香港真正实现普选还有几步要走，其中最为令人关注的是香港立法会必须对行政长官普选方案以三分之二多数通过，而香港的泛民主派议员掌握着行政长官普选方案在立法会中获得通过的关键少数，在香港社会对普选方式争议如此之大的现时社会条件下，如果想要使普选顺利通过，恐怕还有大量凝聚共识的工作要做。否则，香港的普选就有停滞的风险，这对于包括香港广大市民在内的理性各方而言，无疑都是一种不愿意接受的结果。

中央对于香港发展民主政制，方向是十分明确的，态度是十分积极的，原则底线也是十分清晰而坚定的。香港社会在行政长官普选问题上存在的严重分歧也是明显的，如何使行政长官普选得以真正落实，就需要香港社会各方本着以香港发展的大局为重的精神，弘扬理性，抛弃成见，切切实实在《决定》的框架内商讨出普选的具体实施方案。

（本文原载于《人民日报（海外版）》2014 年 9 月 1 日）

-中央依据香港现实提出了普选底线-

本次全国人大常委会做出的决定是严格遵循《基本法》的规定的举动，而不是一种率性行社为，它对于那些试图在行政长官普选问题上摆脱《基本法》轨道而另搞一套的主张是一种断然否定。

2014年8月31日，十二届全国人大常委会第十次会议审议并通过了《全国人大常委会关于香港特别行政区行政长官普选问题和2016年立法会产生办法的决定》。作为一个具有法律效力的文件，这个《决定》的出台对于香港特别行政区行将开展的行政长官普选具有宪制性的规范约束作用。

阅读《决定》的全文，笔者认为有这样一个最为核心的内容变化应当引起注意，即上次人大常委会决定中关于提名委员会组成的条款中的“参照”行政长官选举委员会的组成的条款，变成了“按照”行政长官选举委员会的组成的条款。除此“核心”内容的变化外，本次人大常委会的决定还有如下两个特点：

第一，规定较细。《决定》不仅对行政长官提名委员会组成的具体架构做出了规定，即行政长官提名委员会维持1200人，继续由工商金融、专业、劳工、宗教四大功能界别按同等比例组成，还对提名门坎做出了过半数的规定，并将提名委员会产生的候选人人数限定在2名至3名的范围内。

第二，《决定》还对过去几年香港社会围绕行政长官普选问题形成的四点共识做出了归纳总结：即，香港社会形成了对普选的普遍诉求；香港的行政长官普选必须符合《基本法》的规定和全国人大常委会的规定；

在香港开展行政长官普选对未来香港的发展稳定具有积极的正面作用；香港特别行政区的长官必须为爱国爱港者。

本次全国人大常委会做出的决定是严格遵循《基本法》的规定的举动，而不是一种率性行社为，它对于那些试图在行政长官普选问题上摆脱《基本法》轨道而另搞一套的主张是一种断然否定。《决定》通过的重大意义在于，中央依据香港现实，提出了普选底线，以促进香港社会凝聚共识。从这层意义上看，它具有在重大原则问题上息纷止争，“一锤定音”的作用，充分显现出国家走向法治，捍卫法治的决心和意志，也体现了中央对于香港政治发展的主导权。

《决定》充分尊重香港社会的普遍民意和共识。其条文具体的特性有利于香港社会在这一问题上缩窄分歧，若规定过于宽泛，只会在香港社会引起更多纷争。从保障特首普选的平稳性看，条文的“细”是有利的。

根据现行制度规定，香港真正实现普选还有几步要走，其中最为令人关注的是香港立法会必须对行政长官普选方案以三分之二多数通过，而香港的泛民派议员掌握着行政长官普选方案在立法会中获得通过的关键少数，在香港社会对普选方式争议如此之大的现时社会条件下，如果想要使普选顺利通过，恐怕还有大量凝聚共识的工作要做。否则，香港的普选就有停滞的风险，果然如此，这对于包括香港广大市民在内的理性各方而言，无疑都是一种不愿意接受的结果。

要在香港落实特首普选，香港社会中的少数反对派就需要弘扬理性，抛弃成见，切切实实做出配合的行动。

（本文原载于中国网，2014 年 9 月 1 日）

香港政改无需“末代港督”说三道四

全国人大常委会就香港政改做出决定后，末代港督（1992 年至 1997）彭定康耐不住寂寞，再次开腔，于本月 3 日在英国媒体上发表文章称，英国政府对香港有“持续的道德和政治义务”，要确保中国“尊重其承诺”。俨然一副卫道士的嘴脸自居。

这位“末代港督”曾被时任国务院港澳办主任的鲁平称之为“千古罪人”，为何其在香港回归后的政改问题上总是不顾中方的强烈抗议而屡屡发声，这是因为他与香港的政改具有某种特殊的“情结”。

早在香港回归前夕，他在任港督期间就试图破坏《基本法》对于香港政制安排的规定，以迅速提升立法会的所谓民主性来造成一种所谓的香港政治现实，企图迫使中方接受。岂料中方不吃他那一套，以“另起炉灶”作为反制。彭定康先生对此只能一声叹息，在广大港人庆祝回归的欢呼声中悻悻而去。

彭定康所言所行只是白费力气

16 年后，末代港督彭定康看来是没有从上次的失败中吸取教训，于 2013 年 11 月 15 日在接受《华尔街日报》访问时，做了一回大嘴巴。他罔顾中国中央政府依法积极推动香港行政长官普选的基本事实，以极为不自重的身份公然对中国香港的政制发展评头论足，说“香港现时唯一缺乏的就是选举自己政府的权利，而这权利迟早都会有，任何人试图阻止这种趋势都只会‘白费力气’”。从其发表这番言论的时间看，是十分具有玩味的。有人认为，这是彭定康试图利用昔日的影响力，为在港亲英势力的遗老遗少打气而吹起的强攻政改的集结号，目的在于使其代理人能够掌握香港特区政权。结合香港的当时形势，看看彭定康讲话的内容，的确具有这样一层意味。只可惜彭定康先生不仅没有了当年的“威风”，更没有了当年的机会。因为此时的香港已经回归大陆怀抱而不再是英国的殖民地，他对香港的所言所行才真正只能是“白费力气”。

香港政改属中国内政，不容任何外部势力干预

这次他更加肆无忌惮，以所谓“持续的道德和政治义务”为由，要确保中国“尊重其承诺”。赤裸裸地呼吁英国政府对中国中央最高权力机关的执行机关做出的决定进行干预，这是一种什么行为？明眼人一看便知。我们不禁要问：英国人在香港统治的150多年时间内，有哪位总督是通过选举产生的？没有。香港回归后行政长官最终达至普选产生的目标是谁提出来的？中国的中央政府。显然，彭定康的讲话毫无逻辑。

中央依法在香港推进民主政制，这完全是中国的内部事务，不知与彭定康先生何干？请自重！倒是香港的极端反对派的行为使人们不得不产生两者之间存在某种勾结的联想。

（本文原载于《央视评论》2014年9月5日）

– Election must abide by rule of law –

Nominating Committee for selection of HK's chief executive candidates as set out in the Basic Law best suits current conditions

The Standing Committee of the National People's Congress has explicated the method for the election of Hong Kong Special Administrative Region's chief executive in 2017 through universal suffrage. On Aug. 31, it ruled that all candidates for chief executive must receive more than half of the votes from the Nominating Committee before they are put forward for election.

Given the bitter arguments over constitutional reform in Hong Kong, there are still questions lingering over the NPC Standing Committee rule. Actually there are two different views about how to select candidates for Hong Kong's chief executive through universal suffrage. One view proposes that the Basic Law, which came into effect 17 years ago, clearly stipulates the relevant procedures for the election of the chief executive by universal suffrage, and universal suffrage should remain within the bounds set by the Basic Law. This view has continuous consistency. The central government actively supports this view and hopes that the development of the democratic political system in Hong Kong will move forward based on this.

The other view holds that universal suffrage based on the Basic Law is not true universal suffrage, because the procedure whereby the Nominating Committee decides which two or three candidates are put forward for the election will " eliminate " the pan-democracy candidates. They insist on implementing what they call " true democracy" according to a so-called international standard. But this view disregards the relevant regulations of the Basic Law.

According to the current system, the constitutional reform of electingHong Kong's chief executive by universal suffrage can be implemented only when more than two-thirds of the Hong Kong Legislative Council members approve the reform plan. The members of the Hong Kong pan-democracy group are the key minority in Legislative Council. If they use their vetoes during the Legislative Council's vote, it is possible that the election of Hong Kong's chief executive by universal suffrage will end in no result.

The reason that the central government does not accept the Hong Kong pan-democrats' so-called international standard of party nomination or civil nomination and insists that the chief executive candidates should be nominated by the Nominating Committee is because it is a procedural requirement that is clearly defined in the Basic Law. Hong Kong is a society governed by the rule of law. If the central government does not adhere to the procedure stipulated by the Basic Law, it violates the principle of rule of law, which will not gain recognition in Hong Kong. Strictly following the Basic Law is the only choice to respect the principle of rule of law in Hong Kong.

Also, letting the Nominating Committee nominate the chief executive candidates is a principle that we have to adhere to in order to guarantee Hong Kong is run by people who love the country and love Hong Kong, and it will avoid the social disruption that would be caused by the so-called party nomination advanced by Hong Kong pan-democracy group according to their vague international standard. At present, there is a stark political division inHong Kong, namely the pro-central government and anti-central government camps. The so-called party nomination put forward by the anti-central government camp will only turn the universal suffrage into competition between pro-central government forces and the anti-central government forces, which will severely undermine the cause of “One Country, Two Systems” .

Letting the Nominating Committee nominate the candidates for the chief executive election will avoid extremists from becoming candidates. The so-called civil nomination advocated by theHong Kong pan-democracy group would possibly harm national security interests. Under the circumstance that the Legislative Council fails to live up to the central government's expectation of legislation that guarantees national security, this way of nomination will probably result in a candidate that goes against the central government. How can the central government appoint such a candidate? This will be the so-called constitutional crisis.

The Nominating Committee mechanism will preventHong Kong from stepping toward populism. A potential defect of democratic politics is the possibility of populism, which can easily lead to mob rule. The Nominating Committee mechanism shows institutional rationality, which stems from the diversity of the committee. Hong Kong is a region that has developed business and financial sectors but lacks resources. We have to consider the various interests of the business and financial sectors if we want to maintain the long-term prosperity and stability of Hong Kong. Hence, populism in the name of democracy and excessive welfare will only harm Hong Kong society.

Based on the above-mentioned reasons, the Nominating Committee mechanism is the most appropriate procedure for Hong Kong, which although a special region with a high degree of autonomy, is still under the jurisdiction of China. The political relationship between the central authorities and Hong Kong determines that the central authorities have indubitable dominance over the development of Hong Kong's constitutional system. However, some people in Hong Kong do not want to face this political relationship, which is the root cause of the emerging problems in universal suffrage.

(This article was originally contained in *China Daily* 2014 - 09 - 10)

香港泛民派在政改问题上应当表现出理性

《全国人大关于香港特别行政区行政长官普选问题和2016年立法会产生办法的决定》出台后，香港社会的泛民派中的绝大多数立法会议员都做出了激烈的反应。冲动之余，是不是需要冷静下来理性思考一下，人大常委会的《决定》是否是在法律规定的框架内的举动？而泛民派自身的举动是否太过于政治化？如果他们认定这两个判断的客观性，那么其就应该以理性的姿态，从香港社会的大局着眼，配合行政长官的普选的推进。因为只有理性务实才有可能赢得未来政治发展的更大空间。

纵观香港社会围绕行政长官普选问题上的争论过程，我们不难发现这样一个现象：即，泛民派中的极端人士是争论发起的主动方，而中央紧守一个基本底线：即严格按照《基本法》办事这样一个“口头禅”。这样一种语境反映出很多问题，概括而论，有这么几点：

第一，中央高度认同香港是一个法治社会，而提名委员会制度是24年前《基本法》确定的行政长官候选人的提名程序，如果不坚持这一点，中央也有违反《基本法》之嫌。严格按《基本法》办事不仅在香港这个法治社会具有正当性，在国家主体行将强调依法治国的前提下，坚持体委会提名行政长官的做法也是一种适合香港法治传统，且在中央看来最稳妥的方式；

第二，在政改问题上香港的极端泛民派对中央权威发起挑战在先。香港市民不会忘记，早在政改咨询启动之前，“占领中环”就作为后来“政党提名”和“公民提名”的施压工具在香港闹得沸沸扬扬，这种威胁姿态其实是严重缺乏政治智慧的表现，也是一种对中国政治严重缺乏了解的愚蠢举动。改革开放三十多年，中国政治发展始终是在一种逐步摸索的过程中微步推进，极端举动是中国政治发展之大忌。《基本法》为什么对于香港政制发展做出了两条规定（“循序渐进”，“符合香港实际”），就是既要保持“政治发展”又要防止”动荡“的稳妥思维。

第三，香港社会有人不愿意正视中央和特区之间的政治关系，这是香港出现各种政治问题的关键原因。笔者曾多次撰文反复强调香港社会的三大特性（高度自由、成熟法治、利益多元），但香港社会也要以客观，理性的方式充分理解“一国”与“两制”的关系。任何人都不能否认这样一个基本事实：香港是中国的一个特别行政区，只有在承认这样一个基本政治现实的大前提下，才会有“两制”的存在。所以，笔者曾反复强调，即使是在香港这样一个极具自由特性的社会，也应该保持对国家的最基本尊重。这就是一个懂不懂政治的问题。

在中国这样一个集权的单一制国家，中央和地方之间的关系通常是通过政治来调节的，考虑到香港是一个实行高度自治的特别行政区域，中央以《基本法》作为准绳来处理与香港特区的关系，这是用法律来调节中央和特区关系的明显例证，如果连《基本法》都不认同（“占领中环”的理论前提就是《基本法》是“恶法”），这种关系恐怕只会向着政治调节的方向发展。

从地方政治的角度来观察，中央不接受泛民派提出的“政党提名”和“公民提名”是完全可以理解的。因为现实的香港政党政治格局大致是以“拥护中央”和“反对中央”为分野的，接受“政党提名”，那么香港特首普选就会变成两股势力的大比拼；而“公民提名”则会使香港社会的极端势力高度汇集，在国家安全立法没有实现的情况下，中央存在“顾虑”难道不正常吗?

众所周知，关于行政长官普选问题，人大常委会的《决定》的做出只是整个五步曲中的最关键一步，它奠定了行政长官普选的框架和方向，但在严格按照法律程序推进政改的语境下，政改是否能够顺利推进，仍取决于香港立法会是否能够以三分之二多数通过随后提出的具体方案。也就是说，香港的泛民派掌握着未来具体方案获得通过的关键少数票。

从这一角度观察，中央关于香港政改《决定》的做出实际提升了泛民派在这一问题上的话语权。中央主管香港事务的主要官员新近频频发出“香港泛民派中的大多数也是爱国爱港者”的言论并不是出于政改方案通过的权宜之计，而是为今后泛民派能够和中央理性沟通发出的重要信息。

本次政改，中央的底线是无法改变的，诚意也是显而易见的，广大港人普选诉求是客观存在的，如何切实推进普选，就需要香港的泛民派政治人物以理性思维，充分展示政治智慧。据笔者观察，全国人大常委会副秘书长李飞在解释《决定》中强调了未来香港特首产生办法的普选方向不会改变，而特首梁振英在8月31日的谈话中强调“如今的方案并非终极方案，日后仍有修改空间”。在笔者看来，这显然是要表达政改走出第一步，就有第二步的意图。只要理性处理问题，香港的政治发展还有很大的空间。

（本文原载于《南华早报》2014年9月11日，
原载英文版标题为《内地学者：香港放弃法治 北京就用政治》）

-“占中”是种“人民的无节制行为” -

在“占领中环”事态发展到如此情况下，还以《“占领中环”是一种“人民的无节制行为”》为题写文章似乎没有必要，其实不然。因为“占中”主体——学生是否真的明白这个道理还不一定。这一点可以从他们喊出的口号“公民抗命”中可以看出。

“占中”主要组织者是香港高校中具有极端政治思维的教师。作为教师，其基本职责本应是传业授道，而不是用一种与香港情况完全不符的理论忽悠学生去上街闹事。也正是由于学生并没有真正明白“公民抗命”理论的真实内涵，才会听信组织者的鼓动，才会参加这种不具有正当性的违法的“占中”。

任何人做出任何一个重大行为都是基于其对这一行为具有正当性的认识。当“占中”组织者号称“占中”就是“公民抗命”，这实际上是企图给“占中”的违法性披上一层具有正当性的外衣。在人们对“公民抗命”真实内涵不甚了解的情况下，其蛊惑性就得以显现。

笔者曾在本栏发表题为“剥下占中的理论外衣”一文。由于香港社会政治取向的多元性，可能未引起人们关注。再次提及此事，意在提醒学生，“占中”在性质上并不是“公民抗命”运动，而是一种“人民的无节制行为”，而这种“人民的无节制行为”是一种违法行为，在理论上并不具有正当性。

根据学理，“公民抗命”具有正当性，有两个基本前提：其一是基于制度和法律具有“恶性”，公民抗命具有正当性；其二是基于制度和法律具有“良性”，而当局不能依据良性制度和法律办事，公民抗命也具有正当性。即使在西方的制度环境下，“公民在非常情况下未遵守良法”的行为也不能叫做公民不服从，而是一种违法行为。

从不同角度观察香港社会，我们可以看到对香港社会特征的不同描述。从社会治理的角度看，人们一定会说香港是一个法治成熟的社会。而这种对香港社会特征的描述所反映的是港人对于法治的高度尊重。也就是说，广大港人对于违法的行为是有自觉抵制的能力的。

《基本法》在香港是受到高度尊重的，它作为香港整个法制体系中具有宪制性法律档的地位，是连不喜欢它的人都不得不承认的事实。这点不必赘述。

香港的政治制度是《基本法》规定的，香港社会对《基本法》的高度认同，当然也体现在对香港政治制度的高度认同上。显然，现实香港特别行政区的法制和政治制度并不存在？什么“恶性”问题。笔者9月12日曾在《南华早报》发表一篇文章，其中写了这样一段话：“在中国这样一个集权的单一制国家，中央和地方之间的关系通常是通过政治来调节的，考虑到香港是一个实行高度自治的特别行政区域，中央以《基本法》作为准绳来处理与香港特区的关系，这是用法律来调节中央和特区关系的明显例证”。“如果连《基本法》都不认同（‘占领中环’的理论前提就是《基本法》是‘恶法’），这种关系恐怕只会向着政治调节的方向发展。”陈建民评论说，笔者“完全误解了这场公民抗命行动”。

他称“他并不认为《基本法》是‘恶法’”。由此，我可以明确地讲，作为“占中”发起者的三人之一，他是绝对没有弄清“公民抗争”真实含义的。

本次围绕2017年政改，中央政府依据《基本法》提出了政改的基本框架，这难道是违法的吗？

再看看“占中”三子之一的戴耀廷是怎么阐述“占中”理念的。他在2013年3月15日《信报》发表的题为“公民抗命与民主真义”一文中，明确提出“占中”是要“挑战现行不公义的法律和制度”。4月15日，笔者有幸受邀参加了在城市大学惠卿剧场举办的“香港特区行政长官普选研究论坛”。会上学者们就“占中”的理论问题展开了争论。中国社科院法学所的莫纪红教授对戴耀廷鼓吹“占中”做出了理论反驳，发问道：难道你从事宪法学研究的不知道公民抗命的正当性的前提吗？戴耀廷支支吾吾说，我不是研究宪法学的，我是研究宪政的。莫教授当即反驳道：“宪政不以宪法做依据，怎么搞宪政?”全场哄堂大笑（关于这段争论的实况，香港的电视做了实况转播）。显然，戴耀廷自己也没有弄清楚“公民抗命”的真实内涵。

有人可能认为，“占中”已经到了这种程度，你还在谈论理论问题，这未免有些可笑。其实不然。只有将“占中”的性质说清楚，才能做到名正言顺。“占中”的发起者不是说要搞民主宪政吗?在香港这样一个享有高度自治权的法治社会，只有把道理讲清楚，才能做到以理服人。

民主宪政的核心要义是做出两种限制：即在尊重基本人权基础上对当权者的限制，这种限制的必要性是建立在当政者有可能发生专断性行为的基础之上；另一方面，民主也可能演变成人民的无节制行为，民主滥用所带来的坏处甚至超过专制，因此对于人民的无节制行为也要加以限制。

显然，现在的“占中”行动是一种“人民的无节制行为”，而不是“公民抗命”，希望参加“占中”的学生对此有一个清醒的认识。

对于“占中”发起者，其性质就完全不同，不论他们是真的还是假的没有弄清“公民抗命”理论，以此作为鼓吹“占中”具有正当性的举动，就是一种犯法行为。他们利用学生的情感冲动造成了香港社会的混乱，对此他们必须承担相应的政治和法律责任。

（本文原载于《大公报》2014 年10 月1 日）

- 以“占中”胁迫中央绝不可能得逞 -

香港极端反对派人士发起的“占领中环”，趁学联罢课之际突然启动，香港多处出现混乱。从学联罢课到“占中”启动的全过程看，这完全是一次有组织，有步骤的行为，而在局面出现某种失控的情况下，“占中”发起者则宣布无法掌控。显然，“占中”发起者是在利用学生的冲动，企图达到反中乱港的政治目的。

利用学生达致反中乱港目的

“占中”启动之时，其发起者提出了两项要求：一是全国人大常委会撤回 8 月 31 日决定；二是特区政府重新启动政改咨询，行政长官梁振英必须重新交出反映香港人真实意愿的政改报告，否则，“占中”行动将会升级。这种带有威胁的嚣张举动表明，极端反对派已经完全偏离理性思维。

明眼人都很清楚，香港整个事态的发展是极端反对派有意为之，且发起主动进攻的结果。

早在特区政府启动政改咨询之前，“占中”发起者就先入为主地提出“北京不想香港有真普选的意愿太强，而这些策略（指游行、静坐、绝食和变相公投等）所产生的压力还不足够；因此，要争取香港落实真普选，可能要准备‘杀伤力’更大的武器——占领中环”（戴耀廷语）。从政治博弈的角度看，这种在政治讨论尚未开始之前就做出威吓性举动的做法，是有意封杀理性讨论的空间，目的在于阻止理性讨论的进行。

香港是直辖于中央的一个特别行政区。社会中有不同声音向中央表达，也应当以平和的方式进行，至少从起码的尊重的角度考虑，也应当如此，何况中央与香港是这样一层政治关系。但“占中”的发起者却装着不懂得这个道理，他们以“抗争”的姿态，以威胁的“口吻”不断向中央发起挑战。回归以来，香港社会中有一部分人士往往称中央为“阿爷”（据笔者的理解，这是一种对上级带有某种贬义，却不得不服从的称谓），但骨子里却根本没有尊重中央的意愿。所以他们以“敌对的口吻”向中央表达诉求是其内心真实思维的客观反映。正因此，香港社会有人认为，全国人大常委会 8 月 31 日这个决定的做出是极端反对派“威逼”的结果。笔者认为，从因政改争论而出现的事态看，这种说法是有一定的道理的。

情绪归情绪，暂且不多论。香港社会毕竟是一个成熟的法治社会。《基本法》在香港受到普遍尊重的事实告诉人们，在香港对行政长官普选方式（最核心的是行政长官候选人的提名方式）争议如此之大的情况下，严格按《基本法》所规定的程序办事，恐怕是最理性的做法。因为这个规定产生于 24 年前，且并非针对现实香港社会中任何政治力量，也符合香港法治的社会条件，应该是香港社会最能为绝大多数人接受的框架。

中央正是基于这样一个角度考虑，才对反对派试图摆脱《基本法》轨道另搞一套的做法（要依据所谓“国际标准”搞“政党提名”和“公民提名”）做出了否定，但反对派对 2017 年行政长官普选贴上主观臆断的标签（符合这两种提名方式的普选就是“真普选”，否则就是“假普选”），致使 2017 年特首普选问题的僵局无法突破。尽管如此，中央还是反复与反对派做出沟通，但反对派似乎不为所动。

人大决定绝对不能撼动

全国人大常委会基于香港社会对特首普选的四个共识（即，香港社会形成了对普选的普遍诉求；香港的行政长官普选必须符合《基本法》的规定和全国人大常委会的规定；在香港开展行政长官普选对未来香港的发展稳定具有积极的正面作用；香港特别行政区的长官必须为爱国爱港者），于 8 月 31 日依据《基本法》的相关规定做出了《决定》。从讲道理的角度看，这个《决定》于法有据，政治上在理。即使在《决定》做出后，出于真诚推动香港特首普选，中央还派了相关官员在港做了大量的解释工作，希望香港社会凝聚共识。但“占中”的发起者却另有打算，他们不仅不想满足广大港人对普选的诉求，还趁势加快了乱港的步伐。

“占领中环”事态至此，其组织者是负有不可推卸的政治和法律责任的。学生在政治争议中表现出某种情感冲动是全世界所有国家和地区的一种普遍现象，但企图借学生示威之势来推翻中央《决定》的图谋是无法得逞的，因为它符合最广大的港人利益。值得注意的是，在纷乱的事态中，谣言满天飞，对此我们要保持高度警惕。

（本文原载于《文汇报》2014 年 10 月 1 日）

- 香港民主只有在法治下才能推进 -

香港的“占领中环”行动对市民日常生活和政府运作造成严重影响。对此，香港各界表达了不同的看法，总体来看，市民理性的声音占主导。他们要求马上停止在马路上的集结活动，希望政府和警方采取一切必要行动，尽快恢复社会秩序，让政府和700万市民的工作和生活恢复正常。

从“占领中环”主体人群看，参与者主要是香港高校的学生，而策划者主要是香港高校的两名教师和宗教界的一名牧师。对“占中”持支持立场的是香港的泛民主派议员和部分群众。其提出的政治诉求有两项：一是全国人大常委会撤回8月31日决定；二是特区政府重新启动政改咨询，行政长官梁振英必须重新交出反映香港人真实意愿的政改报告。否则，“占中”行动将会升级（“占中”策划者之一戴耀庭语）。从目前的情况看，出于正常生活需要而要求恢复秩序的呼声甚为强烈。

香港是一个商业社会，香港是一个法治社会，香港是一个资本高度集中的社会，香港是一个自由社会，香港是一个多元社会……这些都是人们从不同角度观察香港社会做出的不同社会特征的描述，但笔者坚信，广大香港市民绝对不希望外界对香港做出这样一种社会特征的描述，即香港是一个过度政治化的社会。

香港是中国中央政府辖下的一个享有高度自治权的特别行政区，其政治发展问题难道中央政府就不应该主导吗？果然如此，香港还是中国的一部分吗？

在2017年行政长官普选中以提名委员会方式产生候选人是不是《基本法》第45条做出的明确规定？如果事实如此，中央坚持这一提名方式难道违反了《基本法》的规定？

民主政治并不是十全十美的东西，只有理性和法治精神浸透于绝大部分社会成员的心灵，才会产生出民主政治所具有的优势，否则就有可能出现民主暴政或民众的无节制性。

香港的“占中”就是一种典型的“民众的无节制性”行为，而这种行为由于妨碍了香港广大社会成员的生活而被定性为违法举动。“占中”策划者叫嚣，要撤销全国人大常委会的《决定》。他们应当想想，这能做得到吗？他们宣称《决定》没有体现香港人真实意愿，可他们能够代表香港合资格投票的500万港人？

“占中”发生后，广大港人在面对社会混乱发出的强大抱怨足以说明他们并不愿意看到香港社会过度政治化，而香港民主政治得以顺利发展只能在法治的条件下才能实现。

（本文原载于中国网，2014年10月6日）

-脱离法治的自由就是暴民行为-

自由是一个相对概念，因此卢梭在《社会契约论》中写下了“人生而自由，但无往不在枷锁之中”的经典论据。孟德斯鸠在论述自由时也强调“自由是做法律所许可的一切事情的权利，如果一个公民能够做法律所禁止的事情，他就不再有自由了，因为其他人也同样会有这个权利”。显然，脱离法治的自由实际上是对他人自由的侵害。香港的“占领中环”运动就是这样一种脱离法治的暴民行为。

香港是一个具有高度自由特性的社会，香港是一个成熟的法治社会，香港是一个商业发达的社会，香港是一个资本高度集中的社会，香港是一个多元社会……，这些都是人们从不同角度观察香港社会做出的不同社会特征的描述，但笔者坚信，广大香港市民绝对不希望外界对香港做出这样一种社会特征的描述，即香港是一个过度政治化的社会。这是因为当一个社会过度政治化，这个社会就会失去理性，失去平稳，更会失去繁荣，剩下的只有纷争和动荡。

“占中”有外部势力作祟

“占领中环”源自于政改争论，参加的主体是涉世不深的学生，而策划者是政治思维极端的教师和牧师，背后深藏的是一群具有某种目的的政客。如果深究，一定有外部势力作祟。

从“占领中环”的政治诉求看，一是要求全国人大常委会撤回 8 月 31 日决定；二是特区政府必须重新启动政改谘询，行政长官梁振英必须重新交出反映香港人真实意愿的政改报告。这两个要求至少反映出“占中”策划者缺乏几个基本常识，且具有破坏法治的图谋。

香港是中国中央政府辖下的一个享有高度自治权的特别行政区，其政治发展问题难道中央政府就不应该主导吗？果然如此，香港还是中国的一部分吗？从政治上讲，作为主权代表的中央对于其属下的一个区域的政治发展问题做出主导的举动是不容做出挑战的。政治上在理是中央做出这一《决定》具有正当性的最核心政治理由。如果不明白这个道理，请复述一下“一国两制”的提法。“一国”在前，“两制”在后。如果需要对“一国两制”再做进一步解释，那就是“一国”是“两制”的前提，“两制”是为了更好地实现“一国”。尊重“两制”体现的是主权者的包容，而敬重“一国”是实行“两制”地区对国家的最基本的政治义务。

笔者曾在论述香港问题时反复强调，香港社会的所有居民在香港回归后要正视中央与香港之间的关系是中央与地方之间的政治关系，忽视甚至漠视这层政治关系，就会出问题。“占领中环”策划者提出的所谓政治诉求错就错在不愿意正视这层政治关系上。笔者试问，通过“占中”这样一种破坏社会秩序的举动就能够改变中央的《决定》？果真如此，中央的权威何在？

在2017年行政长官普选中以提名委员会方式产生候选人是不是《基本法》第45条做出的明确规定？如果事实如此，中央坚持这一提名方式难道违反了《基本法》的规定？笔者曾反复强调香港社会的法治特性，就是要说明香港社会广大成员的心中对于法治具有高度认同性。香港社会的多元性决定了在政改问题上一定是具有多种声音的。这没有问题。问题在于如果政改不依法推进，而社会中的部分成员强制性地将自己的主张以社会多数的名义来强迫其他社会成员接受，这本身就是对其他社会成员自由权利的侵害。

违法行为定要受到惩治

学生作为受教育者是应该懂得这个道理的。学生在政治争议中表现出某种情感冲动是全世界所有国家和地区的一种普遍现象，通过引导，这些学生是一定能够回归理性的，但对于那些企图借学生示威之势来推翻中央依据《基本法》做出的《决定》图谋的策划者而言，其性质就不一样了。由于他们是从事法律教学工作的高校教师，其知法犯法，有意犯法的举动就存在着“罪加一等”的问题。香港社会中有的商家在“占中”造成损失后以法律维权的举动是香港社会法治特性的反映。

在全世界眼中，香港是一个饱受商业理性浸淫的经济社会，其自由特性和法治特性就是基于此。如果过度政治化，香港社会的繁荣与稳定就会受到威胁，戾气就会发酵，香港就不香了，其优势就会丧失殆尽，果真如此，香港广大市民的利益就会受到损失。这符合最广大的港人利益吗?

笔者曾对“占领中环”做出过这样的定性，即“占中”是种“人民的无节制行为”。当“占中”者堵塞交通，社会秩序就破坏了，由此其他社会成员的权益就受到了损害。他们在脱离法治的情况下的确“自由”了，但其他社会成员就不自由了。从这个角度理解，脱离法治的自由就是暴民行为，而这种暴民行为在香港这样一个法治社会是一定要受到惩治，否则香港的法治基础就会受到削弱。

（本文原载于《大公报》2014 年 10 月 13 日）

-内地挺“占中”者，没看懂别乱说-

最近，香港“占中”引起内地民众关注。大多数人对这种破坏社会秩序的违法举动表示愤慨，但也有人在没弄清事实的情况下风言风语，甚至公开支持“占中”。对此笔者做出如下奉劝：不明真相，不可多言！

香港的“占中”源自香港政改问题的争论，其中的原因相当复杂。对此不甚了解就乱发议论，不仅对事情的解决于事无补，甚至可能形成以讹传讹的效应。

在“一国两制”政策框架下，香港的政治发展一定要在中央主导下进行，这是中央与香港的政治关系所决定的。否则，“一国两制”国策中的“一国”就会架空。这不仅不利于国家，也不利于香港社会。

内地人在观察香港时，通常会对这个社会做出不同的特征描述。有人从法制的角度观察，认为香港是一个成熟的法治社会；有人从繁荣程度观察，认为香港是一个高度经济化的社会；有人通过香港的媒体观察，认为香港是一个具有高度自由特性的社会；通过对香港在本次政改问题上出现的争议观察，我们还可以得出这样一个特征描述，即香港是一个高度利益多元的社会。

所有这些描述只是说明香港社会的一部分特性。我们还不能忽视最基本的一点：即香港是中华人民共和国中央政府辖下的一个实行资本主义的地方区域。香港社会的资本主义性质决定了香港的政治制度，正因如此，中央希望在香港有序发展适合香港资本主义制度且反映香港在国家中的法律地位的民主政治。关于香港资本主义民主政治如何发展，早在24年前制定的《基本法》中就做出了明确规定，其中三个原则不可忘记，一是均衡参与，二是循序渐进，三是符合香港社会实际。

全国人大常委会8月31日关于香港普选问题的决定于法有据，政治在理。对于那些试图摆脱《基本法》而另搞一套的做法，中央是断然不能接受的。

学生在政治争议中具有冲动性是全世界都存在的普遍现象，而香港的政治极端人士恰好利用了这一点。“占中”发生20多天来，其对香港社会所造成的损失是全世界都有目共睹的。对此，广大港人心急如焚，理性的呼声越来越强烈。在此情况下，内地极个别人反其道而行之，对“占领中环”这种连香港社会都认定为严重违法的行为表示赞同或支持，不知这些人意欲何为?

中国的国家主体实行的是社会主义制度，其追求的民主不是资本主义形态的民主，而是适合于中国国体和国情的民主。正因如此，中央将“一国两制”政策作为基本国策。如果内地有人想借香港“占中”来肆意发挥，搞乱社会，那他们就打错主意了。

香港“占中”是一场违法的社会运动，这是中央政府、特区政府和香港社会对这场社会运动性质定位上所形成的基本共识，香港社会中因这场社会运动而遭遇损失的商人已经拿起了法律的武器来追究策划者的责任。对此，那些内地风言风语的极个别人懂吗?

（本文原载于《环球时报》2014年10月18日）

-香港“政改”可能陷于僵局-

希望香港行政长官的普选能顺利跨出关键一步，因为本次普选对于香港未来的民主政治发展具有极为重要的意义，有了第一步，就有第二步。香港社会中的泛民派议员当以香港长远发展的大局为重，以理性务实的态度，抛弃历史和现时成见，切切实实做出配合的行动。

8 月 31 日第十二届全国人大会常委第十次会议通过了《全国人民代表大会常务委员会关于香港特别行政区行政长官普选问题和 2016 年立法会产生办法的决定》（以下简称《决定》）。

全国人大常委会作为中国最高国家权力机关的常设机关，其通过的决定是具有法律效力的。从政治上看，《决定》的通过也一定是具有息纷止争作用的。然而，香港社会对此的反应却是相当不一致：赞成者欢呼，认为人大《决定》为香港 2017 年行政长官普选定下了原则，构建了框架，接下来的工作就是逐步凝聚社会共识，务实理性推动行政长官普选，而香港泛民派则大为不满，认为中央连落三闸（确定了行政长官候选人由提名委员会的提名产生办法；规定了候选人的产生须经提名委员会过半数通过；产生的候选人确定为 2 名至 3 名），意在排除泛民派候选人入闸。失落之际，泛民派中的极端人士呼吁所有的泛民派立法会议员联合捆绑，抵制全国人大常委会的决定。这对于香港是否能够实现 2017 年行政长官普选具有至关重要的影响，因为根据现行制度规定，依据全国人大常委会的《决定》所产生的行政长官普选的具体方案是需要经香港立法会三分之二多数通过方能实施，一旦香港的泛民派议员联合否决，2017 年的香港行政长官普选就有可能流产。香港立法会中的泛民派在这个程序中掌握着普选具体方案得以通过的关键少数。

焦点聚集在行政长官候选人的提名方式

关于香港行政长官普选的争论在香港社会已持续多时，而争论的焦点聚集在行政长官候选人的提名方式上。面对出现的这场激烈争论，中央不仅强调严格按《基本法》的规定和《全国人大常委会关于香港特别行政区2012年行政长官和立法会产生办法及有关普选问题的决定》（2007年）办事，即强调由具有广泛代表性的提名委员会提名若干行政长官候选人”，提名委员会的组成方式参照第四届行政长官选举委员会的组成方式，同时还强调了这是在香港通过普选（即提名委员会产生若干候选人后由香港合资格选民一人一票选举）产生的，由中央做出任命的最终的行政长官候选人必须是“爱国爱港”者的政治原则。

而香港的泛民派则认为这种提名方式具有“筛选”功能，中央坚持此种行政长官候选人的提名方式意在阻拦泛民派人士入闸。因此，他们对于中央坚持的行政长官候选人的提名方式明确表示反对，并提出“政党提名”“公民提名”的主张，认为按这两种提名方式产生行政长官候选人才是符合“国际标准”的“真普选”，否则就是“假普选”。泛民派中的极端人士为了给中央施压，早在特区政府开展政改咨询之前，就采取了主动进攻的姿态，提出了要“占领中环”，对中央权威公开发起挑战。

从表面上看，这场争论涉及的是一个选举程序问题，但从实质上看，却是一个严肃的政治问题。其中不仅包含有中央与特区之间的政治关系，部分港人对“一国两制”政策内涵的理解，还包含着某些历史情结。

众所周知，香港社会具有三大特性：高度自由、法制成熟和利益多元。对此，中央不仅谙熟，且对香港回归后可能出现的各种情况也做好了充分包容的思想准备，但再高度的包容也不能突破“一国两制”的底线。

在香港落实“一国两制”的过程中，香港社会不断出现违背“一国两制”精神的杂音，而这些杂音对实现《基本法》所确定的香港政治发展目标产生着干扰。其中，最令人关注的问题之一就是香港社会中有一部分人不愿意正视香港回归后中央与特区之间的政治关系，并利用意识形态的差异，不断干扰中央和香港特区的关系。正是在这样一种背景下，中央历届领导人在香港问题上无不以“严格按《基本法》办事”作为自己的“口头禅”。

香港作为直辖于中央政府的一个特别行政区，虽然其享有中央授予的高度自治权，但这样一个区域性社会及其成员，是否应当承担起对国家的基本政治责任？这是在香港落实“一国两制”政策过程中所必须强调的问题。国家安全立法（即《基本法》第23条立法）的长期被搁置，就是香港社会没有承担起对国家的基本政治责任的明显例证，而泛民派在其中是起着主导性作用的。泛民派之所以能够做到这一点说明，香港是存在着对中国共产党不信任的一定社会基础的。

笔者在对香港社会的研究中注意到，香港社会政治生态的现实状况与移民结构构成某种程度的连系。中华人民共和国建立以来，由于国共内战和建国后历次政治运动的干扰，加之大陆与香港之间的生活水平差异，大量大陆居民逃港。据统计，从1949年至1979年的30年间，逃港人数大约为百万众。他们中既有政治异见者，也有大陆历次政治运动的受害者，更不乏追求较好生活者。粗略计算，由此百万众所衍生的人口至少有近400万之多。从政治社会化的角度来考察香港的政治生态，我们就不难理解这样一些现象：如在香港回归问题上，有相当数量的港人抱有某种程度的所谓态；在国民教育问题上，香港社会存在着巨大阻力。

实现香港的人心回归的障碍

“殖民现代化”问题也是香港社会中部分成员与国家保持“疏离情感”的另一重要原因。在人类的殖民史上，一般情况下是宗主国尽其所能实现对殖民地的搜刮，因此人类的殖民史总体来讲是一部血泪史，在非殖民化过程中，当殖民地走向独立国家时，其社会通常对前宗主国抱有某种“敌视”心理，同时具有当家作主的欣快。然而，英国在建立香港这块殖民地时，并不是以殖民为目的。据历史记载，英国人建立香港这块殖民地的初衷，是将其作为对东亚和中国扩展势力的军港，而后才有了发展香港的念头。从这一点看，香港即使是在殖民地时期，也具有与传统殖民地不同的特征。客观地看，香港的繁荣是以华人为主体的广大港人所创造的，然而我们也不能否认，香港的现代化过程是在英国人的殖民统治过程中实现的。这就是所谓的香港“殖民现代化”过程。

这样一些基本情况的存在，使相当一部分港人在香港主权回归后的国家身份认同问题上存在很大障碍。由此可以推断，实现香港的人心真正回归，不仅是一个长期的过程，而且在相当大的程度上还取决于国家主体在其发展过程中不断体现出各种优势，进而在香港社会形成以国家为荣、以国家为傲的大势。

在香港社会中，有人认为国家主体的选举政治不发达，因此在落实2017年香港行政长官普选问题上，中央才坚持“提名委员会”提名行政长官候选人，而不同意香港反对派提出的行政长官候选人由“政党提名”和“公民提名”的方案，目的在于“筛选”。这种说法实际上是用一种所谓“道德愧疚论”来误判中央对于香港政治发展的立场。在经历了几轮是否符合《基本法》的论战后，双方聚焦于是实行“公民提名”还是“提名委员会”提名行政长官候选人的方式问题上。

英国人在香港殖民统治的150多年中并没有在香港实现现代民主政治的发展，倒是在香港回归17年的时间内，香港的民主政治有了明显的进步，这是中央积极主动一以贯之地推动香港发展民主政治的主张的结果。香港走向“普选”的目标并不是英国人提出的，而是中央在《基本法》中载明，这就是最有力的例证。

鉴于香港民主政治发展的时间较短，中央在本次特首普选问题上强调《基本法》中早已做出规定的“循序渐进”和“符合香港社会实际”的两个原则，这不论从政治上看，还是从法律上讲都无可指责。但香港的泛民派中极端人士在政改咨询之前和咨询期间所做出的激进反应使中央不得不保持高度警惕。全国人大常委会8月31日的《决定》正是在这样一种状况下做出的。目前香港泛民派对这一《决定》所做出的激进回应是香港政改有可能陷于僵局的主要原因。

中央为什么不能接受泛民派的提名方式

有人可能要问，中央为什么就不能接受香港泛民派提出的“政党提名”和“公民提名”方式？在笔者看来主要有这样几个原因：

第一，提名委员会提名行政长官候选人的方式是24年前在《基本法》中明确而清晰做出了规定的程序规则。香港是一个法治社会，国家主体是一个正在走向法治的社会，如果中央不坚持《基本法》规定的程序方式，中央就违反了法治原则。这在香港这个成熟的法治社会是不能得到普遍认同的。严格按《基本法》办事是尊重香港社会法治精神的唯一选择。

第二，提名委员会提名行政长官候选人是确保“爱国爱港”者治港，防止香港社会由于普选而出现社会撕裂所必须坚持的原则。众所周知，“政党提名”是香港泛民派最早提出的符合概念模糊的所谓“国际标准”的提名主张，但在香港社会政党政治大致以“拥护中央”和“反对中央”为分野的格局下，政党提名方式只会演变成“拥护中央”和“反对中央”两大势力的大比拼，这会严重破坏“一国两制”事业。

第三，提名委员会提名具有杜绝极端人士成为候选人的功能。“一国两制”极具包容性，而“公民提名”是香港泛民派积极主张的另一个所谓符合“国际标准”的提名方式，而这种提名方式对于国家安全利益而言，是最可能带来危害的一种方式，因为在香港立法会辜负了中央期望，未能实现国家安全立法的情况下，以此种方式提名行政长官候选人是有可能产生一个与中央对着干的候选人的。对于这样的候选人，中央能够任命吗？如果出现这样的局面，那就会发生人们所指的宪制危机。

第四，提名委员会机制具有防范香港走向民粹主义的功能。民主政治所具有的一个潜在缺陷就是存在着走向民粹主义的可能性，而民粹主义极易导致暴民政治。提名委员会机制体现的是一种制度理性，而这种制度理性源于其组成的多元性。香港是一个资源匮乏，而工商金融发达的地方，要想使之长期保持繁荣稳定就必须正视工商金融界的各种利益。因此，通过具有广泛代表性的提名委员会可以遏制以民主为由搞民粹和无节制的福利主义的趋势。

本次人大常委会做出这个《决定》是在《基本法》框架内的举动，也是基于香港社会对政改咨询以来所形成的四点共识（即，香港社会形成了对普选的普遍诉求；香港的行政长官普选必须符合《基本法》的规定和全国人大常委会的规定；在香港开展行政长官普选对未来香港的发展稳定具有积极的正面作用；香港特别行政区的长官必须为“爱国爱港”者）。如果香港的泛民派对这个决定做出不配合的姿态，香港的“政改”就有停滞的风险。果然如此，这对于包括香港广大市民在内的理性各方而言，无疑都是一种不愿意接受的结果。

笔者真诚地希望香港行政长官的普选能顺利跨出关键一步，因为本次普选对于香港未来的民主政治发展具有极为重要的意义，有了第一步，就有第二步。这是笔者对于未来香港政改前景的基本判断。要做到这一点，就需要香港社会中的泛民派议员以香港长远发展的大局为重，以理性务实的态度，抛弃历史和现时成见，切切实实做出配合的行动。

（本文原载于《瞭望中国》2014 年第 27 期）

为何说香港“占中”不是“公民抗命”而是“港版颜色革命”

关于香港“占领中环”运动的性质判断，人们从不同的立场出发对其做出了不同的定位。大体来讲，有“公民抗争论”和“颜色革命说”，而这两种性质判断，从政治上讲，会有完全截然不同的后果。

“占领中环”的组织者坚称“占领中环”是一场“公民抗命”运动，因为坚持这一性质认定就可以使这场运动涂上“悲壮”且“神圣”的色彩，披上具有“正当性”的外衣，这样就可以更好地鼓动那些并不太懂得“公民抗命”理论真实内涵的人们参与。客观地讲，“占领中环”的策划者和组织者在煽动学生加入“占中”并使“占中”得以延续上是具有某种“成功性”的。如何揭开“占中”的面纱，让更多的香港市民真正看到“占中”的用心和目的，就需要从理论上对这场自称为“公民抗命”的运动进行分析。

香港的所谓“公民抗命”，在西方被称为“公民不服从” （civil disobedience）。“公民不服从”指的是这样一种社会行为，即在一个民主政治社会中，公民个体或群体以非暴力形式，故意以公开的行为违反与自己的政治理念、道德认同和所信奉的宗教不相符的法律、政策或裁定。行为者自愿接受此行为而导致的国家制裁。

在香港的泛民派挥舞着民主大旗，以所谓“正义”“悲切”“勇敢”的姿态表现所谓的“抗命”之时，他们却犯了一个理论货不对板的错误。这就是西方理论中所陈述的“公民不服从”行为的正当性是以现行制度和法律具有“恶”性为前提的。而在香港的现行制度和法律具有充分正当性的前提下，“占领中环”运动是不能用“公民抗争”做理论招牌，来破坏香港法治、繁荣稳定和普选的。也就是说，基于香港现行制度和法律的“良”性，“占领中环”即为一种违法行为，并非“公民抗命”意义上的抗争。

在理清了“占领中环”并非“公民抗命“性质的情况下，我们再看看“占领中环”运动从始至今的变化，从中不难发现“颜色革命”的踪迹。

所谓“颜色革命”指的是21世纪初期以和平和非暴力方式进行的政权变更运动，这些有着明确政治诉求的活动，背后一般都有外部势力插手的因素，经过社会动员，往往导致持久的社会对立和动荡，给执政者构成强大压力。而这种对“颜色革命”的描述恰恰符合“占领中环”运动中的各种要素：

一、“占领中环”的策划者是不是在这场运动的宣言中也宣称“抗争”具有“非暴力”和“和平性”？

二、“占领中环”运动初始提出的诉求（要求中央撤回全国人大常委会关于2017年香港特别行政区行政长官普选和2016年立法会产生办法的决定）和进行过程中提出的诉求（要求香港特别行政区行政长官梁振英下台）是何目的？

三、外部势力是否给予了“占领中环”运动以支持，甚至直接插手“占领中环”运动？对于这种判断，“占领中环”的策划者当然不会承认，但确有各种证据证实了这一点。

四、“占领中环”是否已经给香港社会带来了混乱？由此而产生的对香港社会的伤害是否具有长期性？研究香港问题的多名专家都给予了肯定的回答：“占中”行动对于香港核心价值——法治的破坏是毋庸置疑的。

鉴于香港并非国家实体，而只是中华人民共和国的一个特别行政区，笔者认为，对“占领中环”运动从政治上判断为“港版颜色革命”是具有充分道理的。它虽然无法直接颠覆中央政府，但它提出的“要求梁振英下台”的诉求是十分明确的，而这一点就足以构成“港版颜色革命”性质的核心。

香港是一个成熟的法治社会。对于“占中”的后续处理仍然会以法治的方式进行。不过，对“占中”做出性质定位有助于广大香港市民认清其本质，做出客观理性的选择。

（本文原载于新华社，2014 年 10 月 28 日）

“占领中环”：非“公民抗命”，具“港版颜色革命”之嫌

“占领中环”运动至今已持续一月。其主要组织者和策划者戴耀庭和陈建民已宣布返校复课，但扔下一句话“这不是退场”，似乎还要回来继续这这种违法举动，同时也在考虑所谓的“自首”问题。一切似乎都是在按照“占领中环”宣言书“《公民抗命的最大杀伤力武器》中的步骤进行。乍一看，他们是一种“正义”的化身，使用的是一种无奈之下的“悲凉”腔调，显现出的是一股貌似“勇敢”的气势，摆出的是与现行制度抗争的姿态，大有不达目的不罢休的气度。正是在这种气势的渲染之下，学生们受到了感染。

然而，在所谓“公民抗命”如此闹腾的情况下，他们却犯了一个公民抗争理论运用上货不对板的低级错误。戴耀庭和陈建民作为香港高校从事法学教育的学者，笔者寻思，他们是应该懂得“公民抗争”在怎样的情况下得以运用才具有正当性的基本学理的。这就是制度和法律具有“恶性”为前提，或制度和法律具良性，而当局却不依良性制度和法律办事。

按照戴耀庭的说法，所谓的港版“公民抗争”在“占领中环”过程中所要采取的具体手段是“感召”，以争取民心。怎样实现“感召”民意的效果呢？用戴耀庭的话讲，就是“一群追求公义的公民，透过集体抗法，之后愿意为违法行为承担罪责，突显出行动所挑战的法律和制度的不公义性。当他们因挑战不公义的法律和制度而遭镇压、起诉甚至入罪，社会和政府就会出现分化，人们就会受到感召，不公义的法律和制度就

会瓦解，新的法律和制度就会产生。

然而，从整个"占领中环"运动所产生的实际情况看，其不仅没有实现戴耀庭所谓的"感召"效应，反而引起了广大香港市民中越来越多的愤怒。苦主的起诉，80万人的反"占中"签名，高等法院的禁止令以及强烈要求维护秩序的声音似乎都在淹没"占领中环"者的所谓"呐喊"。

香港社会是一个利益高度多元的社会，也是一个具有高度自由特性的社会，在这样一个社会特性的社会，有各种声音的出现是正常状态。但任何一种声音都无法号称代表香港整个社会，其行为也不能损害他人的自由和权利。

对于香港出现的与中央不同的声音，中央从来也没有压制过，这是香港市民有目共睹的事实，但香港社会要正视其为直辖于中央政府的一个享有高度自治权的特别行政区的政治现实。特首是具有对中央人民政府和香港特别行政区负有双重重大政治责任的职位人选，如果不强调爱国爱港者当选，难道要一个与中央不能同心同德的人担任？笔者认为，从政治上讲，这种情况在任何一个国家都是不会被允许的。从现实情况看，香港的广大市民也是明白这个道理的。

早在2013年1月，戴耀庭就做出了一个先入为主的判断："北京不想香港有真普选的意愿太强，而这些策略（指游行、静坐、绝食和变相公投等）所产生的压力还不足够；因此，要争取香港落实真普选，可能要准备'杀伤力'更大的武器——'占领中环'。"对于这样严重威胁中央的言论，全国政协主席俞正声做出的反应是重申邓小平早年提出的"爱国爱港者治港"的原则，随后全国人大副秘书长乔晓阳发表了谈话，明确了"与中央对着干的人不能担任行政长官"。

特区政府启动政改咨询后，"占领中环"作为泛民"政党提名"和"公民提名"主张的支撑对中央的威胁日益加剧。正是在这样的博弈背景下8·31决定得以出台。试问，香港的极端泛民派，作为一个地方区域的政治势力，你们对中央表现出了基本尊重吗？

值得注意的一点是，"占领中环"运动中的种种表现却酷似21世纪以来所发生的一系列颜色革命基本特征。如，所谓的非暴力性，有明确的政治诉求，背后一般都有外部势力插手的因素，经过社会动员，往往导致持久的社会对立和动荡，给执政者形成强大压力等。

戴耀庭不是在这场运动的宣言中也宣称“抗争”具有“非暴力”和“和平性”？“占领中环”运动初始提出的诉求（要求中央撤回决定）和进行过程中提出的诉求（要求梁振英下台）是不是出现了变化？外部势力是否给予了“占领中环”运动以支持，甚至直接插手“占领中环”运动？对于这种判断，戴耀庭当然不会承认，但确有各种证据证实了这一点。“占领中环”是否已经给香港社会带来了混乱？由此而产生的对香港社会的伤害是否具有长期性？研究香港问题的多名专家都给予了肯定的回答：“占中”行动对于香港核心价值——法治的破坏是毋庸置疑的。

鉴于香港并非政治实体，而只是中华人民共和国中央政府辖下的一个特别行政区，“占领中环”运动显然绝无颠覆中央政府的可能，但其所作所为不能不使人们产生“港版颜色革命”的联想。说它具有港版性，就是因为它有推翻特区政府的企图。

（本文原载于《南华早报》2014 年 11 月 6 日）

- 习大大对香港的指示几个意思？ -

11月9日上午国家主席习近平在人民大会堂会见了来北京出席亚太经合组织第二十二次领导人非正式会议的香港特别行政区行政长官梁振英。在听取了梁振英对香港当前形势和特区政府工作情况的汇报后，习近平做了重要指示，这些指示几个意思?

习大大：特别强调“一国两制”实践要依法保障，目标在于保持香港、澳门长期繁荣稳定，依法保护港澳同胞利益。

香港是一个成熟的法治社会，而国家主体是一个正在走向法治的社会，强调“依法保障‘一国两制’实践”反映出中央为推进国家治理体系和治理能力现代化所做出的努力。

习大大：强调要全面完整准确贯彻“一国两制”方针和《基本法》，这对促进香港长治久安具有重要意义。

习大大这是在表示坚定支持特首梁振英和特区政府依法施政的态度。并对特区政府自“占领中环”运动发生以来特区政府为维护法治权威、维护社会秩序所做的大量工作做出了肯定。

习大大：继续坚定不移贯彻“一国两制”方针和《基本法》，坚定不移支持香港依法推进民主发展的决心。

这是在说香港的民主政治发展问题，也是很多人十分关心的问题。对此《基本法》是有明确规定的。习大大的讲话不仅表达了中央在这一问题上的一贯立场，而且做出了呼吁——“希望香港各界在行政长官梁振英和特区政府带领下，把握历史机遇，依法落实普选，共同谱写香港民主发展新篇章”。

看了习大大这番讲话后，我们可以问自己一个最基本的问题：实行

“一国两制”的目的到底是为了什么？回答：当然是在实现国家统一的前提下，以具有差异性的“两制”方式来实现保持香港社会长期繁荣稳定的目标。

另一个问题：在香港发展民主政治又是为了什么呢？回答：当然还是为了香港长期繁荣稳定这个目标，并使广大市民安居乐业。所以，当有人以破坏香港的核心价值——法治——作为反映政治诉求的手段，进而对香港的长期繁荣稳定带来威胁，这实际上既损害了国家利益，也损害了香港的利益。“占领中环”所营造的过度政治化的氛围只会使香港所具有的强大经济活力得以破坏性消耗。

（本文原载于《央视新闻》2014 年 11 月 9 日）

HK awaits vital year in constitutional reform

This year will go down as an eventful one for Hong Kong. What started as a misreading of Beijing's "One Country, Two Systems" policy for Hong Kong culminated in raucous "Occupy Central" protests. The final site of the protests was cleared by the Hong Kong police on Monday, opening the roads that had been blocked for two and half months.

To clear misunderstandings over the "One Country, Two Systems" policy, the State Council Information Office issued a White Paper titled "The Practice of the 'One Country, Two Systems' Policy in the Hong Kong Special Administrative Region" on June 10. In fact, the White Paper was intended to make clear the existing political meanings of the "One Country, Two Systems" policy and the Basic Law of Hong Kong SAR, which have been in force for more than 17 years.

But some people in Hong Kong misinterpreted it as Beijing's attempt to tighten the SAR's policy. And the most contentious issue became universal suffrage and election of Hong Kong's chief executive (CE) in 2017, especially the nomination process of the candidates.

According to Article 45 of the Basic Law and the decision of the Standing Committee of the National People's Congress, the Hong Kong CE shall be elected through universal suffrage after being nominated by a broadly representative nomination committee in accordance with democratic procedures, and the nomination committee should be formed according to Annex I of the Basic Law. This means the CE should be chosen in 2017 through election-or through consultations held locally-and appointed by the central government.

The central government and the Hong Kong government want to strictly follow the Basic Law and the NPC Standing Committee's decision, while Hong Kong's pro-democracy camp wants the CE candidates to be nominated directly by voters or political parties following so-called international standards, which goes against the NPC Standing Committee's decision as well as the Basic Law.

The NPC Standing Committee's decision came on Aug. 31 after the Hong Kong government submitted a political reform plan. In short, the decision says the number of members, organization and selection method of the Hong Kong nomination committee should be in accordance with that of the election committee for the CE election in 2017. This means the 1, 200 committee members will still represent four sectors of society (industrial, commercial and financial sector; professional fields; labor representatives; and religion leaders) and their ratio will remain the same; CE candidates must get more than half of the nomination committee's votes to contest the election; and the number of CE candidates will be limited to two or three.

The pro-democracy camp reacted strongly to the NPC Standing Committee's decision, alleging that it was an attempt to thwartHong Kong's universal suffrage project for 2017. The protests galvanized into the "Occupy Central" campaign that started on Sep. 28 and lasted two and half months, with the demonstrators and their organizers claiming their protests were for the good of Hong Kong. But the only thing the "Occupy Central" campaign has done is to extract a heavy price from Hong Kong society.

The Basic Law and the system it has helped establish are respected by Hong Kong society, which shows that the "Occupy Central" movement was illegal. Hong Kong is a mature society ruled by law and thus has enough space for political dissent and peaceful protests. But "Occupy Central" was neither, because of its proclivity for violence and intemperate action.

Next year will be crucial for the development of democratic politics in Hong Kong. The second round of political consultations will start in 2015, and the Legislative Council will vote on Hong Kong's constitutional reform project advanced by Hong Kong SAR government. The central government's attitude toward the development of universal suffrage in Hong Kong has been consistent, and Hong Kong residents have reached four agreements on Hong Kong CE's election. Considering Hong Kong's political development, therefore, the pro-democracy camp should abandon its misguided ideas to propel constitutional reform back to the legal system.

(This article was originally contained in *China Daily* 2014 - 12 - 18)

香港面临三个“警惕”与三个“抉择”

今天，香港特区行政长官在立法会发表了2015年施政报告。通览全文，不难发现，特区政府在经历了一场风雨之后仍然保持着清晰的治港思路。这主要体现在施政报告引言中提出的“两个警惕”“三个抉择”上。

香港社会面临的“三大抉择”

施政报告的开头首先对香港的总体形势做出了“充满机遇”的判断，提出了在这种机遇面前香港社会所面临的三大抉择：即，“在政改问题上，我们要在落实普选和原地踏步之间做出抉择；在经济问题上，我们要在发展与停滞问题上做出抉择；在民生问题上，我们要在改革和因循问题上做出抉择”。

香港社会面临的“三大警惕”

施政报告是以香港政制问题作为开头的，提出了第一个“警惕”，即，要警惕偏离《基本法》的主张，并说明了“一国两制”下的两个基本原理（香港特别行政区的权力来源和香港所享有的高度自治的基本性质）和香港普选所应当遵循的基本依据，指出本港的权力来自中央，在“一国两制”下的“自治”是“高度自治”，不是“绝对自治”，更不是随意自治。他指出，一国两制、港人治港、高度自治，是史无前例的体制，没有国际先例，亦没有“国际标准”，要实现普选行政长官，必须符合《基本法》规定和全国人大常委会的相关解释及决定。

施政报告的第二个“警惕”是针对香港社会经济持续发展，全民就业，致使部分人忽视经济发展重要性而提出的。它指出“民生的基础是经济，改善民生的必要条件是发展经济。只有持续的经济的发展，年轻人才可以有更高的收入，政府才可以有更大的财政能力，解决房屋、贫穷、老年和环保问题。特区政府的这种认识是具有长远眼光的。“一国两制”的目标就是要长期保持香港的繁荣稳定。如果香港经济不能持续稳定发展，长期繁荣是不可能的，香港就“不会香了”。

施政报告中的第三个“警惕”是针对港大学生会官方刊物《学苑》提出的。2014 年 2 月该刊物以《香港民族命运自决》出版封面专题，2013 年也编印一本名为《香港民族论》的书，鼓吹香港“寻找一条自立自决的出路”。对此种危险论调，梁振英提出，不能不警惕《学苑》和其他学生，包括“占中”学生领袖的错误主张。他明确要求与学运领袖有密切关系的政界人士对此劝阻。梁振英指出，青年学生向往民主，关心政制发展值得肯定，大学生是社会未来栋梁值得爱护。正因此，对大学生更要“是其是，非其非”，引导他们充分了解国家与香港之间的宪制关系，使政制发展的讨论不致缘木求鱼。

梁振英不回避现实，在施政报告中勇敢面对各种问题并阐述特区政府应有的立场。

（本文原载于《央视新闻》2015 年 1 月 14 日）

政改第二轮咨询：三个重要表述受关注

2014年，香港经历了一场猛烈的政治风雨，风雨之后是否能见彩虹？至今仍然还是一个具有变数的问题。

围绕行政长官普选问题，特区政府于2014年12月4日启动了为期5个月的第一轮政改咨询。这五个月中，香港社会发生了甚为尖锐的意见分歧。大体而言，中央政府、特区政府和大多数香港市民和社会团体强调要依据《基本法》和全国人大常委会的有关决定落实行政长官普选，而香港的泛民主派则要求依据所谓的“国际标准”开展普选。双方争论的焦点集中在行政长官候选人的提名机制上。前者要坚持《基本法》中规定的提名委员会提名方式，后者则强调依据“政党提名”“公民提名”产生行政长官候选人。

在这种激烈争论僵持的过程中，3月6日全国人大常委会委员长张德江借全国人大开会之际，明确重申了中央在香港民主政治发展问题上的一贯立场：坚定不移地支持香港根据《基本法》循序渐进地发展民主；行政长官普选制度要符合香港的实际情况，符合香港《基本法》的规定，行政长官要符合爱国爱港标准。

4月13日，主管港澳事务三位主要官员，国务院港澳办主任王光亚，全国人大常委会港澳《基本法》委员会主任李飞和中央政府驻港联络办主任张晓明在上海与香港特区立法会访问团举行了座谈。

其间，王光亚强调，按照《基本法》的规定，推动此次政改顺利走完“五步曲”，实现2017年行政长官普选，是中央政府、特区政府、全体立法会议员和广大香港市民共同的责任；而李飞则更多地解释了为什么要采用提名委员会提名行政长官候选人。他明确指出，提名委员会提名机制至少可以降低三方面的风险：降低政治对抗的风险；降低宪制危机的风险；降低民粹主义的风险。有关“公民提名”“政党提名”“立法会议员提名”等主张，意图取代提名委员会或者架空提名委员会，是要改变和削弱《基本法》明确规定的唯一行使提名权的提名委员会的法定地位，这些都是不符合《基本法》的。

张晓明则呼吁道，在香港社会内部以及香港社会与中央政府之间理性沟通、凝聚共识，是香港政改取得成果、2017 年顺利实现行政长官普选的必由之路。香港的泛民派似乎不为这些苦口婆心的劝告和提醒所动，仍然坚持与《基本法》和全国人大常委会相关决定和解释相背的提名机制。

基于香港发展的大局和香港大多数市民对普选的诉求，特区政府于 7 月 15 日向全国人大常委会中央提交了政改报告。8 月 31 日全国人大常委会做出了《全国人民代表大会常务委员会关于香港特别行政区行政长官普选问题和 2016 年立法会产生办法的决定》。其中，包括了 5 个方面的内容：其一，从 2017 年开始，香港特别行政区行政长官选举可以实行由普选产生的办法；其二，香港特别行政区行政长官选举实行由普选产生的办法时：（一）须组成一个有广泛代表性的提名委员会。提名委员会的人数、构成和委员产生办法按照第四任行政长官选举委员会的人数、构成和委员产生办法而规定。（二）提名委员会按民主程序提名产生 2 名至 3 名行政长官候选人。每名候选人均须获得提名委员会全体委员半数以上的支持。（三）香港特别行政区合格选民均有行政长官选举权，依法从行政长官候选人中选出一名行政长官人选。（四）行政长官人选经普选产生后，由中央人民政府任命。其三，行政长官普选的具体办法依照法定程序通过修改《中华人民共和国香港特别行政区《基本法》》附件一《香港特别行政区行政长官的产生办法》予以规定。修改法案及其修正案应由香港特别行政区政府根据香港《基本法》和本决定的规定，向香港特别行政区立法会提出，经立法会全体议员三分之二多数通过，行政长官同意，报全国人民代表大会常务委员会批准。其四，如行政长官普选的具体办法未能经法定程序获得通过，行政长官的选举继续适用上一任行政长官的产生办法。其五，香港《基本法》附件二关于立法会产生办法和表决程序的现行规定不做修改，2016 年香港特别行政区第六届立法会产生办法和表决程序，继续适用第五届立法会产生办法和法案、议案表决程序。在行政长官由普选产生以后，香港特别行政区立法会的选举可以实行全部议员由普选产生的办法。

对于中央的上述决定，香港的泛民派议员表达了强烈的不满，除表示要集体捆绑否决未来特区政府提出的普选方案外，积极鼓动实施早已筹划的“占领中环”运动，矛头直指中央。9 月 28 日“占领中环”运动在极端泛民派的推动下展开，其明确的口号是“中央撤销 8·31《决定》”，“我要真普选”以及“梁振英下台”，并”持续了 79 天。其对于香港现实所造成的严重冲击自不待言，而对于香港社会未来所存在的潜在深刻影响也有待评估。

在这样一种社会政治氛围内，香港行政长官普选的前景人们是不可能表示乐观的。的确，制度的规定是实实在在的，根据《基本法》和全国人大 8·31《决定》，香港立法会若不能以三分之二多数通过未来特区政府提出的政改方案，行政长官的选举是无法突破原来的选举框架的。

香港社会中对中央在香港发展民主政治的诚意抱怀疑态度的大有人在。“占中”清场后，香港社会对是否还有必要开展政改第二轮咨询提出了疑问，因为泛民派迄今为止态度似乎并没有出现松动的迹象。然而，香港市民中对于“袋住先”的支持度有了明显的增长，如果香港立法会泛民派议员刻意表现出不理性，2017 年行政长官普选的方案可能会流产。这会使香港广大希望政改前进一步的市民极度失望，而与此同时，香港的泛民派立法会议员也面临着相当程度的政治压力。

正是在这样一种两难的背景下，特区政府于 2015 年 1 月 7 日启动第二轮政改咨询，为期 2 个月。“2017 机不可失”既作为咨询文件的主题，也作为其宣传片的主打口号。显现出特区政府希望推动 2017 年特首普选的决心和诚意。特区政府提出这一口号十分重要，它与 8·31《决定》后全国人大常委会副秘书长李飞先生所做出的解释遥相呼应，即抓住了这次机会，行政长官的产生方式就向着不可逆转的普选方向迈出了关键的一步，而这一步能否迈出取决于香港泛民派议员能否做出配合的举动。这的确对香港社会是否能够发挥智慧和体现理性提出了考验和要求。

这里所讲的“理性”至少包含有两层意义。第一，全国人大8·31《决定》是不可更改的，因为它体现的是主权代表者的意志，也是现实香港讨论政改问题的基础。关于这个原理，《白皮书》已经阐述得十分清楚。香港作为中国的一个特别地方行政区域有推翻这一《决定》的权利和能力吗？答案当然是否定的。既然如此，就必须理性面对；第二，香港社会广大市民对于实现2017年普选的政治诉求是客观存在的，如果泛民派立法会议员执意对抗8·31《决定》而否决特区政府在宪制框架下提出的政改方案，实际上是否决了500万香港合资格选民的诉求。果若如此，香港民主政治发展可能在相当时间内会出现停滞不前的局面，泛民议员也要为此承担不可推卸的历史责任。既然如此，香港的泛民派议员何不以理性方式在“袋住先”与“做出否决”之间做出理性选择？

毋庸讳言，提委会提名机制相对于泛民议员主张的提名方式在民主程度上要低一些，但在国家安全立法在香港社会长期被搁置的情况下、在香港政党政治呈现出以拥护中央和反对中央为分野的情况下，中央能够接受这样的方式吗？何况《基本法》对在普选中实行提委会机制是有明确规定的。

笔者注意到，在8·31《决定》出台后不久，且在泛民议员做出要联手否决政改方案的姿态后，梁振英在多个场合表示，“可能这次方案并非某些人心中的理想方案，没有人可以说，日后不能修改。日后如需要修改优化方案，可再次启动政改五部曲”。在笔者看来，这是没有引起香港社会足够注意的一个重要信息。如果将李飞主任提出的“行政长官普选的方向不可逆转”，梁振英提到的“日后有优化空间”和特区政府是次政改咨询的口号“2017机不可失”结合起来看，香港的政改前景是具有宽阔空间的。

然而，现在的关键问题是：香港的政改必须先迈出关键的一步！因为这第一步是未来迈出第二步的基础。

（本文原载于《紫荆》2015年2月号）

- 香港的民主政治必须有序发展 -

香港反对派组织“民间人权阵线”近日宣布，2 月 1 日将在香港举行原本计划在元旦实施的大游行。其主题为“不要假民主，我要真普选”。其组织者宣称将有 5 万人参加。这是香港在经历了 2014 年 9 月 28 开始，且持续长达 79 天的“占领中环”运动后，香港反对派组织首次发起的新的街头政治运动。

“不要假民主，我要真普选”的口号，并不是什么新的要求，而是自香港普选问题摆上台面以来香港反对派就一直用以抹黑香港有序发展民主政制做法的口号。在全国人大常委会 2014 年 8 月 31 日对香港政改问题做出《决定》之后，这一口号成为“占领中环”运动的核心”政治诉求“。

香港是一个法治社会，也是一个讲道理的社会。在这样一个大的背景下，对存在争议的问题展开辩论才有意义。否则，只会陷于一种混乱或毫无意义的争斗。对于香港的行政长官普选我们必须搞清楚三个基本问题。

第一，什么是普选的“真”与“假”的标准？世界各国到底有没有统一的标准？

香港反对派认为，香港的特首普选程序中要采用“政党提名”“公民提名”的提名机制就是“真”普选，否则就是“假”普选，并将这种提名机制归为全球统一的“国际标准”之中。这完全是一种无常识的主观臆断。笔者曾多次撰稿在各类媒体阐述在世界各国实行普选时所采用的不同提名制度，以此说明提名机制的不同并不能用以判断普选“真”与“假”的标准，只要制度安排上不是等额投票，即有两名以上候选人参与角逐，就是一种具有竞争性的民主选举。请读者注意。对于香港2017年的特首选举，我们称之为普选，何为普选呢？就是要体现选民投票权的普遍性和平等性的选举。如果在选举中所有合资格选民都能做到“一人一票，同票同值”，这就是全球认定的普选标准。对照这一标准，香港2017年行政长官的选举方式就是真普选。

第二，香港在国家中的法律地位如何？2017年的香港行政长官普选是属于什么性质的选举？众所周知，中国恢复对香港行使主权后，香港就是中国中央政府辖下的一个特别行政区，这是任何人都不可否认的基本事实。中国是一个高度集权的单一制国家。在这样一种国家结构下，中央和地方的政治关系是十分明确的。香港回归后，考虑到香港情况的特殊性，中央运用“一国两制”政策使香港保有与国家主体不同的社会制度，生活方式，并通过授权方式使香港享有高度自治权，尽管如此，这并没有改变中央与香港之间是中央与地方之间的政治关系。正因为如此，中央对于香港的政治发展问题具有毋庸置疑的主导权。如果香港社会对这一基本问题都表示出疑义，那就等于缺乏对“一国两制”政治内涵最基本的理解。2017年的香港特首普选是中国的一个地方区域的政治选举，中央对此做出决定，是一种尽责任的政治行为。从政治上讲，香港社会是不应该出现挑战主权代表者行为的举动的。8·31《决定》出台后，香港的反对派以街头政治性质的“占领中环”运动对中央《决定》发起挑战，这不论在政治上讲，还是从法律上看，都是不具有正当性的。

第三，作为宪制性法律的《香港特别行政区《基本法》》是不是对香港行普选的提

名程序做出了明确的规定？中央的《决定》是否符合《基本法》的规定？如果这两个问题的答案是肯定的，那就说明香港反对派对中央做出的施压行为是一种违法行为。毋庸讳言，从民主程度上讲，“公民提名”的提名机制相对于提名委员会的提名机制而言，民主程度的确要高些，但在香港社会对提名机制存在尖锐分歧的情况下，依法办事恐怕是一种体现香港社会最大公约数的唯一方式。再者，香港回归后，其社会是否承担起了对于国家的基本政治责任？国家安全立法的长期被搁置，国民教育问题上出现的重大风波，“占领中环”运动的发生，诸如此类事

情都在提示着中央，香港的民主政治必须依法有序发展。否则，“一国两制”的目标可能受到威胁。

对于“民间人权阵线”组织的游行，笔者觉得需要做出如下劝告：中央听到了香港社会对于政改的不同声音，民主政治是要讲规则的，而脱离规则的民主只会是“人民的无节制”。《基本法》和全国人大的决定就是香港社会有序发展民主政治的规则。

（本文原载于China Daily 2015年2月2日）

HK political reform subject to Basic Law

Hong Kong opposition Civil Human Rights Front organized a march themed "We want real universal suffrage rather than pseudo democracy" on Sunday, which was the first street protest in the city after last year's 79 - day "Occupy Central" movement.

Since the discussion on universal suffrage began in Hong Kong, opposition groups have used slogans to negate the development of a democratic political system in the city. In fact, "Occupy Central" leaders used such slogans as their core "political appeal" to demand universal suffrage in the election of Hong Kong's chief executive (CE) .

Discussions on Hong Kong CE election should be under the premise that Hong Kong, as a society, respects the rule of law and must focus on three basic questions.

First, what is the criterion for universal suffrage? Is there an international unified criterion for it? Hong Kong opposition groups assume that only allowing parties to nominate their candidates or individuals to contest the CE election is real universal suffrage. They also say this is the international criterion. This argument is a subjective assumption that belies common sense.

The difference in nomination mechanisms is not the criterion for "true" or "false" universal suffrage. As long as just one candidate is not nominated to contest one post, it's a competitive democratic election. Beijing has vowed to adopt universal suffrage for the 2017 Hong Kong CE election to demonstrate the universality and equality of voters' rights. If all the qualified voters have equal right to vote and the election guarantees "one-person, one-vote", the Hong Kong CE election will be an example of universal suffrage.

Second, what is Hong Kong's legal status as part of China and what is the nature of the 2017 Hong Kong CE election? Hong Kong is a Special Administrative Region of China. The Chinese central government implemented the "One Country, Two Systems" policy after Hong Kong's reunification with the motherland in 1997 and granted it special status, under which Hong Kong enjoys a high degree of autonomy in economic and political matters.

But that doesn't change the political relationship between the central government and Hong Kong: the central government has an undisputed guiding role to play in Hong Kong's political development. If anyone questions this basic fact, it would only show that he/she lacks even the basic understanding of the political meaning of "One Country, Two Systems" policy.

The Hong Kong CE election is a regional election for China, on which the central government has to make certain decisions. After the National People's Congress Standing Committee made a decision on Hong Kong's political reform on Aug. 31, 2014, the city's opposition groups launched the "Occupy Central" movement to challenge it, a move that lacked political or legal basis.

Third, does Hong Kong's Basic Law clearly stipulate the nomination procedure for universal suffrage? If not, the Hong Kong opposition groups' tactics to pressure the central government on universal suffrage is illegal. And does the central government's decision conform to the Basic Law? Yes, it does. But since there is a sharp difference in Hong Kong society on the nomination mechanism, abiding by the law is the only way to reach consensus.

The developments on the education front in Hong Kong and the "Occupy Central" movement have made it all the important for the central government to ensure that Hong Kong's democratic politics develop orderly according to the law; otherwise the very purpose of having the "One Country, Two Systems" policy will be defeated.

The central government has followed the rules to hear different voices on political reform in Hong Kong, which should also make pan-democratic forces in the region respect the rules. And the Basic Law and the decision of the NPC Standing Committee are the rules for the development of democracy in Hong Kong.

(This article was originally contained in *China Daily* 2015 - 02 - 02)

- 取消香港自由行，行不行？ -

近日，大陆和香港社会关于“自由行”问题的言论多了起来，显然是“香港自由行”出现了一些问题。两地极端思维者在面对这个问题时都放出了狠话。有的要求“取消‘香港自由行’”；有的发出了“内地人从此不要到香港去购物”的呼吁；还有的提出“取消内地对香港的供水，供电，农副产品和天然气”的主张。这些都是不负责任的言论，从小的方面讲，不利于两地人民之间的情感融合，从大的方面看，有破坏“一国两制”事业之嫌。“一国两制”是在“一国”前提下充分包容差异的制度设计，如果一出现问题就用极端思维去考虑问题，就会破坏“一国两制”事业。两地民众之间交往中出现的问题，理性处理甚为重要。

“香港自由行”政策的出台是中央政府应特区政府请求，以国家的全局发展考虑做出的决策。其原意是为香港好，有利于两地民众情感融合。事实也证明了这一政策的出台对于香港整体经济的支持作用。关于这一点是所有发表极端言论者都必须搞清楚的。

如何有序增加两地交流才是解决问题的理性思维

如果说“香港自由行”的开放引起了某些问题也犯不着极端言论者大呼小叫，因为这是在“一国两制”条件下两地民众保持正常交往所应当有的常态。“一国两制”难道是要限制两地民众之间的交往吗？如果是这样一种思维，那就大错特错了。中国改革开放三十多年，强调的就是要增加人民与外部的交流，何况在这个过程中香港实现了回归祖国的过程，在这样一种情况下，所要考虑的不应是隔绝两地的交流，而是如何有序地增加两地的交流。这才是解决“香港自由行”中所出现的问题的理性思维。

“香港自由行”的核心问题是“水货客”问题

细细观察“香港自由行”中出现的问题，其核心是“水货客”问题。如果认识到这个问题的症结，稍稍调整政策即可解决。中央和特区政府有智慧，有能力对”自由行“政策做出适度调整，以保障“自由行”的有序性和持续性。

大陆有人不理解，香港是一个发达的商业社会，商家应该是希望顾客越多越好，哪有商家怕被买空的？原理上是如此，但深港两地居民不受限制的一日多次往返，会使人钻“自由行”政策的空子，“水客生意”兴旺起来，且对香港普通市民的生活秩序构成了一定影响。客观地看，“自由行”政策稍做技术性调整，就会使这一问题的严重程度大大缓解。

“香港自由行”的开放使香港社会不同利益主体受益不均的问题倒是一个需要研究的深层次问题，在中央给予“优惠”政策的情况下，如何使香港社会不同利益主体均衡受益是特区政府需要研究的。

不具理性的普通民众极端言论虽然是一种情绪的发泄，但在网络如此发达的今天可能具有很坏的放大效应，我们不能采取不理不睬的态度。对于有人试图利用这一问题而毒害两地关系的举动，我们应当保持高度警惕！

（本文原载于《央视新闻》2015 年 2 月 28 日）

- 涉港极端帖有毒，别跟风起哄 -

香港和内地具有共生性，而这种共生关系决定了两者须臾不可分离。然而，近段时间，内地与香港社会中的极少数人借香港“自由行”问题上出现的龃龉，在网络上发布一些不负责任的帖子，其言论之极端，对两地人民情感融合具有现实和潜在的毒害作用。这在现今网络如此发达的情况下是绝对不容小觑的。如不加以制止，小则不利于香港与内地未来的交流合作，大则不利于“一国两制”方针的实施。

在处理内地与香港关系的问题上，我们必须弄清楚最基本的一点是，中央在香港实行“一国两制”方针政策要解决的最核心问题是什么？当然是国家统一问题，而基于国家统一为前提的“两制”治理方式当然要体现“包容”。为了说明这种包容的限度，中央的表述是“求大同，存大异”。

那么，为实现国家统一而在香港实行的“一国两制”方针是应该阻隔内地与香港两地社会民众之间的交往，还是应当增进民众之间的交往？当然是应当采取后一种政策取向。尽管“两制”体现了各种各样的差异，但香港已经是国家的一部分，香港的利益与国家的利益密不可分，高度一致。正因如此，在香港实行“一国两制”的政策目标是“要保持香港的长期繁荣稳定”。当年“香港自由行”政策的推出正是基于这一大的政策目标的考虑。

两地民众交往多了，必然会产生各种矛盾。这本是两地民众正常交往中的正常现象，只需通过政策上的技术性调整即可解决。但这些问题却被网络上出现的极端帖子无限放大。“取消自由行论”“不要去香港购物论”“取代香港论”“断水断电，断供应论”“谁依靠谁论”等帖子使一个原本简单的问题复杂化，并有蔓延的趋势。

有人可能提出这样的问题：为什么这种极端帖子在网络世界有一定“市场”？这个问题的答案一定十分复杂，但仅就所谓“市场”而言，有两点是可以肯定的：一则是无政治意识的凑热闹者居多。这些“凑热闹者”实际上是不太明白这些极端帖子内容所具有的潜在危害性的，只是无心地跟着起起哄而已；二则是极端帖子内容的真心认同者。这部分人的数量其实并不大，其中真正同时了解内地及香港实际情况者少之更少。当然，也不能排除有意离间两地关系者的存在。对于这些人的动机，应当保持高度警惕！

“一国两制”是一项基本国策，而这项基本国策是不可轻易改变的。在这样一种框架下，可以预料到的是，香港和内地居民之间的交流只会增多而不会减少。其中，出现这样或那样的问题在所难免。对于这些问题，只要我们本着“唯愿国家好”“唯愿香港好”的态度，是完全可以通过理性方式加以解决的。

香港“自由行”不是是否需要“取消”的问题，而是一个如何变得“有序”的问题。对于目前“自由行”中出现的问题，中央出台相关的技术性政策调整，是可以预期的。

（本文原载于《环球时报》2015 年 3 月 9 日）

无须揣摩“一国两制”政策变不变

香港社会有一个毛病，即只要内地有一点风吹草动，香港社会就会提出“一国两制”会不会“变”的疑问。这种社会心态的确反映出很多问题，也带来了一系列的麻烦。

就中央的角度考虑，从实现“一国两制”这样一项重大政策的根本目标——保持香港长期繁荣稳定——考虑，香港社会出现的任何不利于这一政策目标实现的顾虑，中央都是希望做出澄清的，正因为如此，中央历代领导人总是在不同的场合不厌其烦地重申“一国两制”不会变。“严格按照《基本法》办事”几乎成为中央领导人在发表对港政策问题上的“口头禅”，只要没讲到位，香港社会就会议论纷纷。

例如，2014 年 3 月 5 日李克强总理在全国人大会议上做《政府工作报告》中再次阐述了中央对实行“两制”地区的政策，当中提及：“我们将坚定不移贯彻‘一国两制’方针，全面准确落实《基本法》，保持香港、澳门长期繁荣稳定。支持香港特别行政区、澳门特别行政区行政长官和政府依法施政，大力发展经济、有效改善民生、依法推进民主、维护社会和谐。进一步扩大内地与港澳合作，促进港澳自身竞争力提升。在国家全面深化改革和现代化进程中，香港、澳门一定会实现更好发展。”

对于李克强总理在《政府工作报告》中有关港澳政策的这种表述，香港社会又有人起了疑心：“为什么李克强的《报告》只提及贯彻“一国两制”方针，全面准确落实《基本法》，保持香港、澳门长期繁荣稳定，而“港人治港”、高度自治等表述不再提及，“巩固香港国际金融中心、物流中心”等内容也不再强调？这是否意味着中央对港的支持力度会减弱？甚至会否令香港被“边缘化”。但相关“港人治港”字眼，今年的政府工作报告又一次出现，又有一些人就此做出类似议论。

对于香港社会中的这种“疑问”心态，从政治上观察，是香港社会中仍有部分人对“一国两制”缺乏透彻的理解，对中央缺乏起码的信任，更担心过去一年中香港社会所发生的那场政治“风雨”引发某种后果；从国家发展的大战略上讲，这些疑问的出现反映出香港社会中有一部分人缺乏对国家主体发展大战略的起码了解。

在笔者看来，“一国两制”已经不存在“变”与“不变”的问题。对于这一问题的观察应当建基于三个方面的观察上：

其一是“一国两制”早已作为一项基本国策被确定下来。国策是可以随意做出改变的吗？为了强调“一国两制”的重要性、长期性和不可随意更改性，国家历代领导人都反复强调“一国两制”是一项基本国策。这种情况表明，“一国两制”具有政治上和法律上的双重保障。

其二是25年前，当《香港特别行政区《基本法》》诞生，“一国两制”就从一种政治承诺转变成了一种制度安排。政治承诺是可以随着政治形势的变化而变化的，而制度安排在《基本法》的条文没有做出任何变化的情况下，是一定保持不变的。

其三是“一国两制”的实施使中国的国家结构出现了一些变化，而这种国家结构的变化又反过来巩固了“一国两制”作为基本国策的地位。“一国两制”政策实施后，在中国的国家结构中出现了“国家整体”“国家主体”和“国家部分”的概念。对此，西方学者敏鋭地察觉到了这一点，并对中国实施“一国两制”后的国家结构特征做出瞭如下描述：“中国是一个具有某种联邦制特征的单一制国家”。对于这个定义的精确性和准确性虽然学界尚存争议，但“一国两制”所带来的变化是一个不争的事实。

由此，我们有充足的理由提醒香港社会：没有必要再揣摩“一国两制”的“变”与“不变”的问题了。如果说香港社会在2014年中围绕政改问题出现了“杂音”，那是香港社会对“一国两制”理解得不够全面而准确的结果。至于香港社会发出的是否会“边缘化”的担忧，请香港市民了解国家发展的大战略，并认真体会中央提出的“一国两制”的目标是什么。

（本文原载于大公网，2015 年 3 月 17 日）

-维护“一国两制”宪制秩序-

第二轮政改咨询已经结束。依据制度规定，下一步将由特区政府提出政改具体方案交由立法会表决。为了落实香港特首普选，3 月 4 日，张德江委员长在港澳地区全国政协委员联组会上发表了讲话，重申了中央对于香港民主政治发展所持的一贯立场，受到香港社会各界高度关注。在笔者看来，这是中央顺应香港主流民意，力争落实香港行政长官普选而向香港“泛民”议员做出的一种既坚持原则又充满诚意的，既体现中央主导也不乏灵活性的“喊话”。

然而，“泛民”议员却做出了联合捆绑、坚决抵制的姿态，扬言一定要否决依据全国人大常委会 8・31 决定提出的政改方案。对于“泛民”议员这种与中央对抗的姿态，香港社会有很多议论和批评。正是在这样一种情景下，全国人大常委会副秘书长、《基本法》委员会主任李飞取消了拟定四月初来港的计划。对此，香港社会无不为特首普选的前景担忧。因为实现特首普选对广大香港市民而言是一件极其重要的事情。笔者是真诚希望 2017 年香港特首普选能够顺利实现的，在此发表对香港普选应然前景的一点看法。

捆绑举动拉开对抗架势

“泛民”议员联合捆绑的举动，颇有拉开架势与中央意图长期对峙的架势。从理性角度观察，这种举动具有政治上的不智性。

中国恢复对香港行使主权后，香港在政治上和法律地位上是不是变成了中华人民共和国的一个特别行政区？如果承认这样一个基本的政治前提，“泛民”议员就应当正视中央对于香港政治发展的主导权。这是“一国两制”条件下的基本政治逻辑。“泛民”议员联合捆绑举动的不智之处在于，它既在名义上公开了要与中央对香港政治发展主导权相对立的意图，进而使自己陷于不义境地，又有可能封杀本可以通过对话来寻求办法解决问题的空间。

在“一国两制”的政治安排下，香港作为国家的一部分，其政治发展问题仅仅是“高度自治权”范围内的事情吗？显然不是。关于这一点，经过长时间的争论和澄清，香港社会在中央对于香港政治发展具有毋庸置疑主导权的问题上是有共识的。“泛民”议员在本次政改问题上所展示的上述姿态，从政治上看，虽然本质上是否定中央主导权的举动，但至少还没有这个胆量公开否认中央的主导权，而只能通过“不同意权”来做出一种威胁的姿态。从政治博弈的角度观察，这是为获得某种要价的一种策略，关于这一点，香港媒体有很多说法。从法律层面看，“泛民”的举动并不违法，只可能对香港社会造成深刻的政治影响，显现出政治上的不成熟性和不正确性。基于这种判断，开展对话，寻求方法落实普选还是有可能性的。不过“泛民”作为博弈的一方不应该彻底封杀对话空间，否则带来的政治后果是很严重的。

在政改上中央有主导权

香港政改出现这种僵局，就政治本质而言，还是“泛民”议员在骨子里不愿意正视“一国两制”中应然的政治逻辑。通俗一点讲，就是中央与香港到底是一种什么政治关系。关于这一点，2014 年 6 月 10 日中央发表“一国两制”白皮书后，香港社会中的一部分人做出的强烈反弹就足以说明问题所在。

在 2017 年香港特首普选问题上，中央领导人不厌其烦地重申真心推进特首普选的政治意愿并尽力阐述中央在香港发展民主政治问题上的一贯立场，可谓用心良苦。在中央的立场十分明确的情况下，如果“泛民”议员仍然质疑中央在这个问题上的决心和意志，并在行动上做出联合“否决”的举动，那只好直截了当地问一句：你们承认中央在香港发展民主政治上具有主导权吗？如果对这个问题给出肯定的答案，就应当创造条件在8·31决定框架下营造气氛开展对话，而不是做情绪化的表达。如果对此问题给出否定的答案，那么就需要在另外一个政治层面上谈问题了。

其实，“一国两制”之下，如果“泛民”议员能够真正理性正视中央与特区的政治关系，并从“一国两制”的应然政治逻辑来思考问题，香港的政改也不会走到今天这样一种“僵局”。

在“一国两制”条件下，的确存在着一个如何处理好中央和香港之间关系的问题。对于这一关系中必然客观存在的各种问题，如若采取视而不见或回避态度，都是不正确的。从严格意义上讲，在“一国两制”开始运作后，中央与特区之间这样一种新型中央与地方的政治关系的调节，本应更多地采用政治调节手段（这里并非所指政治打压或政治攻击，而是指认真理解“一国两制”和《基本法》基础上的政治互动），因为政治调节手段柔性较大，可张可弛。可香港回归后，两者关系的调节却更多地体现在法律手段上，而法律手段调节的缺点是刚性过大，柔性不足。

那么香港回归后，为什么中央与特区关系的调节大多体现在法律层面呢？其中的原因甚为复杂，但有一点却是十分清晰且重要的，即国家主体的法治程度与香港社会法治程度存在差距（笔者通常描述两者法治程度差异的一句话是：香港是一个法治社会，而国家主体是一个正在走向法治的社会）。正是基于此，香港社会总是担心政治调节手段的随意性可能带来不利于香港实现“高度自治”而希望中央信守法治。这种情况反映出来的问题是，香港社会有一部分政治人物对中央缺乏基本的信任，并因此对中央涉及香港的一举一动抱有怀疑和抗拒的心态。

否决方案违背法治传统

当然，我们并不能否认国家主体在“人治”问题上的确出现过严重的失误，对此中共对人治存在的问题进行过深刻的反省，并将“依法治国”作为基本国策。习近平就任国家主席后，将“依法治国”的国策做了进一步提升，明确提出“全面依法治国”。正因如此，中央在处理与香港特区关系问题上的确倍加小心，不论是在言论上或是在行动上都特别强调信守法治。“严格按《基本法》办事”成为历届中央领导人的“口头禅”就是中央在这一问题上倍加谨慎的真实写照。

在政改陷于“僵持”下，相信“泛民”议员也在承受巨大的政治压力，因为一旦2017年特首普选落空，他们具有不可推卸的责任。中央作为主权者代表所做出的8·31决定，不论是从政治上看，还是从法律上讲，都具有毋庸置疑的正当性。“泛民”议员如果情绪化地对行将由特区政府提出的政改方案做出否决，不仅在政治道义上有违广大民意，且不符合香港的法治传统。

（本文原载于大公网，2012年3月25日）

-“袋住先”是对历史负责任-

特区政府公布政改方案以来，香港社会围绕政改方案是否应该通过而展开的争论声音似乎在增大，颇有一种走向社会撕裂的趋势。从外界观察，这是民主的实现问题而可能引发的社会负效应，且极易被人们标签为“坏民主”的不好势头。在香港发展民主政治是寄望民主政治发挥正效应。如果社会因为民主政治发展问题而使香港社会发生撕裂，就不符合在香港社会发展民主政治的初衷。

香港民主政治发展是一定要在有序条件下实现的。因此，25 年前制定的《基本法》中对于香港的政制发展是做出了明确原则规定的。这就是“均衡参与”“循序渐进”和“符合香港实际”。香港作为中国不可分离的一部分，其回归后的政治与法律地位决定了香港这样一个经由中央授权而享有高度自治的地区的政制变革必须由中央主导，而对于这种政改是否符合《基本法》中所确定的政改原则当然应当由中央依据香港的社会发展实际情况而做出判断。

市民期望实现特首普选

特区政府的政改方案是依据全国人大常委会 8·31 决定所确定的政改框架做出的，其中不乏框架决定下的最大灵活性（如提名门槛为最少 120 提委会成员提名）。这体现出的是特区政府为使各方面都能接受而做出的巨大努力。也表现出特区政府出于香港社会能够达至良治所费之苦心。近期香港社会所做关于特区政府声望民调中的支持度上升也客观反映了香港社会对特区政府在政改问题上的立场有了相当程度的肯定。显然，特区政府提出的政改方案并不是激进思维的结果，而是以法律为依据，以香港社会最广大市民能够接受为前提，以落实政改为着眼点，为实现香港的“良治”“善治”而做出努力。其理性思维的支配性是显而易见的。

香港广大市民强烈期望2017年能够实现行政长官普选，这是建基于广大市民希望通过普选而使香港能够长期保持繁荣稳定，进而实现民生的持续改善的愿望之上的。鉴于香港行政长官在社会治理上的极端重要性，广大市民寄望通过行使民主权利，通过“一人一票”产生自己中意的行政长官候选人。中央十分清楚香港社会的这种普遍诉求，而实现这一诉求的唯一可以在最大程度上避免争议的方式，就是按照《基本法》办事。广大香港市民对于中央在香港政改问题的这种立场表现出充分的理解。政改方案出台后，香港各种民意机构对“袋住先”问题所做的各种民意调查的结果都显示，绝大部分市民是愿意接受特区政府提出的政改方案的。

在香港这样一个多元社会中，对特区政府提出的政改方案存在争议是再正常不过的事，问题在于立法会中的部分“泛民”议员在表达对这个政改方案非议的同时，以一种挑战的姿态，以一种捆绑的方式，不顾香港绝大部分社会成员落实普选的普遍意愿，试图做出否定政改方案的举动，这就是不理性的行为。根据制度规定，如果他们做出这种非理性行为，其并不构成违法，也有能力做出这种举动，但他们是否认真思考了其可能产生的严重政治后果？

其一，他们并不具备挑战中央决定的资格。香港的“泛民”议员在立法会中的确具有政改方案获得通过所需要的制度规定上的关键少数。但做出这种“否决”举动是不是构成了对中央决定的直接挑战？香港的“泛民”政党是中央辖下一个地方区域的政治组织，做出这种挑战只会损害中央和特区关系，承担得起这样一种政治责任吗？

其二，立法会中“泛民”议员的确在香港具有一部分民意代表性。在香港社会对于特区政府政改方案应当“袋住先”成为主流民意的情况下，贸然做出否决的举动是不是剥夺了500万合资格选民一人一票普选行政长官的权利？如此，是不是会作茧自缚地缩小自己的社会基础？

"泛民"理性才有共赢结果

其三，中央和特区政府在2017年香港行政长官普选问题上是不是遵守了法治原则？"提名委员会"机制是25年前《基本法》中做出的明确规定，并不是刻意为了限制某些政治组织或某些政治人物而随意做出的安排，"泛民"极端人士非要抛开《基本法》而另搞一套，这符合香港社会的法治传统吗？如果按照"泛民"提出的提名机制产生行政长官候选人就是所标榜的"真普选"，否则就是"假普选"，这种逻辑成立吗？

其四，"泛民"议员在攻击"提名委员会"机制时总是不断强调其"筛选功能"，以此来说明中央对他们的不可容忍性。这次特区政府提出的最低120提委会成员提名的入闸门槛在制度上使"泛民"成员具有入闸机会，难道"泛民"议员就不能利用这种制度规定争取提名。如果对此还存在质疑，那只能说明"泛民"人士的政治能量不够。

民主政治是需要理性支配的，而理性就是根据自己的利益在制度允许范围内使自己的利益最大化。"泛民"议员所应当正视的政治现实是：中央的立场是不可动摇的，香港主流民意是要求"袋住先"的，根据制度规定他们也是有权利对政改方案做出否决的，但是以否定500万合资格选民的选举权为代价的。在这样一种政治现实下，如果以对历史负责任的态度做出配合，将是各方共赢的结果。

（本文原载于大公网，2015年4月30日）

香港《基本法》

——过去、现在、未来都是治港底线

25 年前的今天，一个具有重大历史意义和现实意义的制度性成果——《香港特别行政区《基本法》》诞生了。

说它具有重大的历史意义在于，它使“一国两制”这样一种极具开创性和包容性的政治构想变成了现实，并使中国的国家统一进程迈出了实质性的一步，将在中国国家复兴史上留下光辉灿烂的一章。这种解决国家统一的方式为全世界所称道。

说它具有重大的现实意义在于，“一国两制”构想产生于中国改革开放进程的初期，它的提出不仅表明中央以极大的勇气来突破当时难以想象的传统意识形态的坚冰，并准备以极大的包容来治理一个与国家主体在政治上具有一定相异性的地方区域。“一国两制”政策上的巨大包容性所体现出来的是中央对于国家主体所坚持的社会主义制度的高度自信。也体现出中央以“求大同”“存大异”的姿态实现“一国两制”政治承诺的决心和意志。

《香港特别行政区《基本法》》的产生使“一国两制”的政治构想转变成了法律，并在 1997 年 7 月 1 日将香港这样一个原来实行殖民制度的区域转变成为中国中央政府治下的享有高度自治权的特别行政区。这部在香港具有宪制性的全国性法律及其确定的各种制度，既有对原有制度合理性的继承，也有史无前例的创新。它不仅使国家统一目标更接近一步，也使香港能够在内部事务上保持高度自治的框架下运作。香港在国家主体的高速发展中也发挥了不可替代的独特积极作用。

香港目前有杂音　但《基本法》是底线

香港回归近18年，从《基本法》的落实情况看，总体而言是健康而顺利的。但我们也应当承认，的确存在着各种“杂音”，而这些“杂音”的存在本身既反映出香港社会的高度自由特性得到了充分的尊重，也反映出香港社会一部分人的确存在着不愿理性务实正视政治现实的倾向。

香港的政改问题是《基本法》做出了明确原则和程序规定的内容。中央在这一问题上不仅一以贯之地坚持《基本法》所载明的原则和程序，而且基于香港社会存在的三点共识——对普选的普遍诉求；普选必须符合《基本法》和全国人大常委会的规定；普选对未来香港的发展稳定具有积极的正面作用，行政长官候选人必须为爱国爱港者——而积极做出原则性规定。中央对于其辖下的一个特别行政区的政治发展做出主导性的决定难道不具有政治上的正当性吗？其在做出这个决定之时特别强调了这个决定是在《基本法》的框架下的举动。显然，中央是不折不扣地遵守《基本法》的。

香港是一个成熟的法治社会，而国家主体是一个正在全面实现法治的社会。在香港政改出现僵局的情况下，奉劝香港的泛民议员好好看看《基本法》关于香港政治发展问题上的原则和程序规定，从香港广大市民的普遍诉求出发，以理性务实的态度做出配合政改的举动。

笔者提醒香港泛民议员：对于特区政府依据“8·31决定”行将提出的政改方案，不要做出制度规定上虽不具有违法性，但在政治意义上却具有严重危害性的“否决”举动。

（本文原载于《央视新闻》2015年4月4日）

-香港泛民议员需顺应主流民意-

本月 22 日，香港特区政府在第二轮政改咨询的基础上正式提出了 2017 年行政长官普选的政改方案。这是香港 2017 年政改所要遵循的“五步曲”程序中的第三步。根据《基本法》的制度规定，特区政府提出的政改方案必须经由香港立法会中全体议员的三分之二多数通过，只有这个政改方案在立法会中获得通过，政改才能迈出整个过程的下一步。

在香港社会中的泛民主派议员对政改问题存在不同看法的情况下，特区政府提出的这一方案能否在特区立法会获得通过是存在变数的，因此格外引人观注。

中央政府是十分真诚地希望 2017 年香港能够顺利实现行政长官普选的。香港广大市民对 2017 年普选行政长官也是具有强烈诉求的。但香港的泛民派议员却以行政长官候选人的提名方式不符合所谓的“国际标准”为由，扬言要否决特区政府提出的这一方案。这种威胁有违广大香港市民意愿，对特区政府提出的这个政改方案的通过也构成障碍。因为他们如果真的在立法会投票中联合行使否决权，2017 年行政长官普选就有被搁置的危险。果真如此，其行为虽不具有违法性，却会给香港社会造成严重的政治后果，至少会令广大香港市民极度失望。

2014 年 8 月 31 日，在香港社会围绕 2017 年政改出现严重分歧的情况下，全国人大常委会依据《基本法》的相关规定和全国人大常委会先前的相关规定做出了《全国人民代表大会常务委员会关于香港特别行政区行政长官普选问题和 2016 年立法会产生办法的决定》。这是中央作为主权代表者对于其辖下的一个享有高度自治权的地方区域的未来政治发展问题做出的方向和程序上的定调。

全国人大常委会的这一重大举动是在《基本法》的框架内做出的，因此不论是从政治上讲，还是从法律角度看，这一决定都是具有毋庸置疑的正当性的。香港特区政府提出的 2017 年政改方案正是依据全国人大 8·31《决定》的框架制定的，它既体现了中央在香港政改问题上的意志和决心，也反映了香港广大市民的强烈普遍诉求。对于这样一个能够使香港 500 万合资格选民行使民主投票权的方案，如果香港的泛民派议员在法定的立法会程序中做出否决举动，那就只能说明以下三种情况：

第一，他们不认同中央对于香港政治发展上所具有的毋庸置疑的主导权；第二，他们不愿意遵守《基本法》关于香港政改的规定；第三，他们漠视香港社会要求发展民主政治的广大民意，在香港发展民主政治问题上采取不负责任的态度。

在笔者看来，对于以上三种情况应该做出这样的解读：其一是香港的泛民议员没有理性地认清香港回归后中央与特区关系的基本政治现实，不断重申和提醒香港社会认清中央与特区之间是一种中央与地方之间的政治关系实属必要；其二是要清楚向香港社会讲清楚香港保持法治传统的重要性，重申国家主体走向法治的决心和意志；其三是未来香港民主政治的发展是需要坚实的民意基础的，如果泛民议员联合做出否决决定，不止会损害自身利益，且会严重损害中央与特区关系。

民主政治是需要理性支配的，希望香港泛民派议员顺应香港社会希望普选顺利推进的广大民意，以对历史负责任的态度做出配合。不要剥夺香港市民一人一票选举行政长官的权利！

（本文原载于中国网，2015 年 4 月 23 日）

121 万签名“保普选”，这就是香港民意

核心提示：1210771 个支持政改的民众签名，对于香港“保普选，反暴力”大联盟在香港各区发起的大型签名行动而言，已经可以看做是强大民意的重要标示。

1210771 个支持政改的民众签名，对于香港“保普选，反暴力”大联盟在香港各区发起的大型签名行动而言，已经可以看做是强大民意的重要标示。搞民主就要遵循主流民意，这是民主政治运作的基本套路。如果忘记了这一点，那么任何政治人物或派别就会被民主政治所淘汰。民主政治也要讲规则，而脱离规则，民主政治也会演变成民主灾难。

2017 年行政长官普选是香港民主政治发展的最重要内容之一，由于香港部分市民和立法会议员对提名程序存在异议，而制度规定特区政府提出的关于《行政长官普选办法公众咨询报告及方案》须经香港立法会全体议员三分之二多数通过，香港特首普选才能迈向普选的最实质阶段，因此泛民派议员在立法会表决中的态度着实令人关注。

出于凝聚共识、支持政改、表达主流民意的目的，香港“保普选，反暴力”大联盟的签名活动截至 18 日，签名人数已达 121 万人之众。考虑到香港社会中一直存在着“沉默的多数”，笔者认为，这个数字已足以说明香港社会在政改问题上的主流民意是支持政制向前发展。显然，落实行政长官普选方案已是广大香港市民的普遍心愿。

中央对于香港民主政治发展的态度十分明确，且一以贯之，任何人试图以行政长官候选人的提名方式不如己愿，对中央做出“不想在香港

发展民主”的政治攻击都经不起推敲。试想一下，如果当年中央没有在香港发展民主政治的设想，那何必劳力费神在《基本法》中确定两个“普选”的目标？历史地看，普选进程的启动，开创了香港民主政治发展的新历程。掌握着特首普选进程“关键少数”的香港泛民议员应当清醒客观地认识到这一点。

中央对于香港特别行政区行政长官普选的主导权是由中央与香港的政治关系所决定的，政治上的正当性自不待言。中央强调香港的政治发展必须符合《基本法》及全国人大常委会在《基本法》框架内所做出的决定，从法治角度看更无可挑剔，也符合国家主体全面实现依法治国的大方向。香港民主政治发展必须符合香港实际，这是中央着眼于保持香港的长期繁荣稳定，而在《基本法》中做出的明确制度规定，香港民主政治的有序发展既对香港有利，也对国家有益。

望对政改方案持异议的泛民议员本着对香港负责，对香港广大合资格选民政治诉求负责的态度，理性对待政改方案，且不可以非理性的姿态轻易干扰500万合资格选民民主选举特首的权利，他们应当用心体会这一时代的呼声。

（本文原载于《环球时报》2015年5月19日）

HK "democrats" go against mainstream opinion

Democratic politics should follow mainstream opinion, and any political leader or organization that ignores mainstream opinion is doomed to failure.

Democratic politics cannot be isolated from political rules, because only when political rules are widely recognized and accepted can democratic politics work. Democratic politics will end in disaster if it goes against mainstream opinion, a fact that has been proved time and again.

Of the two parts of political rules for Hong Kong, one is determined by the city's constitutional status, which involves the basic rules for the political relationship between the central government and the Hong Kong Special Administrative Region, and the other is concerned with legal rules, including the Basic Law of the SAR and decisions made by the Standing Committee of the National People's Congress, the top legislature body, under the framework of the Basic Law.

But the pan-democracy camp in Hong Kong seems to ignore the two basic elements of democratic politics on the issue of electing the SAR's chief executive (CE) through universal suffrage.

On Aug. 31, 2014, the NPC Standing Committee took a decision on the Hong Kong CE's election according to the actual situation in the SAR and the relevant regulations of the Basic Law. But the pan-democracy camp refused to accept it. In doing so, the so-called camp has challenged the central government's authority and questioned the sanctity of the relationship between the central government and Hong Kong. Also, the pan-democracy camp has stuck to its demand that parties and individuals have the right to nominate candidates for the CE's post even though it violates Article 45 of the Basic Law. And despite the central government strictly adhering to the Basic Law in carrying out constitutional reform in Hong Kong, the so-called democrats organized the " Occupy Central " campaign to confront the central government.

The pan-democracy camp as well as pro-establishment group have conducted opinion surveys. Each political group should follow the change in public opinion on constitutional reforms and make adjustments accordingly.

The mainstream social opinion in Hong Kong today is more inclined toward promoting constitutional reform. The signature campaign for universal suffrage carried out by the Alliance for Peace and Democracy and other group's opinion surveys show that more than 60 percent Hong Kong residents support the central government's constitutional reform plan for the SAR. Considering the "silent majority" in Hong Kong, we can conclude that the mainstream opinion in the city supports constitutional reform as prescribed by the central government.

Despite the clear public support and political rules for Hong Kong's constitutional reform, the pan-democracy camp rejected the constitutional reform plan in the SAR Legislative Council's vote. This goes against the mainstream opinion and breaks the basic rules for the development of democracy in Hong Kong.

The pan-democracy camp has always viewed the central government's plans for Hong Kong's democratic reform with suspicion. It doubts the central government's determination and sincerity in carrying out democratic reform. But why would the central government advance two objectives of universal suffrage in the Basic Law if it didn't want to carry out democratic reforms in Hong Kong?

Hong Kong's constitutional reform in this round involves the city's future vital interests and the NPC Standing Committee's Aug. 31 decision has taken that into consideration.

Given that a majority of Hong Kong residents support the central government advocated constitutional reform, the pan-democracy camp's rejection of the plan goes against mainstream public opinion and political rules. The pan-democracy camp is trying to deprive the about 5 million Hong Kong residents who are eligible to vote in favor of the policies they support, which is tantamount to deprive them of their right to choose between good and bad.

(This article was originally contained in *China Daily* 2015 - 06 - 10)

香港政改向前推进　必须具备诚意与理性

今天，香港特别行政区政府正式向立法会提出了 2017 年行政长官普选的政改方案。根据制度规定，此方案须经香港立法会三分之二多数通过，政改才能迈出下一步，而正是在这一节点上存在的困难，使政改前景正受到威胁。

中央对香港政改的主导权毋庸置疑

中央与香港的政治关系决定了中央对于香港政改具有毋庸置疑的主导权，因此“8·31 框架”（编者注：8 月 31 日下午，十二届全国人大常委会第十次会议经过表决，通过全国人大常委会关于香港特别行政区行政长官普选问题和 2016 年立法会产生办法的决定。）的正当性是不容挑战的。中央在香港发展民主政治的诚意，也是十分明了和一以贯之的，关于这一点，不论是历史地考察，或是制度上的原则规定都是清晰无误的。香港社会出现的对“8·31 框架”的挑战和对中央在香港发展民主政治的诚意的狐疑，从本质上讲，是对“一国两制”的挑战，是对中央的严重不信任。因此，5 月 31 日中央主管港澳事务的三位官员在深圳会见香港立法会议员时，明确表示香港泛民对于特区政府政改方案的态度是“分水岭”和“试金石”。

民主政治是讲规则的。在本次政改问题上，即使是香港的泛民人士也不得不承认，中央是依据《基本法》的相关规定做出的决定。从法治的角度看，中央举动的合法性也无可挑剔。特区政府提出的政改的具体方案是在“8·31框架”下制定的，它不仅尊重了政治游戏的规则，也考虑到了香港社会的主流民意，还考虑了这一具体方案在香港立法会中有可能接受的现实政治状况，但极端泛民议员的捆绑举动严重威胁着这一政改方案的前景。随着政改表决的临近，香港社会谣言满天飞，其中的“买票说”（编者注：某报纸称“中央以每个人3亿元的价格，利诱泛民议员投普选法案的赞成票”的谣言。）更加应当引起香港社会广大市民的警惕。因为这是严重威胁立法会议员自由投票权利的一种伎俩。

从香港目前的情况看，经过两年多的政治争拗，香港社会围绕2017年行政长官普选问题已经使香港出现了某种程度的政治撕裂。它已经不仅是一个民主政治发展的问题，而是对社会稳定，经济、民生具有重大影响的问题。

香港泛民议员发声前需理性思考

中央保持香港繁荣稳定的决心是不可动摇的。其在香港发展民主政治的诚意也是建立在这样一个基础之上的。从讲道理的角度看，香港泛民议员在对这一政改方案做出表决时需要理性思考这样几个问题：

其一，中央对于香港民主政治发展问题上的主导权是不是应当尊重？香港的民主政治运作是否需要遵守《基本法》所确定的基本规则？这是对泛民议员在行使投票权时政治上的“分水岭”和“试金石”。

其二，长期在政治问题上的折腾对香港的未来发展是有利，还是有弊？从香港近年来的情况看，过度政治化趋向已经使香港的经济和社会发展出现了不利的苗头。因此，泛民议员的投票举动是在这一问题上的“分水岭”和“试金石”。

其三，在临近投票时刻，香港各种民意调查的结果已经清晰地反映出主流民意是希望政改向前跨出一步，作为民意代表的议员的投票取向是不是应该以民意为依归。这也是香港泛民议员的投票是否能真实代表民意的“分水岭”和“试金石”。

基于这些理性思考，请泛民议员在行使投票权时做出理性选择！

（本文原载于《央视新闻》2015年6月17日）

-盲目傲慢绑住了香港进步的翅膀-

政改方案被否决还反映出香港泛民议员政治上的幼稚和缺乏理性。他们出于情感上的冲动而行使否决权到底对于香港的进步和对于自己的利益是件坏事还是好事?

香港，中国的一个特别行政区，其行政长官的选举改革为何如此吸引了全球的目光?其改革方案在立法会中被否决的结果引来无数观察者从不同的角度做出的评论。香港的本次政改失败具有深刻的原因。如果仅仅对投票过程和结果做出观察，就只能看到一种逻辑上近乎矛盾的表象：被香港反对派称之为反民主的社会势力支持香港普选，而标榜泛民主派的势力却断送了2017年香港普选行政长官的机会。

客观地讲，中国政府对于在香港发展选举政治并不持反对立场，而是以一种实用主义的态度乐观其成。1984年和1985年，当港英政府实行“建立代议政制”的改革，中国政府从未来落实“一国两制”的大局考虑，将这种政改的成果作为“行之有效”的制度在《基本法》中予以确认。显然，当时中英双方在香港发展民主政制问题上是有交集点的。从1991年开始，彭定康不顾中方反对，以偷步方式实行“两局分途”，中方做出了“另起炉灶”的回应。

人们会问，为什么中国政府在香港回归过渡期内对于港英政府的两次大的改革变革采取了截然不同的态度?因为前次变革是在香港回归过度期的前期，且“代议制”变革的核心是使各界精英能够在未来的议会中具有话语权，这符合中方对于香港是一个“经济社会”的判断。而后一次变革发生在香港回归的临近期，目的在于加速香港政治化过程，矛头直指“行政主导”，这会对“九七”后的香港治理不利。中国国务院港澳办前主任鲁平对此洞若观火，他对彭定康做出这样一种定性评价——“历史的罪人”。

当时，很少有人能够深刻体会到这个评价的深层含义，只是认为这个评价是鲁平作为中国中央政府的代表对对手做出的一种抱怨。其实不然。这是鲁平对香港回归的过渡期内彭定康殖民当局试图将香港推向高度政治化所做出的阻遏性“警告”。彭定康的政改所带来的无法纠正的后果是，香港社会两种不同意识形态尖锐对立的政党政治格局的雏型得以形成，而意识形态尖锐对立的政党政治是使一个经济社会能够迅速走向政治化的强大推手。观察现实的香港社会，细细品味鲁平的这一警告，更能体会其意味深长。

“九七”以后，随着“一国两制”政策的实施，衍生出一个特殊的中央和特区之间的关系问题。香港社会各种政治议题的争论也使意识形态分野的两大势力在政治上演变成与中央关系亲疏的两股力量。在激烈选举的竞争中，最终形成了以是否拥护中央作为分野的政党政治格局。在本次围绕2017年行政长官普选问题上，泛民政党先后提出“政党提名”和“公民提名”候选人的主张，中央考虑到这两种提名方式在政治上有可能演变成香港拥护中央和反对中央势力的大比拼，且国家安全利益无法保障，也不符合《基本法》45条的明确规定，对此做出断然否定。而香港的泛民政党以威胁回应，使中央与泛民政党之间本已相互猜忌的关系雪上加霜。

从政治道义上讲，中央在2017年行政长官普选问题上既保持了高姿态，也秉持了法治原则。政改方案被否决，从表面上看，是泛民议员的一种争执上的“胜利”，但从实质上讲，是泛民政党的一个巨大失败。如何看?

香港民主政治发展是一种大势所趋，而中央在国家主体选举政治不够发达的情况下对这种趋势持可定的态度，因为香港是一个不同于国家主体的区域，但中央强调香港的民主政治发展一定要依据《基本法》所确定的“循序渐进”和“符合香港实际”原则，因为民主政治的有序发展既符合“一国两制”的政策目标，也符合国家主体的利益。而谁能对2017年的行政长官普选方式是否符合这两条原则做出判断，当然是作为国家主权的代表者的中央。对于中央所具有香港政治的主导权，国际社会和香港社会大体上讲，是不具争议的，而香港的泛民政党联合捆绑来否决特区政府依据中央规定提出的方案，却有挑战中央之嫌。所以，香港受外部势力支持的泛民议员做出否决政改举动后，同情泛民的国家即使想对中央施压，也无法找到在道义上说三道四的理由。

从表面上看，泛民议员这次做出否决的举动是因为行政长官普选的提名程序问题，而恰好在这个问题上，《基本法》第45条是具有十分明确的“提名委员会提名候选人”的程序规定的。泛民政党在这一问题上对被否决的普选做出“真”“假”的判断只能使其否决举动沦为一种大众无法做出是非判断的情感宣泄。至少在制度层面无法获得正当性的依据。

香港政改方案被否决到底说明了那些正反两个方面的问题？在笔者看来，从未来香港前景看，这的确是需要做出回应的问题。

香港泛民议员敢于捆绑对政改方案做出否决举动说明，其在香港社会是具有一定的社会基础的，而这种社会基础的存在既与香港的“殖民现代化”历史以及由此而形成的盲目的社会性“制度傲慢”相关，也与中国现代发展史上出现的各种问题相连。否认这一历史判断，就无法理解香港回归18年为什么香港社会没有实现根本性的国家身份认同的变化。所以，如何实现对香港在“一国两制”条件下的长期有效治理是一个值得中央深思的重大问题。

政改方案被否决还反映出香港泛民议员政治上的幼稚和缺乏理性。他们出于情感上的冲动而行使否决权到底对于香港的进步和对于自己的利益是件坏事还是好事？不可改变的现实是，香港是中国中央政府治下的一个享有高度自治权的特别行政区，因此在政治博弈中，博弈双方都应采取“两利相权取其大，两害相权取其轻”的理性原则。香港泛民议员的否决举动只能说明其政治上的不成熟性。

（本文原载于中国网，2015年6月25日）

- 特首地位高于三权具宪制依据 -

中联办主任张晓明最近发表讲话，他的“香港不是实行三权分立的政治体制，香港的政治体制，是中央政府直辖下以行政长官为核心的行政主导，特首的地位在三权之上”论述，在香港遭到泛民政治人士激烈攻击，这是一件极为不正常的事。因为香港的政治架构是《基本法》确定的，而《基本法》中确实明确对特首的超然地位做出了规定。

《基本法》第43条—“香港特别行政区行政长官是香港特别行政区首长”，第60条—“香港特别行政区政府的首长是香港特别行政区行政长官”。《基本法》是香港的宪制性文件。在政治体制章节中的行政长官和行政机关两个部分重复特首地位是绝对不同寻常的，其立法的用意清晰可见，就是要构建以行政长官为核心的政治架构。所以，理直气壮地讲明这个道理，何错之有？张晓明主任的这个讲话是具有充分宪制依据的。

特首是中央在港行使权力执行者

有人可能提出这样的疑问：《基本法》中的确有两个条款说明了行政长官是香港特别行政区的首长，但特首的权力是在行政长官的职权上得到了体现，《基本法》并没有做出对特首职权的专门规定，特首的地位怎么可能在三权之上呢？这个问题确实提得比较专业，而且这种提问似乎能够在一定程度上模糊人们对特首地位的认识。尤其是在有人故意用《基本法》中关于行政和立法之间关系的“相互配合又相互制衡”的条款来说明现实两者关系中“配合不足，制衡有余”的平行权力关系时。因此，在香港有很多人，包括一些学者将香港三个权力主体之间的关系理解为“三权分立”。

其实不然。理解《基本法》对于特首突出的宪制地位规定，除了从行政长官所拥有的强大行政权来理解，还要从特首所承担的两个重大责任来理解。更要着重关注《基本法》对于三大权力主体权力配置的实际安排。这样就更能说明《基本法》在立法过程中立法者凸显特首地位高于三权的用意。

凡是读过《基本法》的人，都不难发现，《基本法》对行政长官职权的权力配置，相对于其他两种权力主体而言是有重大倾斜的。笔者曾于2013年1月8日在《大公报》发表“行政长官应发挥权力倾斜优势”一文，对行政长官相对于其他两个权力主体所具有的权力优势做出了阐述。

从《基本法》所确定的制度层面看，行政长官相对于其他权力而言具有这样一些权力优势：

第一，香港特别行政区行政长官具有双重属性，他既是香港特别行政区的“地方首长”，也是香港特别行政区政府的“政府首长”，既对中央人民政府负责，也对香港特别行政区负责。行政长官两个“首长”的法律地位和其所必须承担的“双重责任”使之必须具有相对于其他两个权力主体更大的权力。根据《基本法》的相关规定，行政长官在香港通过选举或协商产生，由中央人民政府任命。显然，对特首所规定的两个“负责”的条款，所要求的是特首既要在香港实现高度自治中发挥主导作用，也要成为中央在香港行使权力的执行者。而对于其他两个权力主体而言，是没有这种权力和责任要求的。

《基本法》向行政长官倾斜权力配置

第二，是体现在针对对行政长官具有制衡作用的立法会权限的限制上，而对制衡者权力的限制实际上是对被制衡者权力的倾斜。《基本法》第七十四条明确规定：“香港特别行政区立法会议员根据本法规定并依照法定程序提出法律草案，凡不涉及公共开支或政治体制或政府运作者，可由立法会议员个别或联名提出。凡涉及政府政策者，在提出前必须得到行政长官的书面同意。”通过这种对立法会个别议员或议员联名提案权的限制，实际给予了行政长官在上述三个大的方面立法提案准入权。

第三，香港是一个法治社会，奉行司法独立，其司法机关行使审判权，终审法院还享有终审权，而特首却拥有依据法定程序任命各级法院法官的权力。

由此可见，中央在《基本法》制定的过程中就决意要通过赋予行政长官实权来实现“行政长官要有实权”的立法原意，而《基本法》对行政长官倾斜的权力配置就是这一立法原意的制度体现。

不错，特首的权力和行政长官的权力确实具有重叠性，但如果就此来说明特首与其他两个权力主体是一种平衡关系，那就没有理解到《基本法》对于香港权力架构设计的初衷。张晓明主任近期发表这个讲话，就是要提醒香港社会，尽管行政长官和特首权力具有重叠性，但是香港社会应当充分认识到特首地位的特殊性。因为这种认识有利于特区政府有效施政。张晓明主任的讲话遭致香港“泛民”做出如此激烈攻击的情况表明：其内容触及到了特区政府施政困难的症结点。

香港回归后，围绕香港的政治体制特征问题的争论始终不断，为什么？需要读者深思。表面上看，这似乎是一个学术争论问题，但就本质而言，却是一个具有深刻政治内涵的问题。中央强调香港特别行政区政治体制的最大特点是行政主导，是要说明行政长官具有“双首长”地位，其在香港整个政治体制的运作中是具有主导作用的。这与张晓明主任的讲话内容不是一样的吗？如果特首地位不高于三权，那么《基本法》用两个条款说明其地位特殊性的用意何在？

（本文原载于大公网，2015 年 9 月 17 日）

- 姑息暴乱就是嘲弄法治 -

2 月 9 日凌晨，香港旺角发生严重暴乱事件，香港社会舆论哗然，谴责声一片，只有几个极端政治人士冒天下之大不韪对暴徒行为做所谓的“政治辩护”。显然，香港社会是有底线的。首批被控参加暴乱的 36 人于 11 日上午在九龙城裁判法院被提起诉讼，一经定罪，最高可判监禁十年。

众所周知，香港是一个法治社会。法治被港人视为香港社会的核心价值。香港也是一个具有高度自由特性的社会，这种自由特性使香港市民享有法律所赋予的各项自由权利。然而法治和自由是对立统一的，自由必须建立在法治的基础之上，没有法治的自由就是无政府主义 。

香港回归 19 年来，在“一国两制”之下享有高度自治。香港实行“一国两制”，体现了国家主体对香港这样一个具有资本主义性质的地方区域制度的尊重和包容，但回归后出现的各种问题说明，香港社会中有少数人不愿尊重国家主体的社会制度，且利用意识形态差异不断挑战“一国两制”政策和“一国两制”所具有的内在逻辑。旺角暴乱的发生正是基于此背景。

香港是一个发达的商业社会。对于小摊小贩的乱摆卖，特区政府相关部门如果不作为，就是渎职，何以“激发”暴乱？香港社会对此心如明镜。

事情已经发生，如何处理是一种考验。在过去的 19 年中，香港社会也曾出现过在各种各样政治诉求表达上的违法举动，结果怎样呢？不是大事化小，就是小事化了，司法部门总是基于所谓的“政治考虑”，对此类事件的当事人从轻发落。旺角暴乱中暴徒肆无忌惮的“表演”是否与以往处理方式相关，是值得香港社会思考的。

在自由社会，表达政治诉求不成问题，但应限定在一定的“度”内，因为自由是与带有普遍性的社会强制相对应的。暴乱中的刑事行为可能具有政治诉求表达的内容，但其手段的运用却远远超出了带有普遍性的社会强制限度，其所具有的巨大危害性是显而易见的。

香港的各级法院由法官组成，法官作为“人”，也有其政治倾向。对于香港此次发生的暴乱若采取姑息态度，会使人们未来对法治采取轻蔑态度，那就是一种毁灭香港法治传统的政治大错。

笔者坚持认为，即便有政治诉求也不应采取暴力手段，对于香港的民主政治发展，中央政府一直持开放态度。香港的政治发展必须在《基本法》所确定的两个原则（符合香港实际和循序渐进）下推进，这样才符合法治要求。民主并非完美之物，而是一个有缺陷的好东西。如果不遵循《基本法》所确定的原则，香港的民主发展将会出现更大的问题。

（本文原载于中央网络电视台，2016 年 2 月 15 日）

– 分析旺角暴乱的“政治考虑” –

近年来，香港出现任何与政治诉求相关的暴力行为时，司法机关似乎习惯于用“政治考虑”的思维来处理，其结果是大事化小，小事化了。正因此，人们对于大年初一通宵在旺角发生的暴乱的处理结果就格外关注，因为这次香港社会对旺角暴乱的反应与以往有所不同。

真正的自由必有限度

在通常的情况下。违法行为的发生，只要与所谓的政治诉求相连系，一定会出现两种明显不同的声音：一种是抨击，一种是支撑。做出抨击者，被认为是“左”的势力；做出支撑者，被认为是“右”的派别，似乎没有一种权威力量能够做出最后的定性。因此，在香港这样一个具有自由特性的社会里，人们似乎感到“公说公有理，婆说婆有理”。司法机关在对违法行为进行裁定时做出“政治上的考虑”，似乎是一种逻辑选择。而这种逻辑选择的结果是什么呢？是对法治的侵蚀。久而久之，在“政治考虑”的语境中，人们就会形成一种观念，只要自己的行为与所谓的政治相关，就会在支撑声音的庇护下得以开脱。旺角暴乱的事实证明，在香港社会的语境下，这种对具有某种政治诉求的暴力行为的“政治考虑”处理方式，是有问题的。

人们可能要问，“政治考虑”的内容到底是啥？为什么它会起到对违法者宽容的作用？从香港社会语境的角度观察，笔者认为，就是一个政治自由的程度问题，以及香港社会对于所谓政治自由的容忍度问题。关于这一问题，笔者愿引述一下自由主义大师哈耶克对于“自由”的一段定义，以此来说明自由的相对性：“自由是人的这样一种状态，其中社会强制被降低到尽可能低的一种限度。”哈耶克在这段定义性文字中所说的“社会强制”，就是自由的限度。

既然如此，一个正常社会的政治自由，是否也与其必要的政治强制相对应？因为其原理是一样的。在“一国两制”之下，香港市民享有《基本法》所规定的、充分的政治自由权利，但香港社会是否考虑过，与此政治自由相对应的必要的政治强制？如果现实“政治考虑”之说，只是站在自由权利享有者的角度来考虑问题，而忽视政治强制的必要性，就会产生政治自由极端化的大错。

在“一国两制”政策之下，对于香港社会而言，有哪些必要的政治强制内容呢？笔者认为，维护国家统一，尊重中央权威，是最基本的政治强制内容。基于此，香港社会对于任何“分离势力”，公开侮辱国家主体和毒害内地与香港关系的作为，就应该做出理直气壮的强烈反对性回应。有人可能做出这样的解释，法律上的裁定，是需要以实质行为证据作为依据的，基于自由特性的香港社会对于言论是容忍的。这种说法是没有问题的，问题在于当出现实质性分离行为时，是否应当严肃处理？公开鼓吹香港独立，及用其他名义做出的违法举动，应该怎样处理？

过往几年，香港社会在政治示威中不时有人打出英国国旗，嘘国旗的事情也不断发生，这些虽然都不构成实质性违法行为，但却在不断增强严重损害必要性政治强制的气氛，这些行为在香港社会受到严厉谴责了吗？长此以往，任由这些行为发生，就会侵蚀“一国两制”的基础。

“政治考虑”自然反映出司法裁定者的政治立场。为什么出于“政治考虑”所做出的裁定，总是一种从轻发落，而不是过于严厉的结果？这当然与裁定者内心所具有的政治倾向性有关。

香港核心价值是法治

香港回归后，在“一国两制”国策之下，人们本来担心的是中央能否以极大的包容，去容忍一个资本主义的地方区域的异体。人们有这种担心，是因为在国家主体与香港这个实行资本主义制度的异体之间的关系中，国家主体是强势的一方。但从“一国两制”在香港的实践情况看，中央保持着极大的克制，不厌其烦地反复强调“严格按《基本法》办事”，而香港社会中的极少数人却表现得咄咄逼人，不断利用香港社会的自由特性，来挑战国家主体的社会制度和中央权威，其中不乏暴力行为。其处理的结果又如何呢？

有人说，旺角暴乱是中央没有满足部分人士普选诉求所出现的逻辑反应；还有人说旺角暴乱是“官逼民反”的结果。笔者认为，这些都是对旺角暴乱做出开脱而再次抛出“政治考虑”伎俩的说法。请大家注意，香港的政改问题，即使迄今为止仍存争议，但尚未偏离法治的轨道：全国人大常委会依据《基本法》的规定做出了8·31决定，特区政府依据全国人大的决定提出了普选方案，立法会依据《基本法》的法定程序对普选方案予以了否决。即使香港社会有人对此不满，也绝不能用暴力行动来表达。暴力行为一定是一种犯法行为，必须受到法律的严厉制裁。

其实，“政治考虑”是取决于人的政治取向的一种说法。真正的“政治考虑”，是可以在政治自由与必要的政治强制之间做出某种倾斜的。裁定者对事情的处理也是可轻可重的。裁定者心怀国家和香港民众的整体利益，对危害国家和香港整体利益的行为，自然会做出严厉的裁定结果，反之则会从轻发落。好在对旺角暴乱问题上香港社会表现出了整体理性，即使是那些心中偏向于暴乱者的人，也不敢公然做出“撑”的姿态，只好用绕弯子的方式做出开脱。这自然给香港的法院系统减轻了压力。因此，我们有理由相信对旺角暴乱者的判决，相对于以前更客观些。

（本文原载于大公网，2016年2月22日）

-“港独”应成为自觉的政治禁忌-

2004年5月，时任国务院发展研究中心港澳研究所所长的朱育诚在香港发表讲话时指出，香港有人试图寻求“香港独立”或“半独立”，香港社会几乎所有的政治团体或政治人物都避之不及。然而12年之后，不仅有人公开提出了“港独”口号，居然还有人公开成立了“港独党”。虽然现实的香港社会仍然在强大的、整体理性的强有力的支配之下，但如若任凭“港独”言论肆意泛滥，势必会使“一国两制”的严肃性大大削弱，进而产生毒害香港社会政治气氛，并构成对“一国两制”政治底线的严重挑战。因此，笔者在此明确提出，“港独”话题应当成为香港社会自觉的政治禁忌。

国际社会通行政治禁忌

有人马上会说，香港是一个高度自由的社会，不能有任何言论上的政治禁忌，如果以政治禁忌来限制言论自由，香港的自由即会消失。这种说法，轻者可以被认为是试图用“以言获罪”来恐吓香港市民，重者可以被认为是以变相方式支持“港独”行为。笔者强调“港独”话题在香港社会应当具有政治禁忌性，并不是要限制香港市民的言论自由，而是希望唤起香港社会对“港独”意识的警惕。众人都明白，“港独”既是不可能的政治现实，也是不可能的未来期望，只会是香港社会极少数极端人士为博人眼球，以出位方式表达某种不满的“把戏”。

其实，任何自由社会都是有各式各样的政治禁忌的。关于这一点，香港社会稍有政治、历史常识的人都清楚。第二次世界大战后德国对于法西斯表赞同、赞美，或为法西斯招魂的言论，处以严厉禁止和惩罚；现实美国社会，对于种族歧视言论持以不容忍态度和严厉的打击。在此不一一列举。显然，这些社会的民众都自觉、理性地将类似话题作为一种禁忌。由此我们可以看到，自由民主的社会，也是有言论上的禁忌的。作为学人或政治人物，是不应该对社会舆论做出不负社会责任的误导性解释的。

不论是历史地看，还是现实地观察，中国都是一个高度集权的单一制国家。这种国家结构形式，决定了其治理国家的方式是自上而下的大一统，而由此而存在的国民意识不容许任何国家领土的流失。任何人做出使国家领土流失的决定，都会在国人心目中留下不光彩的骂名——卖国贼。所以当时任英国首相的戴卓尔夫人试图保持对香港的继续统治时，邓小平先生明确告诉她，我们不能做“现代李鸿章”。用政治学的专业话语来解读邓小平的这句话，就是“国家主权绝不容谈判”。至于香港回归后的治理方式，邓小平明确提出了“一国两制”。对于这种政治智慧，世界舆论予以了盛赞，香港社会和祖国同胞都高度认同。显然，世人对于兵戎相见这种在世界和中国历史上、为了国家统一而屡见不鲜做法具有害怕心理，因而对于“一国两制”这样的政治解决方式报以极大赞许。

言论自由不能逾越法律

“一国两制”，说白了，就是在国家统一的前提下，实行“两制”，双方都要以极大的包容对待对方。两者之间出现问题是在所难免的，果真对立时，都要在规则的限度内解决，而调节双方关系最重要依据当然是《基本法》。众所周知，中央和地方的关系是全世界都没有解决好的问题，需学界继续努力探讨。而这种关系依法调节，从政治文明角度看，不失为一种最为所有人接受的手段。如果连《基本法》的底线都有人敢于挑战，那么问题的性质就有了变化。倘若香港社会整体理性不能对“港独”言论构成遏制，外部势力就可能对此加以利用来牵制中国的发展。

诚然，法律调节是政治调节手段中最为人们接受的方式，但法律调节又是政治调节手段中最低层次的手段。试想一下，如果所有社会关系都采用法律调节手段，其社会成本是何等高昂？对于香港极少数人鼓吹“民族自决”，从政治的正当性讲，是无稽之谈，香港社会对此的整体反应也极为冷淡。但偏有个别学者试图为此找相关的理论依据，并极力为此开脱，认为这是言论自由可容范围内的事。须知，在香港这个开放性社会，如此言论会使两地社会中的不信任因素发酵，使外部势力有可乘之机。《香港特别行政区《基本法》》总则第一、第二条明确规定“香港特别行政区是中华人民共和国不可分离的部分”；“全国人民代表大会授权香港特别行政区依据《基本法》的规定实行高度自治”。这两条规定既凝聚了好几代中国人为实现和保持国家统一而付出的艰辛与意志；也体现了尊重港人意愿的政治灵活性。这两条作为香港社会的政治法统是不可动摇的。任何人以任何形式对此做出挑战，都应当受到政治上的谴责和法律上的制裁。

香港社会有人将近来发生的一系列事件与政改问题连系起来，试图以此来说明这一系列事件发生的政治正当性。笔者认为两者之间并不构成必然关系。请香港社会认真思考一下，香港政改受阻是否突破了法治框架？从整个程序和结果看，都仍然在法治的轨道上运行。由此可见，试图以此来说明极端行为的正当性，是一种欺骗行为。政治上的分歧可以通过政治对话、政治沟通来突破。试图以政治刺激来激化矛盾，只会适得其反，实际上是不懂政治的表现。在“分离主义”舆论严重毒害香港社会政治气氛和明显违背法治前提下，笔者希望“港独”话题应当成为香港社会的一种自觉的政治禁忌。

（本文原载于大公网，2016 年 4 月 5 日）

－社会整体理性与部分人“理性失据”－

立法会新界东补选呈现的结果，是公民党杨岳桥以 16 万多票当选，民建联周浩鼎以一万票之差落选，本土民主前线梁天琦获 6.6 万票，得票率为 15%。从这个选举结果的表面情况看，公民党似乎保住了因走温和路线的汤家骅辞职而留下的空缺，但并未显现出压倒性结果；建制派的周浩鼎虽未能夺得原来由“泛民”占有的席位，但也取得了不俗的战果；持激进立场的本土民主前线的梁天琦，虽然只得到 6.6 万张选票，却显现出某种未来的“潜在”。正因如此，香港社会有人津津乐道，断言香港未来政治的所谓“三分天下”的格局，即建制、“泛民”与激进。笔者以为，此言差矣！

“自由”脱离规则就是混乱

香港是一个具有高度自由特性的社会。市民享有法律所规定的充分的各项自由权利，这是全世界的人都有目共睹的。本次选举的结果也再次证明了这一点。但自 1997 年以来，香港社会中总有人指摘说“中央要破坏香港的自由”。对于这一点，稍稍从良知出发做出观察的人都很清楚，这显然是一种成见。

真正的民主是建立在自由基础上的，没有自由的民主是不能体现人民的自由和民主权利的，而自由又必须建立在法治的基础之上，脱离规则的自由不是自由，而是混乱，反过来又会危害人民的自由民主权利。这个道理对于香港这样一个成熟的法治社会而言，人们是不难明白这个道理的。

“一国两制”政策的首要目标，就是国家统一。正因如此，香港特别行政区《基本法》在序言和总则的第一条中对此做出了十分明确的阐述。香港出现任何问题，都不能挑战这一底线。《基本法》的知识在香港普及得再差，市民也不至于不明白这个道理。香港社会中的建制派也好，“泛民”也好，即使在出现任何重大争议时，似乎也没有挑战过这一底线。显然，大家都还是有底线意识的。这是香港的整体理性的表现。

然而，在新界东的补选中，极端本土派所推出的参选人梁天琦，却公然提出了“港独”的分离主义口号，并在是次选举中获得了6.6万张选票。这种无底线的举动？实让人惊愕！对此，香港媒体做出了各种解释。总体而言，并没有持看热闹的态度，而是在试图寻找产生这种现象的原因。有人认为，这是青年人冲动而形成的结果，并不代表6万多选民认同激进本土派的暴力路线；也有人认为本土派作为政坛新势力使选民具有新鲜感，对于青年选民而言尤为如此；还有人认为部分选民以将选票投给本土派的方式来抒发怨气、表达对政府的不满；以政改受阻的角度观察并评论这种现象的也大有人在。

无论原因如何，这种现象反映出当前香港社会存在的问题。

香港回归以来，社会整体理性一直起支配的作用。一个具有700多万人口且具有高度自由特性的大都市，社会存在不同声音，不同经历的人持有不同的政治立场并做出自由表达，这都是没有问题的。问题在于自由表达是不是存在一个“度”的问题。如果说《基本法》是香港的宪制性文件，那么公开鼓吹“港独”是一种什么行为？对于这样的言论，虽然尚不构成事实犯罪，但香港社会是否应当发出强烈的谴责之声？

笔者赞同“梁天琦现象”的“青年冲动论”。这也可以从其幼稚的“不喝大陆水”之类的言论看出。笔者也赞同对6.6万张支持票的“表达怨气”的分析，因为要使每项政策都能得到香港700多万人满意是不可能的。众口难调，何况政府在施政过程中难免有失误，而自由社会中对政府的指摘又是一种常态。笔者还赞同政改的受阻与“梁天琦现象”的出现有某种内在的关系，但香港社会应当注意，政改搁置的现实以及围绕这一问题的争议始终没有偏离法治的轨道。

“无底线”举动毒害政治气氛

旺角暴乱后，香港社会整体理性对此予以谴责，即使对暴乱者予以所谓政治“同情”的人或政治组织，也不敢明目张胆地予以“撑”，只能说些找原因的话，而梁天琦及其本土民主前线却以所谓“勇敢者”的姿态玩“搏位”，这显然是对香港社会整体理性的挑战。这种现象虽不足为惧，但香港社会对年轻人的叛逆性格所使然的这种无底线的社会撒娇举动，还应予以高度警惕，因为它的确具有毒害香港政治气氛的作用，并可能使本属于言论自由范畴的行为演变成违法并危及香港社会稳定和前途的举动。

新界东补选中出现的“梁天琦现象”使笔者联想到20世纪30年代初德国自由选举中出现的集体理性失据。笔者曾在多篇文章中谈到“民主”是个好东西，但又是一个具有重大缺陷的好东西。自由选举中出现部分人理性失据不构成对社会的重大威胁，但如果整体社会对此理性失据保持容忍，甚至推波助澜，那才是真正的危险。

香港与内地具有共生性，这是无法改变的事实。中央与香港的政治关系是十分明确的。以“搏位”的极端言论在香港这个自由社会可能能使极少部分人产生一时之快，但香港社会的整体理性思维终将纠正这种理性失据现象，否则会产生严重的政治和法律后果。

（本文原载于大公网，2016年3月5日）

-“内部自决”具分离主义色彩-

时下的香港社会，“自决”似乎成为媒体上热闹的话题。为其辩护者有之，对其抨击者有之。细细观察，笔者注意到，香港社会出现的所谓“自决”，存在两个版本，如果用“自决”概念的表述时间作为区分，可分为前期与近期；如果从其“主张”的内容来区分，可分为激进与温和。总之，两种“自决”的主张还是有一定的差异。

早期的“自决”主张，以陈云的《城邦论》为理论，而后通过港大学生会刊物《学苑》得以阐发。其口号是“香港民族，命运自决”。从组织发展的情况看，公开宣扬“港独”的所谓“民族党”和4月10日宣告成立的“香港众志”是前期“自决”理论的产物。其开宗明义提出了未来发展的四大目标，即自立、自发、自主和自决，而落实这八个目标的行为方式和内容是“以直接行动策动公投和非暴力抗争，推动香港的政治经济自主”。显然，前期“自决”主张是一种赤裸裸的“港独”理念。笔者观察到，对此，香港社会表现出了整体理性。

香港有没有行使“自决权”资格?

近期，“自决”主张出现了第二个版本。它以“泛民”政党阵营（主要为工党、公民党、民主党等）中的中青代三十二人联合署名发表一份《香港前途决议文》为标志，包括前言、主张和结语三个部分，再次表达了所谓的“自决”理念。对此，敏锐的观察者立即察觉到其与先前的“自决”主张具有一点差异：即由原来的“公投自决”变为了“内部自决”。其“主张”中明确说，要“透过内部方式实现《公民权利及政治权利国际公约》和《经济社会及文化权利国际公约》所保障的人民自决权，由香港人民自由决定香港政治地位，并自由谋求经济、社会和文化发展”。然后由这种所谓的“内部自决权”而延伸至2047年后的香港“永续自治”问题。这种“内部自决”的论调给人的初步印象是，“内部自决”的主张者似乎是在争取更大的“自治权”。因此，香港社会有人说：第二个版本的“自决”相对于前一个版本的“自决”在香港社会具有更大迷惑性。

笔者并不想对此做出断然性“否定”或“肯定”，只想通过对这一《决议文》做点分析，提出一些问题供香港社会思考。

今年的3月14日晚，笔者有幸受邀参加由香港大学法学院举办的一个关于“一国两制”前景的论坛，由陈弘毅、戴耀廷和方志恒三人主讲，戴耀廷兼任主持。笔者虽只能听懂百分之七八十的粤语，但对三人所谈的内容也大致能够领会。其中方志恒花了相当多的时间来说明香港回归后中央如何压缩香港的高度自治空间，以及中央如何限制香港的民主发展，因此强调要用自决方式来“实现由香港人民自行管理香港事务”。笔者当时就想提出这样一个问题：你要行使这种自决权、那种自决权，香港作为中国的一个特别地方区域，到底有没有行使自决权的资格？在“一国两制”条件下，香港应当对国家承担哪些基本政治责任？只是考虑到本人对粤语的听懂程度不够高，担心对其讲话内容出现误解，故没有提问。

4月21日，32人联署的《香港前途决议文》的宣言发表，笔者仔细阅读，发现其存在两个重大的逻辑错误。

第一，该文一方面承认香港的民主派八十年代按民主回归的理念，参与《基本法》的起草工作，力争在《基本法》的框架下实现港人民主治港；一方面又说《基本法》的制定并没有得到香港人民的民主授权。部分条款亦为北京政府所利用，以控制香港的自治空间。那笔者就要问，《决议文》的发表者到底认不认同《基本法》？中央政府是否坚持了严格按照《基本法》办事的立场？

第二，该文陈述香港应当享有的所谓各种“内部自决”权的前提有两个：其一是内地没有实现其所期望的政治改革，所以香港就应该实行所谓的“内部自决”；其二是中央的“8・31 决定”使香港的民主发展走到了尽头，所以香港人民就应该团结争取“内部自决”。

怎么能说政制发展走到尽头

众所周知，中央在阐释“一国两制”政策时，一贯强调“一国两制”就是要在实现国家统一的前提下，两种制度相互尊重，而学者们在论述中央与香港的关系时，一般都特别强调中央对于香港资本主义制度高度包容的重要性。因为国家主体是两者关系中强势的一方，而《决议文》中所强调的“内部自决”的第一个前提难道不是对内地社会主义体制的干预？

关于《决议文》中的中央“8・31 决定”使香港民主走到了尽头之说，显然是想把香港近期所发生的几个重大事件都归因于政改问题上。笔者在先前发表的几篇文章中都曾反复提到，政改问题虽然暂时受阻，但围绕这一问题展开博弈的各方均没有脱离法治的轨道。试问《基本法》所规定的法定程序中有哪一方违法了？中央的“8・31 决定”是依据《基本法》规定而做出，特区政府提出普选方案也没有违法，“泛民”议员对政改方案的否决举动也是符合法定程序的。既然《基本法》对香港的政制发展目标做出了清晰的规定，那么政改就不是一个可要可不要的事，而是一个怎么进行的问题，怎么能说走到了尽头？显然这只是为其所谓“内部自决”寻找理由。

不错，多个国际多边条约都肯定了自决权是一项基本人权。但请不要忘记，这些国际条约在肯定自决权作为一种基本人权的同时，也对行使自决权的主体和自决权的内容做出了清晰规定。人们不禁要问：香港有实行“自决”资格吗？

笔者在阅读《决议文》时还注意到，它只字不提现实中央与香港之间十分明确的政治关系，仅此就使得其极具分离主义的嫌疑。

（本文原载于大公网，2016 年 5 月 3 日）

－张德江委员长视察香港会讲些啥？－

自张德江委员长将出席香港“一带一路”高峰论坛的消息公布，香港社会议论纷纷。有人认为，委员长此时来港视察意在缓解香港自政改方案被否决后所形成的僵局；也有人认为，委员长来港虽主要是出席“一带一路”高峰论坛，却带有与泛民进行沟通的意味，以便为未来香港参与国家“一带一路”的大发展战略铺路；还有人认为，政改方案被否决后，香港极端本土势力有蔓延之势，以国家“一带一路”倡议来带动香港发展，进而解决香港面临的现实民生问题是一种根本之道，这可以阻遏香港社会走向高度政治化的趋势。议论林林总总，最后不约而同地落在一点上：委员长会讲些啥？

这种期待，在笔者看来，反映出香港社会存在着一种普遍的焦虑。如若香港社会继续沿着泛政治化的路走下去，会使香港走向沉沦。希望香港能够走出困境。当然，这是对香港具有善意愿望的人们的普遍心理。由于香港是一个具有多元特性的自由社会，所以有人做出各种议论，无妨。

从张德江委员长本次来港行程看，其主要是出席“一带一路”高峰论坛。由此，不难推断，其谈话重点一定是关于香港在“一带一路”中如何发挥独特作用的内容。香港，整体而言，是一个比较富裕的商业社会，期待其在现实的常规情况下出现超常规的快速巨大经济增长，是有巨大难度的，而国家主体的经济，虽然目前情况存在着下行压力，但在实现转型后仍有巨大的高速发展前景，委员长来访是表达，“香港作为国家的一部份，一定要在一带一路战略中发挥其独特的作用”。

然而，自 2013 年国家推出“一带一路”倡议以来，香港社会虽然对

“一带一路”具有较高的期待，但从实际情况看，缺乏具体的项目抓手。香港社会的有识之士确实看到了“一带一路”倡议可能为未来香港所具有的巨大发展良机，决毅抓住香港与国际社会高度融合的特点，提出了各种各样的主张，以发挥香港在这个大战略中的独特作用。显然，张德江委员长此次到港视察意在推动这一倡议的实施。这会是委员长视察香港的谈话的最核心主题。

客观地看，时下的香港政治气氛，确实难以说有利于这一倡议实施。政治激进主义确有蔓延趋向。正是在这样的情况下，有人不断对笔者提问：张德江委员长是否会对此进行表态？

笔者认为，这些问题，中央有关部门对香港出现的所谓“港独”和“极端本土主义”已经做出了十分明确表态，作为最高层领导人的张德江委员长无需重复，不过他会再次表达维护国家安全的重要性，以及香港有维护国家安全的义务。

笔者虽然不敢臆断领导人会讲什么，不过香港面临的问题，中央并不是不清楚。既然香港社会存在着政治症结，且委员长在香港视察的议程中有与香港泛民人士会见的安排，就肯定会有人提出诸如此类的问题，委员长的谈话可能会涉及这些问题。据笔者所悉，17 日的晚宴前，委员长会单独会见民主党主席刘慧卿、公民党党魁梁家杰、工党的何秀兰和卫生服务界的李国麟四位泛民人士。在这种场合，谈话不涉及政改问题，会谈些什么？这是可以想象的到的。

笔者注意到，有人试图将香港现时出现的极端行为都归结到政改方案被否决的结果上，进而为这些极端举动寻求正当性的理由，细细想来，这种说法和做法都是没有根据的。据笔者的观察，“在政改这场博弈中，中央政府、特区政府、立法会中的泛民议员都是在法律的框架内行事。中央 8 · 31 决定的做出依据的是《基本法》的相关规定；特区政府的政改方案依据的是最高立法者的决定；而立法会中的泛民议员也是依据法定程序做出的否决。试问，哪一方脱离了法治的轨道？法治是文明政治，记住这一点十分重要。

据悉，17 日之后的晚宴，泛民立法会议员已全部表态不出席。笔者认为，这是一种不懂政治的表现。委员长视察香港是力挺香港的举动，即使泛民对中央有意见，起码的礼貌总是应该有的，沟通，交流总是有利于问题解决的。笔者曾多次讲，香港的有些政治人士不懂政治，仔细观察回顾香港政改过程的细节，人们就不难发现这一点。

对于张德江委员长此次来港参加“一带一路”高峰论坛并视察香港的提法，有些人对“视察“两字挑刺。这实际上从根本上说明了现实香港社会存在的问题，即对于中央和香港的关系缺乏正确的认识。回归后中央与香港应该是一种什么政治关系，难道香港社会不清楚吗？尽管香港享有高度自治，其在国家中的法律，政治地位是再清楚不过的事情。不认清这种关系，就不能摆好自己的位置。原来用“访港”两字，是说明“到来访问”的事实，如果香港社会中有人揣着明白装糊涂，用“视察”更能说明中央与香港之间的政治关系，何必大惊小怪？难道不是中央和地方的关系？

（本文原载于《南华早报》2015 年 5 月 16 日）

坚信“一国两制”保持理性沟通

“一国两制”是一项长期的事业，因此中央将其确定为一项基本国策。但香港社会中总有一部分人以怀疑的态度和眼光来打量中央执行“一国两制”政策的坚定性。国家领导人每次在重大场合谈及包括香港在内的政策时，稍稍漏掉一句话，香港社会就会议论纷纷。因此，中央领导人只好总是把“严格按照基本法办事”挂在嘴边。笔者曾把这种现象称之为“口头禅”。香港社会的这种现象，的确反映出对“一国两制”的信心问题。

全国人大常委会委员长张德江早前视察香港用“不忘初心，方得始终”就是希望香港社会能够理解，即使随着内外环境的变化，香港的确出现了一些新情况，各种矛盾和问题逐渐显现，也一定要将中央在香港实施“一国两制”政策的原始意图牢记在心。这就是习近平主席2015年12月24日会见特首梁振英时所强调的确保“一国两制”在香港的实践不走样、不变形。显然，张德江委员长此次视察香港再谈中央在香港实行“一国两制”政策的“初心”与习近平主席强调“一国两制”不走样、不变形，目的是高度一致的，就是希望香港社会不要用揣摩的心态打量中央的对港政策。

对于“一国两制”政策的长期性和不可变更性，笔者曾多次撰文谈及。既说明了“一国两制”政策作为一项基本国策的不可变更性，也强调了“一国两制”从一种政治承诺走向一种制度安排的不易变更性，还论及了国外政治学者所观察到的“一国两制”政策实施后给中国国家结构所带来的某种变化。在笔者看来，理论上的这些论述已经足够解释中央对港政策的稳定性和不变性，为什么香港社会仍然存在着各种猜忌和疑问呢?

对于这个问题，笔者认为，可以有这样几层理解：

第一个就是张德江委员长所提到的“内外环境的变化”因素。对于此类因素所造成的社会猜忌，是需要通过大量的解释工作来解决问题的。具体而言，就是一个基本法的普及问题。试举一例。

香港回归过程中，出于使香港居民对坚持自己的生活方式和保持香港原有制度不变充满信心，中央的确在“两制”差异问题上强调得比较多，但这并不是中央放弃“一国”这样一个实行“两制”的大前提。等香港出了一些问题，环境发生了一些变化，中央重申“一国”与“两制”的关系，香港就有人猜疑“一国两制”政策有变。这显然是误解。因为如果不是为了解决国家统一的问题，何以存在“两制”这样一种带有区别性的高度自治的治理方式?

第二层解释是，“一国两制”是一项史无前例的事业，在政策执行过程中必然存在着认识上的差异。正因如此，必须要有一个各种人都能接受的依据。这个必须依据的东西就是基本法。只要大家都按照基本法办事，“一国两制”事业就不会偏离方向。

香港的繁荣稳定不仅仅是香港的问题，也是国家的责任。正因如此，中央在思考国家发展的大战略时必须将香港纳入其中。对于香港相对于国家主体经济快速发展而出现的相对滞后，据笔者的观察，中央可谓心急如焚。如何使香港搭上这趟未来经济发展的快车并使香港的独特优势在其中得以施展，中央的相关部门真可谓大费周章。然而，香港毕竟是一个具有多元特性的自由社会，对于“一国两制”在香港的实施存在着认识上的差异也是不足为奇的。正因此，各种主张的出现也是正常的。但这些主张必须建基于一个基本前提，那就是“要为香港好”，对国家有利。脱离这一基本前提的任何行为都是不能接受的。

香港可能有人提出这样的疑问，如果我们认为这种治理方式对香港好，而中央认为这种治理方式对香港不好，怎么办? 这个问题实际上涉及到另外一个问题，即香港社会怎样和中央沟通问题。委员长视察香港时明确表示，“在尊重‘一国两制’和基本法的原则下，只要为了香港好，我们愿意广泛听取各方面的意见和建议，也可以用各种方式开展交流。只要理性沟通，就可以减少以至消除分歧，增进共识”。笔者认为，委员长的这番讲话体现出中央的诚意。对“沟通”的理解也要着眼于“理性”二字。

基本法在香港实施了19年，出现的问题大多在于缺乏理性上。二十三条立法是不是国家安全所必需？香港社会是否应当理性讨论并通过充分理性沟通来实现？“占领行动”是理性推动特首普选的方式吗？只要稍稍观察一下过去3年政改进程的全过程，就不难发现香港社会的一些人是真的不懂政治的。

香港社会有人将近两年香港社会出现的激进行为归于政改受挫，这是为激进违法行为的辩解。笔者曾反复撰文强调政改中的博弈三方行为（中央的8·31决定，特区政府的政改方案和立法会“泛民”议员做出否决）在法治意义上的正当性，是希望香港社会认识到理性沟通的重要性和必要性，只可惜人微言轻。

过去十九年香港出现的问题是多重原因形成的，看来一时积重难返，解决起来需要一个过程，所以委员长希望香港社会保持耐心。理性沟通是现代政治解决各种矛盾的最重要的环节。希望香港社会充分认识其极端重要性。

（本文原载于大公网，2016年6月6日）

“一国两制”下的自由、民主与限度

民主是个好东西，自由更是一个好东西，后者是前者的基础。但民主和自由都是基于必要强制基础上的好东西。全球学界认同的自由主义大师哈耶克对自由做出的定义是：“自由是人的这样一种状态，其中一些人对另外一些人的强制被降低至尽可能低的程度。”从哈耶克这段对自由的定义，我们不难看出“自由”的内涵是与“强制”概念相对应，而强制作为自由的对立面，对于自由是必要的约束。因为一个人（或一些人）的过度自由会造成他人的不自由。显然，自由是一个相对概念。

在哈耶克的自由概念中，“强制者”为何物？不仅包括个人所处的环境、情境，还包括他人、团体、国家和制度等。显然，社会人的自由是受到多种因素的强制的，加之基于理性支配，“被强制者”是不能为所欲为的。

在“一国两制”框架下，香港是一个直辖于中央政府，且享有高度自治权的特别行政区。其高度自由特性的多元社会特征得以保留。基于此，中央明确规定了香港民主政制发展的三个原则，即“符合香港社会实际”“循序渐进”“均衡参与”。这是现实和未来香港在发展民主政制的同时保持稳定的基石。

虽然现实香港的民主政制发展步伐，即政改，被暂时搁置，但决定香港政改前行的三方始终并未脱离法治这个文明政治的轨道：中央作为香港政治发展的主导者做出 8・31《决定》依据的是《基本法》的相关规定；特区政府提出的普选方案的依据是国家最高权力机关的《决定》；

而香港泛民派议员依据法定程序对普选方案做出了否决。请问有谁违反了法治原则？有人试图将香港近期出现的“港独”在内的极少数人的极端言行归结为政改方案被否决的结果，这是在为极端行为的违法言行寻求开脱。《基本法》所确定的香港政制发展前景是未来香港政改的方向，不会因为一些人的鼓噪而动摇。

近期，针对“港独”和所谓的“民族自决”言论是否违法，香港社会又出现激烈的争论。有人认为，香港是自由社会，不能因言获罪。但更多的人可能认为，言论自由并不是没有限制的。如果“港独”组织所散布的言论具有误导性和煽动性，就超越了言论自由的底线，明显具有了违法性。这种争论本身就反映出香港社会的自由特性。

如果说无序的民主对正常社会是一种灾难，那么无“强制”的自由就会带来丛林政治。在“一国两制”下，香港民主政治发展必须依据基本法所确定的原则推进。香港社会的自由特性的内涵也应该限制在国家这样一个“强制”因素之内。在法治作为自由前提的香港社会，即使有极少数人自说自话地发表对国家和执政党攻击言论，也是不会获罪的，但“港独”言论具有煽动性和误导性特征，突破了言论自由的底线。请那些鼓吹“港独”的极少数人士看看你们心中自由“楷模”——美国的联邦最高法院对涉及言论自由的惠特尼诉加尼福尼亚案的判决：对于那些滥用私权，公开发表“有损公共利益、煽动犯罪、妨害公共治安或者危及合法组织的政府根基的言论”的人，政府有权给予惩处。

“铜锣湾书店”事件本来只是一个是否违反“一国两制”中的所确定的执法权范围问题，但林荣基以煽动的方式表达“港独”意识，在笔者对于自由与强制概念的理解，也应属“应受惩罚”之列。

（本文原载于《明报》2015 年 6 月 26 日）

-“确认书”旨在维护“一国两制”-

“一国两制”方针提出已近40年，《香港特别行政区基本法》颁布已26周年，香港特别行政区在“一国两制”框架下的运行已19年有余。笔者列举“一国两制”从政治构想到制度形成，再到制度运行的这三个事实，是希望提醒香港社会中那些寄望参选立法会，但罔顾历史和现实的政治人物：以极端思维和方式从事政治活动是没有政治生命力的。为说明这一点，请大家思考这样几个问题：

基本法受社会尊重

其一，为什么要实行“一国两制”政策？这似乎是一个老调重弹的问题，却是一个最基本，也不能回避的问题。

全世界都认为：中国通过实行“一国两制”方针和平解决国家统一问题，是一项政治杰作。难道“一国两制”政策法制化的成果基本法不应当受到尊重？

总体来看，在基本法颁布26年、实施19年后的今日，虽然香港社会出现过这样或那样的问题、这样或那样的争论，但基本法仍然受到香港社会极大尊重的事实表明：香港整体仍然是一个理性社会。面对极少数人所发出的“港独”喧嚣，香港整体社会做出了“‘一国两制’是我们的最佳选择”的强大回应。

既然“一国两制”方针所体现的最基本政策目标是国家统一，那么这就是香港政治的最基本底线。关于这一点，基本法的序言和总则第一条说得再清晰不过了。香港的相关法律也体现了这一内容。笔者所不能理解的是，在“港独”喧嚣受到香港社会高度谴责之时，香港知识界和律师界竟然有人在媒体上发表文章质问：“这违反了哪一条法律?”难道不荒唐吗?

笔者曾于香港报刊发表一篇题为《一国两制下的自由、民主与限度》的文章，其中特别讲述了自由是建立在必要强制基础之上的，并引用了美国最高法院对涉及到言论自由限度的惠特尼诉加尼福尼亚案的判决，来说明对违反“一国两制”政治底线言论做出惩罚的必要性。因为香港社会极少数人的“港独”喧嚣会破坏香港社会绝大多数人在“一国两制”下享有自由的权利。

香港立法会议员是中华人民共和国香港特别行政区的立法权力机关的成员，他们已经不是香港社会的普通成员，而是香港社会的从政人士，如果这些人都不受“拥护基本法”和“效忠香港特别行政区”等政治条件的限制，那实际上就等于没有体现“一国两制”。

其二，如何在香港的政治实践中体现“一国两制”？这既是一个政治立场取向问题，也是一个政治情怀问题。香港社会的确有些从政人士是不喜欢基本法的，也根本没有效忠香港特别行政区的政治情怀，但在“一国两制”深入人心的强大政治压力下，他们表面上还是装着愿意恪守“一国两制”，尊重基本法，但到关键时刻就漏了馅。试举一例：香港立法会议员，根据相关规定的要求，在就任立法会议员时是需要宣誓的，誓词内容为：“我（议员姓名）谨此宣誓，本人就任中华人民共和国香港特别行政区立法会议员，定当拥护中华人民共和国香港特别行政区《基本法》，效忠中华人民共和国香港特别行政区，尽忠职守、遵守法律、廉洁奉公，为香港特别行政区服务。”然而极小部分议员却在宣誓时耍花招，在宣誓时读到“中华人民共和国”及“香港特别行政区”时，就假装咳嗽。这实际上反映出他们在骨子里就不认同国家，也不认同中央政府治下的香港特区。这样的人居然在立法会议员的分区直选中能够当选，这本身就说明了香港社会的复杂性。

逐步完善制度构建

其三，基于“一国两制”的政治现实、基于香港社会的自由特性和香港社会的复杂性，如何在香港的政治实践中贯彻执行香港社会对国家、香港政治人士对特别行政区的效忠制度？前几日，特区政府发表声明说，“鼓吹港独违反立法会条例”，故根据该条例的规定，要求有意参选立法会议员者须在提名表格中声明“拥护《香港特别行政区基本法》，保证效忠香港特别行政区”。笔者认为，这是在制度构建基础上所提出的具体贯彻性的有益措施。这对于防止上文提到现象的出现是一种有效阻遏。

有人可能会问，这种形式上的要求是否能够真正起到使参选者保持效忠的作用？如果在心底里不认同国家或特区，这种形式上的要求又有什么意义？笔者认为，这种政治上的强制要求是有意义的，尤其对于那些“身在曹营心在汉”的从政人士，这至少具有剥下其伪装的作用。

特区政府的声明发布后，香港社会中的一些有意参选的政治组织成员宣称，我们就是不签署特区政府所要求的声明，看它怎么办。笔者认为，香港是一个自由特性的社会，你大可不必做出所要求的声明，但“一国两制”下的制度有不接受你的权力。

（本文原载于大公网，2016 年 7 月 20 日）

-“港独”对香港的严重破坏性-

美国学者费正清曾在《剑桥中华人民共和国史》中曾写道：“中国人都有对政治统一的社会秩序的偏好。”作为一位外国学者，他的这句话是通过对中国悠久历史做出深刻考察而发现的一种根植于广大中国民众心目中的基本政治情结。历史上任何统治者违背这一民众所具有的政治情结，都会遭到历史的唾弃。正因如此，当年在铁娘子戴卓尔夫人哪怕是婉转表达继续保留在香港的治权时，邓小平就明确表示，“我们决不能当现代李鸿章。”其实，晚清的李鸿章只不过是中国在经历了长期锁国政策而显得国力不济，在面对外部列强对中国虎视眈眈，张牙舞爪，并对中国做出瓜分举动而做出无奈反应的悲剧性人物。

邓小平所代表的中国已不再是晚清时代一盘散沙式的中国，而是一个高度组织化的新中国，在经历了痛苦、曲折和充满教训的探索后，已经为全面走向现代化做好了准备。又经历了近40年改革开放和高速发展，当下中国国力强盛。试想一下，在这样的背景下，现在的中国执政者会违背传统和现代民意，容忍任何分裂国家的势力吗？

国家统一目标不可动摇

“一个国家，两种制度”政治设想的提出与中国改革开放政策的起步大致是同一时间。这一政治设想提出之时，几乎受到了全世界的欢呼，认定这是国家间解决历史遗留问题的经典之作。人们对其所具有的和平性，包容性无不为之称道。广大港人不论“一国两制”是处于政治设想阶段或是在制度构建过程中，都抱以支持的态度。在“一国两制”实施近20年的今天，香港随着时间的变化出现了一些问题，是再正常不过的事。

在国家统一观作为中国人传统和现代民意核心的条件下，作为法定执政党的中国共产党，其对于国家统一的态度是决定其执政是否具有正当性的重要指标。为此，她将实现中国国家统一作为不可动摇的目标，并为之做出了不懈努力。“一国两制”从政治构想到政治现实，再到成为基本国策反映出其目标的坚定性与政策的灵活性相结合。因此，对于香港在实践“一国两制”的过程中出现的问题，我们通过考察而得出的结论应该是：只要这些问题不违反国家统一的目标，所有的问题都是可以理性态度来加以探讨的。“港独”是与“一国两制”政策目标严重违背的东西，其突破了国家对港政策的最基本政治底线，对其所应采取的态度是十分明确的。

实行“一国两制”，必然存在着如何处理中央与特区关系的问题，而在香港，就有人希望用两地的意识形态差异来干扰“一国两制”条件下的中央与特区关系。最为明显的表现就是以放大的方式来凸显中央与香港“泛民”政治团体在香港民主政制发展问题上存在的分歧。并以此为由，提出了缺乏基本理性的所谓“港独”概念。他们人数不多，但能量很大，大有主导香港舆论议题的意味。这种情况不得不引起香港社会的警惕。

人们不禁要问，他们在香港有市场吗？如果没有人相信他们主张的内容，我们有这个担心的必要吗？这个问题问得好。笔者对此做出的判断是：有一定的市场，但发展绝无空间。

说它有一定的市场，并不是说香港社会中有相当数量的人会接受“港独”意识，而是因为香港在实行“一国两制”后，其高度自由社会的特性得以保留，有人（其中包括一些知识界，法律界人士和“泛民”中的极端人士）以言论自由无限论为由，为“港独”言论做出了具有所谓正当性的辩护。从社会治理的角度观察，香港也是一个崇尚精英的社会，而精英的观点和言论在一定程度上对大众的政治倾向具有相当大的影响力，现实少数青年学生的表现是能够说明这一点的。任其肆意，会严重毒害香港社会的政治气氛，进而对“一国两制”形成威胁。

香港对国家要承担责任

了解香港历史的人都知道，香港长期以来都是一个自由度甚高的开放城市，而这个社会又主要由内地逐步移民而形成，历史上各类持不同政见的人物出于安全的需要，均曾汇集于此，并随着内地政局变化而沉淀下来，因此认定这个社会构成的复杂性是符合其社会实际的。中央用“一国两制”来包容这个意识形态与国家主体完全不同并实行资本主义的地方，说明了中共实事求是的立场和态度，而香港社会是否考虑过如何承担起对国家的基本政治责任——维护国家发展及安全利益？

在笔者看来，在法治作为政治治理底线的前提下，香港政改的暂时受挫，只是决定政改能否前行的各方，在民主政制以何种程度推进问题上存在分歧，而不是“要”与“不要”推行的问题。因为基本法所确定的方向是不会改变的。如果有人试图以“港独”之类的极端言行来刺激中央，其后果是很严重的。因为绝大多数的中国人具有对政治统一的社会秩序的偏好。

（本文原载于大公网，2016 年 8 月 31 日）

“政策收紧论”不攻自破
——辩证看待立法会选举结果

香港立法会选举结果出炉后，各种议论铺天盖地。有人认为，传统“泛民”大败，建制派小胜，本土派大赢；也有人认为，香港的政治格局大体稳定，建制、“泛民”各得其所；还有人认为：“本土”人士进入立法会，香港社会可能会不得安宁。笔者认为，种种议论不足为怪，因为“一国两制”下的香港仍然是全世界最具有高度自由特性的社会。这种选举结果和林林总总议论的现象至少使那种妖魔化中央，且长期萦绕香港社会的怪论——“中央对港政策收紧论”不攻自破。

“政策收紧论”不攻自破

香港回归后，人们的确将关注的焦点聚集在中央与香港之间的关系上。笔者认为这是完全可以理解的。因为在一个高度集权的单一制国家结构的国度内，中央通过授权的方式使一个制度完全不同、生活方式存在重大差异的特定区域享有高度自治权，而国家主体继续实行其所坚持的制度。一旦两者关系出现问题时，人们会极其自然地认为，可能是中央在执行“一国两制”的问题上宽容度不够，而很少会责怪香港社会出现的问题。这是因为，中央与香港的政治关系是中央与地方的关系。前者是这层政治关系中的强势一方，更何况国家主体和实行高度自治的香港之间还存在着重大的意识形态差异。历史地看，这种意识形态差异又曾使香港的许多人噤若寒蝉。正因如此，“中央政策收紧论”在香港是有一定的市场的。对此，我们不得不感到惊诧。

香港的异见人士普遍认为，2003 年之前，中央对于香港的政策是宽松的。自国家安全立法（23 条立法）受挫后，中央对港政策才慢慢收紧。笔者虽不赞同这种判断，但这种说法倒是透露出了这层矛盾出现的诱因。香港作为中央辖下的一个特别行政区域，中央出于对其高度信任，授权其自行立法，结果是香港立法会根本不顾中央的感受，置国家安全利益于不顾，至今也没有完成这一立法。从政治上讲，这是一种正常现象吗？试问，世界上那个国家可以容忍自己的一个地方区域置国家安全于不顾？中央即使对此有所反应难道不是正常的吗？

香港回归已近 20 年，在落实民主政制发展的过程中，其社会走向高度政治化的速度和程度远远超出了人们的想象，有些不谙世事的年轻人甚至突破“一国两制”的政治底线，提出了“港独”主张，对于这种违背华人传统和现实政治统一偏好的主张，香港社会中居然有些知识界的政治精英以维护言论自由为幌子做出辩护性解释。在人类社会普遍具有崇尚精英的情结下，香港社会知识政治精英不负责任的举动，对香港社会，尤其是对于青少年而言极具蛊惑性和毒害性。

用现有制度制衡激进

这次立法会选举结果所展现出的一个不争的事实是：香港立法会成员的年轻化，而这种年轻化所体现出的是香港社会的求变心理。这一特征虽使立法会可能呈现出活跃之特点，却具缺乏沉稳和过于冲动之虑。所以香港社会有评论说，未来的行政、立法关系会更为紧张。这对于香港社会的发展是有利还是不利，需要香港市民做出理性思考。如同任何事情都需要成本一样，民主也是需要人民来付出代价的。香港有媒体认为，具本土思维的年轻人进入立法会，会使立法会内的争论会变得更为激进。笔者认为，短期可能会出现这种情况，但长期而言，鉴于制度规范的约束性，他们也会逐步学会按规矩出牌。

在香港这个法治成熟、充分自由并日益走向民主的社会，理性是一定能够克服激进的。在自由社会，舆论中充满杂音是不足为奇的。我们应当以平常心对待，但这些杂音不能突破政治底线。记住这一点十分重要，因为任何政治环境都不可能没有基本政治底线，而突破政治底线的行为是要受到法律的相应制裁的。

香港有舆论认为，本土人士与“港独”人士有着天然的连系，他们进入立法会恐有利用制度平台宣扬“港独”意识的可能。对此，笔者不敢苟同。香港的“本土”与“激进本土”是存在本质区别的。香港立法会是中国的一个地方区域的议会，如果当选的“激进本土”人士忘乎所以，真的挑战“一国两制”的政治底线，其政治生命可能会很快断送。

（本文原载于大公网，2016 年 9 月 12 日）

- 议员必须遵守基本政治底线 -

第六届香港立法会就要开始运作。依据制度规定，70 名立法会议员须履行法定的程序方可就职。其中一个最为重要的环节——议员宣誓，格外引人关注。因为与往届立法会的组成相比，这届立法会组成具有一定的特殊性。当然，这只是笔者所强调，“一国两制”下地方区域政治人物所必须遵守的民主规则的最基本一点。

有人认为，立法会议员的履职宣誓只是一种形式，所以在以前的立法会议员的政治宣誓过程中，就出现过有人要滑头，对誓词内容含糊其辞，试图蒙混过关的情况。这种情况当然逃不过香港电视记者的眼睛。内地民众对此极为反感，提出了许多质疑。笔者曾就此情况询问过前任立法会主席曾钰成，对于这样的议员，该如何处理？他回答得十分坚定，“必须重新宣誓”！事后是否落实，笔者不得而知，但相信在这种大是大非的问题上，是不能含糊的。

需要承担国家安全义务

“一国两制”是国家的基本国策，香港在这种宽松条件下享有高度自治权，并继续保持着高度自由特性，这显现出中央在政治上的包容与大度。照理讲，“一国两制”下中央与香港之间的关系，应该体现出相互包容、互相尊重。但香港回归后的情况是，香港社会中的小部分人拒绝尊重“一个国家”基本政治现实，藐视中央权威的情况有所恶化。对此，目前有两种不同的取态：一种是以鸵鸟的方式，装着视而不见；一种是夸大其词，把香港的这种情况说得很严重。这反映出两种极端的政治思维，对解决香港出现的问题有百害而无一利。对于香港社会有人将这些问题出现的责任归结到中央，笔者是断然不能认同的。

香港社会普遍认为2003年之前，中央对于香港的所谓“干预”是过少的，也有人曾撰文认为2003年后中央对港政策出现了转变。姑且不论这些论调是否真实。我们需要思考的问题是2003年香港到底发生了什么事。

凡读过基本法的人都知道，基本法第23条明确规定：“香港特别行政区应自行立法禁止任何叛国、分裂国家、煽动叛乱、颠覆中央人民政府及窃取国家机密的行为，禁止外国的政治性组织或团体在香港特别行政区进行政治活动，禁止香港特别行政区的政治性组织或团体与外国的政治性组织或团体建立联系。”从这个规定中，香港社会可能首先应当体会到的是一种中央对于香港的高度信任感，因为国家安全问题本来是属于主权范围内的事项，鉴于中央对于香港社会的高度信任，授权香港自行立法来实现。但香港社会做出了拒绝的姿态，作为主权代表者的中央政府会怎么思考？把这一点看清了，就知道这一问题的缘起。

香港有人说，担忧23条立法会影响到香港的自由度。对于这种说法，笔者仍然认为可以理解，但问题是香港社会并没有以一种积极、务实、理性的态度对待此事，而是采取了一味拒绝的态度。这就是笔者所不能理解的。如果香港社会是以积极的态度面对这一问题，讨论这一问题，并积极寻求既能维护国家安全利益，又能保持香港社会的自由特性之道，即使这一立法在短时间内尚不能完成，笔者认为也是没有大问题的。笔者所看到问题严重性的一面是，在香港社会对这一立法没有丝毫推进的迹象，而中央认为这是维护国家安全所必须。试问，有哪个国家能够容忍自己的一个地方区域不承担国家安全的义务？

从23条立法受挫至今的13年，香港政治形势变化似乎在不断应证着香港社会的复杂性。香港有人说，香港出现的各种政治问题都是中央政策收紧和特区政府制造出来的。这完全是一种罔顾事实的无稽之谈。

必须完整准确宣读誓词

香港是一个高度开放的自由社会，市民在“一国两制”的制度安排下享有高度和全面的自由，这是全世界都承认的一个基本事实。正因此，香港社会存在各种“杂音”属正常现象。香港社会成员针对时弊所发表的各种议论不时见诸报端，也没有看到哪个受到了惩罚。正是在这种高度自由的社会环境中，有人利用香港与国家主体之间的意识形态差异和各种政治、历史和社会问题，全然不顾“一国两制”中应有的互相尊重和包容精神，不断攻击、谩骂和丑化内地体制，制造仇视内地政治体制的氛围，直至开始挑战“一国两制”的政治底线。

有人可能会提出这样的问题：在香港社会，为什么打着极端本土主义旗号的人居然能够在香港立法会的选举中当选？对于这样一个复杂而敏感的问题，笔者认为，它具有多重成因，而正是由于成因的多重性，使香港社会具有相当的复杂性。

在“一国两制”下，香港立法会是中华人民共和国香港特别行政区的立法会，不论香港社会如何复杂，都不能改变这样一个基本政治现实。在这样一个基本法所规定的政治底线上，任何当选的议员都必须依据法律的规定做出宣誓。鉴于宣誓的庄严性并负有法律效力，议员必须完整准确宣读誓词，并在未来履职的过程做到言行一致，否则就将受到法律的制裁。

世界各地的政治实践中的确出现过议员敷衍誓词的情况，而这样的议员也的确受到了不同程度的惩处。香港是成熟的法治社会，如果出现新当选议员敷衍誓词的情况会是一种什么后果，人们正拭目以待。

（本文原载于大公网，2016 年 10 月 11 日）

行政主导是“一国两制”必要的制度特征

近来，香港社会围绕“宣誓风波”问题，引发出香港政治体制是否是“行政主导”的争议。

香港政治体制到底呈现何种特征？这是一个争论已久的问题。这不仅涉及行政与立法的关系，更涉及到中央对香港的政治主导权问题。要说明清楚，是需要考察基本法的立法原意和基本法对于行政、立法两个权力主体的权力配置的。

“三权分立”并非立法原意

邓小平于1987年会见香港基本法草委时说：“香港的制度不能完全西化，不能照搬西方的一套……现在如果完全照搬，比如搞三权分立，搞英美的议会制度，并以此来判断是否民主，恐怕不适宜。”

作为“一国两制”政策的提出者，邓小平明确反对搞“三权分立”的言论是十分清晰的。所以我们在探讨基本法的立法原意时，在香港政治体制设计问题上，是完全可以将“三权分立”排除出立法原意的。

香港有人马上会说，基本法中写明了“行政主导”这个词吗？的确没有。那笔者也反问一下，基本法中有“三权分立”这个词吗？当然也没有。基本法作为一个宪制性法律，是否载有这样的体质特征的描述并不重要，重要的是基本法是怎样对政治体制中三种权力主体所做出权力配置的规定，对这三大权力主体之间关系的描述性规定，以及基本法的制度规定中如何保障体制得以顺利运行。

一般认为，1990年3月28日第七届全国人大第三次会议上，基本法起草委员会主任委员姬鹏飞《关于中华人民共和国香港特别行政区基本法（草案）及其有关文件的说明》是解读基本法立法原意的最权威性文件。从这份文件中关于行政与立法的关系的论述看，的确说明了两者“之间的关系应该是既相互制衡又相互配合”，但同时也特别强调“为了保持香港的稳定和行政效率，行政长官应有实权，但同时要受到制约”。乍看起来，姬鹏飞的这种解释似乎给人们以一种矛盾的印象。一方面他强调“行政长官要有实权”，但另一方面又强调“要受到制约”。在笔者看来，这是在香港发展民主政治原则前提下，凸显行政长官权力地位的一种做法。

只要我们看看基本法对行政长官权力的倾斜性配置，就知道姬鹏飞当年所讲的“行政长官要有实权”的用意。只要看看基本法中为了凸显行政长官权力而不惜限制议员立法提案权的规定，以及政府立法在立法过程中的优先性，就不难看出基本法要实现行政主导的明确意图。

香港政治体制的行政主导特征，还可以从特首和行政长官职位的重叠性看出。基本法对于特首职权是没有做出另外权力配置规定的，而是将其权力落实在行政长官的职位上。但基本法用了两个条款重复说明了行政长官是香港特别行政区的首长，这确实是一种特别的安排，而行政长官作为特首承担着对中央和香港特别行政区负责的双重责任。这难道还不能说明行政长官的特殊宪制地位？

特首法定地位权力突出

有人可能要说，“三权分立”体制下也会出现“行政主导”，此话不假。在三权分立的政体形式下，权力结构设计者的初衷，是以达至三种权力主体的大致平衡为目标，不能容忍三种权力主体中任何一方的权力过分突出。但即使如此，仍然存在着行政权力相对突出的情况。请注意，对于这种情况，笔者称之为“行政主导现象”。香港的政治体制设计则不同，其原意就是要突出行政长官的地位和权力，由于这是一种制度安排，笔者称之为“行政主导体制”。之所以做出这种体制安排，既有香港回归后的社会运行效率问题的考虑，也有对香港未来政制发展问题的考虑。但最为重要的一点是，在实现“港人治港”、高度自治的同时，行政长官必须承担其落实中央对于香港政治的主导作用，而基本法是具有这一政治机制的。中央对于香港特区行政长官和高级官员的实质任命权，就是这一政治机制的法律保障。

既然如此，一定会有人问，为什么现实的政府主导不起来？这一问题恰好说明了中央的开明和包容所在。香港回归后，其社会的自由特性没有改变，这是不是事实？香港回归后，民主政治有了进一步发展，这是不是事实？在自由特性继续保留，民主政治有了明显发展的情况下，行政权力是不可能专断起来的。香港回归近 20 年来，基本法所规定的行政立法关系既相互制衡，又相互配合，在现实中的表现是制衡有余，而配合不足。这的确与上述提到的两个因素相关，但否定行政主导特征从政治上和法律上是讲不过去的。

（本文原载于大公网，2016 年 10 月 25 日）

Hong Kong oath - taking farce violates law

People generally agree democracy is a good but not a perfect political system. When applied in accordance with the social conditions, it is conducive to social development. Otherwise, it could impede and even undermine social development. That's why there is "good democracy" and "bad democracy", as is evident from the history of political development across the world.

On Oct. 12, two elected members of the Hong Kong Legislative Council - Sixtus Leung Chung-hang and Yau Wai-ching - deliberately violated the oath-taking procedure and content requirements of the oath. They even insulted the country and the Chinese people in words and deeds while taking the oath of office. Worse, they advocated "Hong Kong independence".

However, the pursuit of "independence" has nothing to do with democracy in the Hong Kong Special Administrative Region. In fact, it violates the basic political principle of "One Country, Two Systems".

The Standing Committee of the National People's Congress, as the top legislature of the country, has the full right to interpret the Basic Law, by which the SAR is governed, when the basic political principle is severely challenged.

The Hong Kong SAR is the fruit of the People's Republic of China's "One Country, Two Systems" principle aimed at resolving the reunification issue. The central authorities have charted out the path of democracy for Hong Kong, especially because the region's economy is rooted in capitalism. The objective of "One Country, Two Systems" principle is to ensure the SAR enjoys long-lasting prosperity and stability under the premise of national unity. And according to the "One Country, Two Systems" principle, democratic political development in Hong Kong started after the region's reunification with the motherland.

Moreover, Hong Kong's democratic political development should be in accordance with its actual situation. And democracy in the SAR should develop step by step.

These principles will help Hong Kong achieve quality democracy, which is the aim of the "One Country, Two Systems" principle.

The central authorities' stance takes into consideration the fundamental interests of Hong Kong people as well as those of their compatriots in the rest of the country. However, Hong Kong's pan-democracy camp has different views on democracy.

In the legal realm, political differences should be resolved through talks. But the pan-democracy camp began opposing the central authorities' arrangement even before political reform was launched and has resorted to political confrontations through agitations, such as the "Occupy Central" movement in 2014.

On June 18, 2015, the pan-democracy camp rejected the universal suffrage plan of the Hong Kong chief executive, resulting in the suspension of the SAR's political reform. And the latest pro- "independence" farce of the two legislators-elect while taking oath has created a rift in Hong Kong. What they have done goes against the interest of Hong Kong residents.

The political bottom line in Hong Kong is the "One Country, Two Systems" principle, so by advocating "Hong Kong independence" the legislators-elect not only violated the basic political and legal principle, but also threatened national unity.

Some attribute the recent chaos in the SAR to people's frustration with Hong Kong's political reform. But that should not be a reason for disrupting the SAR's normal political order. All political moves of the central authorities, the pan-democracy camp rejected the universal suffrage plan of the Hong Kong chief executive, the SAR government and the pan-democracy camp should be within the framework of the law. This makes the pan-democracy camp's actions illcgal and harmful to thc SAR's political ordcr.

The Basic Law of Hong Kong makes the direction of the SAR's political development clear. And the central authorities want democracy to develop in the region – which is also the goal of the "One Country, Two Systems" principle. Whether or not it will be a "good" democracy depends on whether it is conducive to national unity and long-term prosperity of Hong Kong. And the latest wave of moves by the pro- "independence" forces show how urgent for the Hong Kong legislation to accelerate the lawmaking process to implement Article 23 of the Basic Law, which bans treason and separatism.

(This article was originally contained in *China Daily* 2016 - 11 - 09)

人大释法的政治意图是维护“一国两制”

对于全国人大常委会就香港基本法第一百零四条做出解释的举动，香港社会反应不一。欢欣鼓舞者有之，且人数众多，认为是止乱的必要之举；反对或持异议者亦有之，其中，有人认为全国人大此举具损害香港法治之嫌，也有人对释法的时机有看法，更有人对人大释法的主动性表示质疑。

对全国人大释法持异议者，我们当然不能全部用“阴谋论”的眼光去打量，其中的确不乏基于法治理念的思维而提出这样或那样的问题者，但也并不能排除确实有人以维护香港法治为幌子，对全国人大释法举动说三道四，其真实用心在于为“港独”对香港广大市民所造成的愤怒开脱。这场争论，表面上看，是围绕法律问题在展开，从本质看，是规范政治与恶性政治之间的一种对抗。

释法是止乱必要之举

历史地看，香港社会有些人总在中央针对香港偏离“一国两制”轨道而有所举动之时发出种种怪论：“‘一国两制’要变”“中央政策收紧”“中央随意干预香港事务”等等，而从不对香港内部自身出现的问题做深刻反省，更不会站在国家立场来考虑问题。其行事的基本套路是，利用“一国两制”条件下中央对香港社会自由特性的高度尊重，以相反的思维揣摩中央的举动，并做出一些阴阳怪气的议论。如果政治上需要，他们还会对中央做出一些不负责任的指责。好像中央把“一国两制”当儿戏。中央基于充分尊重香港的高度自治、“少干预”的思路，总是以“严格按基本法办事”这句“口头禅”来加以回应。这次全国人大常委会就基本法第一百零四条主动释法，显然是中央对香港社会出现的“怪现象”实在忍无可忍的表现。

香港是自由社会，这是无可否认的，也是应当尊重的。但自由也不是绝对的，它与法治相对应。笔者曾多次用卢梭的名言“人生而自由，但无往不在枷锁之中”来说明自由具有相对性。香港也是法治社会，自由的幅度至少受到法制的限制。在遵循法治和享有充分自由的社会，其成员在不同的问题上也是具有政治态度和立场的，其政治上的好恶也受此支配。如果他们的理性成分多一点，表达的观点就稍微中性一些，如果非理性的成分占主导，其表现就会偏执。

香港社会中就有这样一些所谓的“精英”，他们出于对国家主体的恶意政治偏执，全然不顾基本的现实政治，对社会上明显违反法治的行为和举动，做出有违常人思维的偏执性辩护。试举一例，前段时间，有些青年学生宣扬“港独”，受到香港社会主流舆论的普遍谴责，人们要求司法部门对此予以惩治，但公民党中法律出身的个别精英就睁着眼睛说瞎话，赤裸裸地跳出来问：“他们到底违反了那一条法律?”基本法开宗明义写得如此清楚的总则第一条“香港特别行政区是中华人民共和国不可分离的一部分”，作为法律人，难道真不知道违反了哪一条？显然是恶性政治偏执在作祟。

对于“一国两制”政策中“一国”与“两制”的关系，香港也有人揣着明白装糊涂。当中央针对香港社会过于强调“两制”而忽视“一国”的问题，明确说明“一国”是“两制”的基础时，香港社会中就有人惊呼鬼叫，责难中央不遵守“一国两制”承诺。“中央政策收紧论”顿时甚嚣尘上，而对于“港独”言论，则往往以言论自由为幌子，听之任之，甚至找各种理由为其辩护。本次中央针对香港立法会候任议员的宣誓乱象和侮辱国家和民族的行为做出释法举动，香港又有人阴阳怪气地说，“港独”人士并非真有“独”意，中央释法是大炮打小学鸡。似乎香港并不存在“港独”势力。但明眼人都看得清清楚楚，“港独”是在一步步推进。从陈云发表毫无逻辑、丝毫没有学术韵味的所谓《香港城邦论》，到“港独”逐步组织化；从“民族自决论”提出，到问鼎立法会权力，可谓步步紧迫，不断挑战“一国两制”的基本政治底线。

“港独”背离基本政治底线

据笔者观察，中央在对香港的治理问题上是很少使用“政治”这个词的，更多使用的是“法治”概念的词汇。内地研究香港政治问题的学者也是以法学界学者为主体。为什么？在笔者看来，可能是中央认为香港是一个法治比较成熟的社会，“政治”一词具有更多的敏感性。出于避免香港社会产生歧义，才刻意避免使用“政治”。笔者说明上述情况，是希望香港社会看到中央尊重香港社会所享有的高度自治的良苦用心。有人可能会做出这样的反驳，难道法治不属于政治范畴？笔者对此的回答是，法治当然属于政治的范畴，不过它是一种规范性政治。

笔者认为，“港独”势力及其导演的宣誓闹剧对香港社会所造成的危害是巨大的，总结起来有三条：其一是严重背离了“一国两制”的政治底线，对“一国两制”在香港的实施构成了挑战；其二是严重地损害了香港的政治氛围；其三是对由基本法所构建的香港政治秩序构成了威胁。对于香港社会出现的“港独”问题，香港学者周文港对其做出的本质性描述十分到位。他认为，“争取港独，就等于取消‘一国两制’”，而绝大多数港人所发出的最为强劲的理性声音是：“一国两制”是我们的最佳选择。

在香港出现如此严重政治问题的情况下，全国人大常委会的释法举动不仅必要，而且及时，其政治意图是十分清晰的，那就是要坚定地维护“一国两制”。

（本文原载于大公网，2016 年 11 月 15 日）

-人大释法阻遏“港独”势力侵入体制-

在自由社会谈论“政治禁忌”这个话题是肯定不合时尚的，但政治上的“禁忌”在哪个社会都存在，只不过有一个度的差异而已。香港社会当然不能例外。

“一国两制”政治逻辑是以国家统一为前提，以具有区别的方式来实现香港的治理。当香港社会出现脱离“一国”这个政治底线的任何举动，都会强烈地刺激国人的神经：对于老人而言，这会唤起他们对国家四分五裂的痛苦记忆，而对于年轻人而言，这会激发起愤怒情绪。何故？请读读美国学者费正清在《剑桥中华人民共和国史》一书对中国国家统一历史大趋势所做出的一个结论：中国人都具有对政治统一的社会秩序的偏好，而“港独”话题就是“一国两制”语境下的政治禁忌。

对“港独”当头一棒

本届立法会出现的宣誓问题，就是具有“港独”意识且宣扬“港独”主张的人，试图进入香港的政治权力系统，并准备以此为平台，唱“港独”戏的拙劣表演。这是中央所绝对不能容忍的。如果中央对此不闻不问，不仅有违上述提到的中华民族的普遍政治民意，也与国家发展的大战略格格不入。倘若在中共力图国家统一的进程中却出现国家分裂的结果，岂不是对中华民族伟大复兴的一种嘲弄？

曾记得2004年5月，熟悉香港社会和香港事务的朱育诚先生，针对香港回归后存在的暗流发出警告：香港有人想搞“独立”或“半独立”。当时香港几乎所有政治团体的头面人物都避之不及，声言：“我们绝对不会从事此类活动。”然过后不久，陈云的《城邦论》就出了笼，继此之后，“港独”组织冒出，“民族自决论”也跟随而至。本次立法会选举，这股势力步步紧迫，展开了对立法权力的争夺，其“港独”的宣扬，对中华民族的辱骂，都是其政治思维的流露。全国人大常委会的主动释法，对于这种恶劣的势头无疑为当头一棒。虽然这是一次依法治港的重大举动，但笔者认为，完全可以坦然说明其政治功效就是要阻遏具有“港独”政治倾向且公然宣扬这种“港独”意识的人物进入基本法所确定的政治权力系统。

对“港独”的遏制和批判，有人总是从客观条件出发，强调“港独”不具有可能性。笔者并不赞成这种论调，因为这是以条件的不具备作为不存在这种前景的理由。这种论调的逻辑错误就在于，似乎如果创造这种条件，香港就有这样的前景。不客气地讲，这是一种“无奈论”的表现，而这种论调的危害性在于，它会使另外一种论调得以产生，即所谓由于国家统一是港人的一种所谓“无奈”选择，所以对于“港独”行为及其言论应当予以容忍。这种论调完全不符合香港七百多万民众中绝大多数人的真实政治意愿。

那么，我们应当怎样看待这次立法会选举中具有“港独”意识的人当选背后的民众支持问题呢？如果我们回避这个问题，就等于在这样一个敏感问题上采取了鸵鸟态度，也就等于不愿意正视香港所存在问题的复杂性。回避香港社会的复杂性，就解释不了中央为什么如此坚定地强调在香港要继续坚持“一国两制”方针。

笔者曾于11月15日在本报发表《人大释法的政治意图是维护“一国两制”》，其中就解释了为什么中央在对港政策上长期使用“法治”而避免使用“政治”概念的良苦用心。笔者坚信，对于那几只“小学鸡”做出支持姿态的民众也并不一定在内心就真的赞成所谓的“港独”，而是因某种历史或现实成见或对现实问题不满而做出的一种发泄。笔者做出这种解释并非因为法不责众，而是要说明在香港继续实施“一国两制”，就仍然具有保持既往宽容度的必要性。如果通过中央的这次释法，使香港社会真正能够认清“港独”是侵蚀“一国两制”政治基础的毒药，那么“港独”就应当成为香港社会的一种自觉的“政治禁忌”。

政治功效是排“独”

中央释法后，关注香港政治的人开始讨论人大释法能否遏制“港独”思潮在港蔓延的势头，以及释法的效力能否平息立法会以前的乱象。对于这两个问题，笔者认为，应该分别做出回答：

其一，就中央释法的政治意义而论，其对于“港独”思潮在港蔓延的趋势的确是具有强大的遏制作用的，而这种强大遏制的着力点就在于极为有效地阻遏了这股势力的代表人物进入立法权力系统，并使那些宣誓过程中没有做到“庄重”而蒙混过关，且尚未得到应有惩罚的在任议员感受到巨大政治压力。根据本次中央的释法，就司法逻辑推演的角度观察，一旦这些人在未来的言行中出现严重的“港独”内容，就完全可以对其提出起诉，法院则需依据释法的精神或内容剥夺其议员资格。果真能做到这一点，体制上排出“港独”政治人物是完全可以做到的。这是本次中央释法所具有的最大政治功效。

其二，对于中央释法的效力能否平息立法会曾表现出的乱象，笔者则不敢做出“是”与“否”的明确回答，因为香港立法会是一个议香港区域政事，并制定不得与基本法相悖之法律的权力机关。鉴于本次中央释法的强大政治威慑，即使是那些内心真具有“独”意的议员也会有所收敛或做出伪装，但他们是否会做出积极配合政府施政的举动，进而使立法会彻底摆脱“乱象”，这是难以预料的。他们可能会找出种种理由继续扰乱立法会秩序，继续以“拉布”形式对政府的举措做出阻扰，只不过不会像先前那样表现出政治上的赤裸裸而已。

（本文原载于大公网，2016 年 11 月 28 日）

图书在版编目（CIP）数据

香港实践"一国两制"中的政治与法治/张定淮著.
—北京：时事出版社，2018.5
ISBN 978-7-5195-0212-6

Ⅰ.①香… Ⅱ.①张… Ⅲ.①一国两制—香港
②特别行政区基本法—香港 Ⅳ.①D618②D921.94

中国版本图书馆 CIP 数据核字（2018）第 066428 号

出版发行：时事出版社
地　　址：北京市海淀区万寿寺甲 2 号
邮　　编：100081
发行热线：（010）88547590　88547591
读者服务部：（010）88547595
传　　真：（010）88547592
电子邮箱：shishichubanshe@sina.com
网　　址：www.shishishe.com
印　　刷：北京朝阳印刷厂有限责任公司

开本：787×1092　1/16　印张：18.5　字数：290 千字
2018 年 5 月第 1 版　2018 年 5 月第 1 次印刷
定价：118.00 元
（如有印装质量问题，请与本社发行部联系调换）